高等院校广告和艺术设计专业系列规划教材

设计管理

罗　方 主编

熊艳辉 刘小卓 副主编

清华大学出版社

北 京

内容简介

本书从设计管理应用的3个层面出发，系统介绍设计与商业环境、设计战略管理、设计项目管理、设计管理实务等基本知识，并注重通过案例和图表分析及实践操作来提高学习效果以及应用技能。

本书融入了设计管理实践的教学理念，力求严谨，注重与时俱进，具有内容丰富、流程清晰、图文并茂、通俗易懂、注重实践应用等特点。

本书既适用于本科及高职高专院校广告艺术设计专业的教学，也可以作为文化创意企业和广告艺术设计公司从业者的职业教育岗位培训教材，对于设计管理人员也是一本必备的自我训练指导手册。

图书在版编目(CIP)数据

设计管理/罗方主编. —北京：清华大学出版社，2015(2021.12重印)
(高等院校广告和艺术设计专业系列规划教材)
ISBN 978-7-302-38084-9

Ⅰ. ①设… Ⅱ. ①罗… Ⅲ. ①产品设计－企业管理－高等学校－教材 Ⅳ. ①F273.2

中国版本图书馆CIP数据核字(2014)第221095号

责任编辑：张 弛
封面设计：李子慕
责任校对：袁 芳
责任印制：宋 林

出版发行：清华大学出版社
网 址：http://www.tup.com.cn，http://www.wqbook.com
地 址：北京清华大学学研大厦A座 **邮 编**：100084
社 总 机：010-62770175 **邮 购**：010-62786544
投稿与读者服务：010-62776969，c-service@tup.tsinghua.edu.cn
质量反馈：010-62772015，zhiliang@tup.tsinghua.edu.cn
课件下载：http://www.tup.com.cn，010-62795764
印 装 者：三河市金元印装有限公司
经 销：全国新华书店
开 本：185mm×260mm **印 张**：12.75 **字 数**：283千字
版 次：2015年1月第1版 **印 次**：2021年12月第8次印刷
定 价：49.00元

产品编号：061979-02

编审委员会

序言

随着我国改革开放进程的加快和市场经济的快速发展，广告和艺术设计产业也在迅速发展。广告和艺术设计作为文化创意产业的核心和关键支撑，在国际商务交往、丰富社会生活、塑造品牌、展示形象、引导消费、传播文明、拉动内需、解决就业、推动民族品牌创建、促进经济发展、构建和谐社会、弘扬古老中华文化等方面发挥着越来越大的作用，已经成为我国服务经济发展重要的"绿色朝阳"产业，在我国经济发展中占有极其重要的位置。

1979年中国广告业从零开始，经历了起步、快速发展、高速增长等阶段，2011年我国广告营业额突破3000亿元，已跻身世界前列。商品销售离不开广告，企业形象也需要广告宣传，市场经济发展与广告业密不可分；广告不仅是国民经济发展的"晴雨表"、社会精神文明建设的"风向标"，也是构建社会主义和谐社会的"助推器"。由于历史原因，我国广告艺术设计业起步晚，但是发展飞快，目前广告行业中受过正规专业教育的从业人员严重缺乏，因此使得中国广告和艺术设计作品难以在世界上拔得头筹。广告设计专业人才缺乏，已经成为制约中国广告设计事业发展的主要瓶颈。

当前，随着世界经济的高度融合和中国经济国际化的发展趋势，我国广告设计业正面临着全球广告市场的激烈竞争，随着世界经济发达国家广告设计观念、产品营销、运营方式、管理手段及新媒体和网络广告的出现等巨大变化，我国广告和艺术设计从业者急需更新观念、提高专业技术应用能力与服务水平、提升业务质量与道德素质，广告和艺术设计行业和企业也在呼唤"有知识、懂管理、会操作、能执行"的专业实用型人才；加强广告设计业经营管理模式的创新、加速广告和艺术设计专业技能型人才培养已成为当前亟待解决的问题。

为此，党和国家高度重视文化创意产业的发展，党的十七届六中全会明确提出："文化强国"的长远战略、发展壮大包括广告业在内的传统文化产业，迎来文化创意产业大发展的最佳时期；政府加大投入、鼓励新兴业态、发展创意文化、打造精品文化品牌、消除壁垒、完善市场准入制度，积极扶持文化产业进军国际市场。结合中国共产党第十八次全国代表大会提出的“扎实推进社会主义文化强国建设”的号召，国家“十二五”规划纲要明确提出促进广告业健康发展。中央经济工作会议提出稳中求进的总体思路，强调扩大内需，发展实体经济，对做好广告工作提出新的更高的要求。

针对我国高等教育广告和艺术设计专业知识老化、教材陈旧、重理论轻实践、缺乏实际操作技能训练等问题，为适应社会就业需求、满足日益增长的文化创意市场需求，我们组织多年从事广告和艺术设计教学与创作实践活动的国内知名专家教授及广告设计企业精英共同精心编撰了本套教材，旨在迅速提高大学生和广告设计从业者的专业技能素质，更好地服务于我国已经形成规模化发展的文化创意事业。

本套系列教材作为高等教育广告和艺术设计专业的特色教材，坚持以科学发展观为统领，力求严谨，注重与时俱进；在吸收国内外广告和艺术设计界权威专家学者最新科研成果的基础上，融入了广告设计运营与管理的最新实践教学理念；依照广告设计的基本过程和规律，根据广告业发展的新形势和新特点，全面贯彻国家新近颁布实施的广告法律、法规和行业管理规定；按照广告和艺术设计企业对用人的需求模式，结合解决学生就业、加强职业教育的实际要求；注重校企结合、贴近行业企业业务实际，强化理论与实践的紧密结合；注重管理方法、运作能力、实践技能与岗位应用的培养训练，并注重教学内容和教材结构的创新。

本套系列教材包括《中国工艺美术史》、《色彩》、《艺术概论》、《中外美术作品鉴赏》、《素描》、《广告学概论》、《广告设计》、《广告摄影》、《字体设计》、《版式设计》、《包装设计》、《标志设计》、《招贴设计》、《展示设计》、《书籍装帧设计》等书。本系列教材的出版，对帮助学生尽快熟悉广告设计操作规程与业务管理、帮助学生毕业后能够顺利走上社会就业具有特殊意义。

教材编委会

2013 年 4 月

前言

广告艺术设计制作业作为国家文化创意产业的核心支柱产业，在国际商务交往、促进影视传媒会展发展、丰富社会生活、拉动内需、解决就业、推动经济发展、构建和谐社会、弘扬古老中华文化等方面发挥着越来越大的作用，已经成为我国文化创意经济发展的重要产业，在我国产业转型、经济发展中占有极其重要的位置。 广告设计制作产业以其强劲的上升势头已成为全球经济发展中最具活力的绿色朝阳产业。

设计创意产业是文化创意产业的重要组成部分，也是构成现代制造业核心竞争力的重要源泉之一。 作为高知识、高技术、高文化性的产业，设计创意产业在当今全球经济一体化进程中扮演着极其重要的角色。 设计管理作为艺术设计与商业管理之间的交叉学科，是所有艺术设计专业的必修专业课，对诸如视觉传达、产品设计、环境艺术设计、室内设计、服装设计、广告设计、建筑设计等设计专业起着极为重要的支撑作用。

如今在国家工业转型和大力发展创意产业的背景下，设计管理越来越受到企业和设计界的重视。 一方面，企业为了持续良性地发展与更好地参与国内及国际竞争，需要引入设计，提升产品的附加值与品牌力；另一方面，设计公司也在不断加强对业务流程的梳理和对设计团队、设计项目的管理，以期获得长久的发展。 在双方的发展中，都离不开设计管理的参与。

为了保障我国文化创意产业经济活动和国际广告艺术设计制作业的顺利运转，加强现代广告艺术设计从业者的设计管理应用培训、增强企业核心竞争力、加速推进设计制作产业化进程、提高我国广告艺术设计制作水平，以更好地为我国文化创意产业服务，这既是广告艺术设计企业可持续快速发展的战略选择，也是本书出版的目的和意义。

本书共5章，以学习者应用能力培养为主线，结合设计管理应用，系统介绍设计与商业环境、设计战略管理、设计项目管理、设计管理实务等基本知识，并注重通过案例和图表分析及实践操作来提高学习效果以及应用技能与能力。

本书作为高等教育广告艺术设计专业的特色教材，坚持以科学发展观为统领，严格按照教育部关于“加强职业教育、突出实践能力培养”的教学改革精神，针对艺术设计专业设计管理教学的特殊要求和就业应用能力培养目标，既注重系统理论知识讲解，又突出创新训练，力求做到“课上讲练结合，重在方法掌握；课下会用，能够具体应用于设计管理实际工作之中”，这对于学生毕业后顺利走向社会与就业具有特殊意义。

本书融入设计管理实践教学理念，力求严谨，注重与时俱进，具有内容丰富、流程清晰、图文并茂、通俗易懂、注重实践应用等特点，因而本书既适用于本科及高职高专院校广告艺术设计专业的教学，也可以作为文化创意企业和广告艺术设计公司从业者的职业教育岗位培训教材，对于设计管理人员也是一本必备的自我训练指导手册。

本书由李大军进行总体方案策划并具体组织，罗方主编并统稿，熊艳辉、刘小卓为副主编，由设计管理专家鲁彦娟教授审订。作者编写分工：牟惟仲（序言），罗方（第一章、第二章、第五章），刘小卓、黄文聪（第三章），熊艳辉、许舒云（第四章），刘剑、曲欣（附录）；华燕萍（文字修改和版式调整），李晓新（制作教学课件）。

在本书编写过程中，我们参阅、借鉴了大量国内外有关设计管理方面的最新书刊和相关网站资料，精选收录了具有典型意义的案例，并得到编委会专家教授的具体指导，在此一并致谢。为配合本书的发行使用，特提供配套电子课件，读者可以从清华大学出版社网站（www.tup.com.cn）免费下载。因编者水平有限，书中难免存在疏漏和不足之处，恳请同行和读者批评、指正。

编　者

2014年7月

目录

第三章 设计所扮演的战略角色 050

第四章 设计项目中的管理 090

第一章

绪　论

【学习要点及目标】

1. 了解设计与管理的关系。
2. 了解设计管理概念的提出及其背景。
3. 了解设计管理学科的发展与现状。

本章导读

设计管理是设计学研究领域中一个非常年轻的课题，从19世纪60年代英国率先提出设计管理概念至今，只有半个世纪的时间。就是这样一个新的领域，数十年内，在西方国家，设计管理作为一种职业形态却迅速兴起，并与成熟的设计专业一起成为企业参与市场竞争的有力武器及国家经济发展的助推器。然而在中国，对产业、企业、行业与设计师而言，设计管理的面目仍然十分模糊，本章将分别从设计与管理谈起。

第一节　设计与管理

设计与管理都是日常生活中出现的高频词汇，时常能听到人们从各种不同的角度去解读它们。譬如设计，既可为名词、动词，也能作为形容词出现，如：这个设计不错（名词）、设计家具（动词）、发型挺有设计感的（形容词）。再说管理，也似乎涵盖了诸多行业与门类，无所不为，有风险管理、项目管理、营销管理、职业生涯管理等。把这样两个内涵丰富的词组合在一起，就更加让人难以准确地理解与把握。

设计管理是理解为设计加管理，还是对设计的管理，抑或是设计一下管理？随着理解切入的角度不同，词性与词的内涵、外延都发生了变化，最后得到的结果自然千差万别。所以，为准确地理解设计管理，我们需要分别从理解设计与管理开始，这样才能对设计管理有一个基本的界定与认知。

一、解读设计

（一）设计的基本定义

对于设计，有许多种解释。广义的设计，是指设计我们的生活，赋予它形式与秩序感。在给设计下定义之前，我们先从词源考证上来看。中国的文字里本没有“设计”这样一个双音节词，出现的设计是从日本根据“design”所翻译的“設計”简化而来。英文中的“design”源于拉丁文“designare”，“designare”有着“to designate”（指明）和“to draw”（描画）两层意思。现代英语中，作为名词出现的设计保留了这样的双重意义，根据上下文，设计可理解为“a plan，project，intention，process”（计划，项目，意图，过程）或者“a sketch，model，motive，décor，visual composition，style”（草图，模式，动机，装饰，视觉构成，样式）。

古汉语中的设计，通常分为设与计两个单独的动词出现，需分开来理解。《周礼·考工记》：“设色之工：画、缋、锺、筐、荒。”此处“设”与英文“to draw”意思一致；《国语·吴语》：“父母之爱子，则为之计深远。”此中的计，有筹划计策的意思，与英文“plan”的意义一致。由此可见，古文中的设计与“design”一词在英文中的含义大致相符。

从最初作为人类需要的造物活动开始，随后脱离艺术并独立出来，随着慢慢地细化与发展，今天设计已经成为一门科学。在漫长的发展过程中，对设计的理解与认知也在不断地变化。

2006 年，国际工业设计协会对设计曾这样定义：“设计是一项创造性的活动。”其目的是为产品、过程、服务以及它们在其整个生命周期中构建的系统建立多方面的品质。因而，设计是促进技术人性化以及促进文化和经济交流的极为重要的因素。设计有着以下这些任务，并且在进行任务时，设计寻求与之在结构、组织、功能、情感和经济等方面的各种联系。

（1）增强全球可持续发展和环境保护。（全球伦理）

（2）给整个人类社会带来利益和自由。（社会伦理）

（3）在全球化背景下，支持文化多元性。

（4）赋予产品、服务和系统以一定的表现力（语义学）和复杂度（美学）的形态。

设计涉及诸多领域，产品设计、服务设计、平面设计、室内设计、建筑设计都是设计的一个分支。

国际工业设计协会（The International Council Societies of Industrial Design，ICSID）给出的工业设计定义是通过创造与发展概念，提升产品或系统的功能、外观与价值，来为用户和制造商提供专业的服务。设计与品牌也发生着联系，品牌链通过设计贯穿起来，设计是传递品牌价值的手段。同时，设计也使得公司战略能被消费者清晰地感知。Brigitte Borja de Mozota 这样看设计：设计是一项解决问题的活动、创意的活动、系统的活动和沟通与合作的活动。

设计的基本原则如下。

1. 实用性

现代设计，从本质上看，是一门实用性艺术，也是一门实用性科学。设计的实用性原则(需求满足原则)是指产品或服务为实现其目的而具有的基本功能(使用价值)，包括物理功能、生理功能、心理功能和社会功能。“虽有乎千金之玉卮，至贵而无当，漏不可盛水……”即使是价值千金的玉质酒器，无比华贵却没有底，漏而不能盛放液体，也就失去了基本的功能与使用价值。因此，设计首先必须遵循实用性原则。实用性体现在合理性与可靠性两方面。其中可靠性又包含安全性、耐久性等方面的要求。

2. 创新性

创新是设计的灵魂，为设计带来生命力。尤其是在激烈的市场竞争中，设计创新为企业提供了重要的竞争优势，甚至成为企业发展的核心动力。不断发展着的新技术、新材料与新工艺为设计创新提供了无限可能。

3. 艺术性

设计是科学与艺术的结合。在满足实用性与功能性的基础上，艺术性是一种形而上的精神追求，映射地域文化、民族与情感，反映社会生活，使设计特色鲜明，更具审美情趣，更重要的是能在精神层面上与使用者和大众进行交流。

4. 经济性

设计的“全生命周期”概念越来越受到重视，从中可以看出，设计有其自身材料和综合因素所产生的使用寿命和审美价值。设计的经济性不仅是设计成本多少的问题，更要考虑如何将有限的社会资源综合、高效地加以利用，从而整合设计的经济、审美、适用关系，使设计的经济与社会价值最大化。

(二) 现代设计的特征与新趋势

1. 更加注重体验与情感的沟通

当代社会已进入体验经济时代，体验也正成为一种普遍性的商业手段，通过设计，让体验介入消费者的抉择、使用和评价过程。把每个人源于自身感受的需求放大，完成对体验附加值的认同，并接受这种附加值，已成为设计的重要任务。对商业而言，这意味着新的商业关系发展的方式，对设计而言，它意味着新的标准——一种基于用户深层感受的标准。

2. 具有更高的科技含量和附加值

每个时代的设计发展毫无疑问都依附于当时的技术文明，新技术、新材料的不断研发为设计提供了日益宽广的平台。例如计算机控制、自动化、智能化技术的发展使得室内设施设备、电器通信、新型装饰材料和五金配件具备较高的科技含量，并可运用在智能大楼、能源自给住宅、计算机控制住宅上，为人们提供了更宜人、便利的生活环境。

3. 追求人与社会的可持续发展

设计自诞生以来，在社会的现代化进程中，贡献良多。然而，如今 70 多亿人口居住的地球也与100年前大不相同，全球化生产已在它身上打下了层层烙印。人们在发展自身与社会的同时，居住的家园却被自己所毁坏。幸运的是，这种情况在慢慢改变。

公众开始关注可持续性发展的话题，人们也开始思考如何在不破坏我们生存环境的同时获得持续的发展。可持续不仅意味着"绿色"和对环境无害，它还包括在功能、能源、经济和社会等各方面的可持续性。对可持续设计来讲，就需要在经济、生态与社会，地球、利润与人这些关系中找到最佳的平衡点。

二、解读管理

（一）管理的基本定义

管理一词拆开来看，"管"形象地表现为为官者持一根竹鞭，强调自上而下的控制。"理"，通里，指玉石的纹路、层次，进一步引申为客观事物本身的次序，也有"事物的规律，是非得失的标准"等含义。古汉语中，"管"和"理"都有表示管理、经营的意思，如《水浒传》中"如今叫我管天王堂，未知久后如何"，《柳敬亭传》中"贫困如故时，始复上街头理其故业"。"管"与"理"结合起来，则表示掌管、管领、管摄、管主、管治、治理、经理的意思。

狭义的管理是指管理者在特定的环境下，对组织所拥有的资源进行有效的计划、组织、领导和控制，以便达到既定的组织目标的过程。而广义的管理——对资源的分配与管理，则体现在人们生活的每一个方面：时间管理、工资管理、衣橱管理……管理的能力，其实就是"在资源不足的情况下把事情做成"的能力。

中文"管理"一词所对应的是英文"management"，"management"一词来源于古法语"ménagement"，意为"the art of conducting, directing"（指导的艺术），我们可以简单地理解为"management"，本意包含"control"（控制），是一种过程，但是要达到"art"的程度。管理学历经百余年的发展，流派林立，但对这一定义的基本理解都没有分歧，分歧主要是对"控制"的主体、客体、方式和目标理解不同。

20世纪早期管理学作家Mary Parker Follett把管理定义为"the art of getting things done through people"（通过别人把事情做好的艺术）。

科学管理的创始人弗雷德里克·泰勒认为：管理就是确切地知道要别人去干什么，并让他找到最好的方法完成工作。

现代管理之父法约尔认为：管理是所有的人类组织都有的一种活动，这种活动由5项要素组成：计划、组织、指挥、协调和控制。他在他的一般管理理论中总结了管理的5项职能：计划、组织、指挥、协调和控制。

（二）当代管理思想

在经典管理理论的基础上，当代管理思想的新发展为管理实践提供了丰富的理论指导和可供使用的工具，但很多学说或思想来源于实践，所以并未形成完善的理论体系。总的来说，当代管理思想呈现出以下五大趋势。

1. 从过程管理向战略管理转变

企业生存环境的变化日益剧烈和苛刻，企业必须不断地调整自己的发展方向，不断地设立自己发展的有效途径，以适应环境的剧烈变化。企业的生存发展环境已经从国内市场转向国际市场，或者说企业的成功主要取决于全球战略的实施情况。管理也在由内向管理往外向管理转变。

美国哈佛商学院著名的战略管理学家迈克尔·波特提出的“竞争和战略”理论，在产业经济学与管理学之间架起了一座桥梁。在他看来，竞争优势是任何战略的核心所在，企业可以通过选择和执行一种基本战略来影响产业中的5种作用力量(即产业结构)，以改善和加强企业的相对竞争地位，从而获取市场竞争优势(低成本或差异化)。

2. 从产品的市场管理向价值管理转变

管理的整体优化将是企业管理的一大发展趋势。核心能力理论、学习型组织理论，以及各种基于信息技术而产生的管理模式都印证了这一点。

核心能力理论可以分为资源学派和能力学派两大理论派别，以沃纳非尔特、里普曼、罗曼尔特为代表的资源基础学派，认为企业内部资源同外部资源相比，对获取竞争优势更具有重要意义。企业在实施企业战略的时候，首先依赖的是公司独特的专有资源。

以兰格路斯、福斯、哈默为代表的能力学派则认为能力是企业拥有的关键技能和隐性知识，是企业拥有的一种智力资本，它是企业决策和创新的源泉。核心能力来自组织内的集体学习，来自经验规范和价值观的传递，来自组织成员的相互交流和共同参与。现代市场竞争与其说是基于产品的竞争，不如说是基于核心能力的竞争。

3. 人本管理思想的深入

人本管理是指以人为本的管理，即把人视为管理的主要对象及企业的最重要的资源，通过激励、调动和发挥员工的积极性和创造性，引导员工实现预定的目标。

4. 不断地创新以追求经营绩效的持续改善

20世纪90年代以来，新兴的一些管理方法和管理模式充分体现了这一点，如全面质量管理、流程再造、六西格玛管理等。

(1) 全面质量管理

20世纪50年代末，美国通用电气公司的费根堡姆和质量管理专家朱兰提出了“全面质量管理”(Total Quality Management，TQM)的概念，认为“全面质量管理是为了能够在最经济的水平上，并考虑到充分满足客户要求的条件下进行生产和提供服务，使企业各部门在研制质量、维持质量和提高质量的活动中形成一体的一种有效体系”。

(2) 六西格玛管理。

六西格玛(6 Sigma，6σ)概念于1986年由摩托罗拉公司的比尔·史密斯提出，也属于品质管理范畴。20世纪90年代中期开始被GE从一种全面质量管理方法演变成为一个高度有效的企业流程设计、改善和优化的技术，并逐步发展成为以顾客为主体来确定企业战略目标和产品开发设计的标尺，追求持续进步的一种管理哲学。

5. 从行为管理向文化管理转变

埃德加·沙因的企业文化理论。沙因认为，如果我们不能够将组织文化作为应对变革的首要资源，所谓的组织学习、组织发展、有规划的变革等将无从谈起。在他的著作《组织文化和领导》中，沙因还专门探讨了组织的成长阶段和文化变革机制，还分别应用这些理论对小群体中文化的出现、组织的创始者是如何创造文化的、领导者是如何根植和传达文化的等方面进行了论述。

第二节 历史回顾：设计管理概念的提出与发展

一、设计管理意识的萌芽

工业革命催生了现代设计，正是工业革命完成了由传统手工艺到现代设计的转折，随之而来的工业化、标准化和规范化的批量产品的生产也为设计带来了一系列变化。设计行业开始从传统手工制作中分离出来，劳动分工的日益精细，造成了设计上的专业化趋势，随之也有了针对批量工业生产和消费而出现的对专门设计人才的需求，从而刺激了设计师职业的形成。

19 世纪末 20 世纪初，伴随着设计师职业化的是设计的产业化、组织化。从先前的行会演变过来，18～19 世纪的设计师们同样也在形成各种合作与同盟关系。19 世纪中期的艺术与手工艺运动、1882 年创建的自由设计师团体——世纪行会、1884 年成立于伦敦的手工艺者行会等，类似的设计组织已经有了专业设计分工的概念，由合作完成的设计团队创作渐渐取代了传统手工制作中的个人力量。设计管理的意识开始在这之中悄悄萌芽，培养协作关系其实就是最初状态的设计管理。

20 世纪中后期在欧美及亚洲成立的一些设计组织已不单是设计师自发组成的了，政府力量的参与促成，寄望于这些组织能够将设计转化为国家的竞争力与生产力，设计也因此能够与企业战略、国家政策等方面发生更广泛的联系。1944 年由英国政府倡议成立的英国设计委员会(Design Council)，其主旨就是利用一切可能的方式提升英国工业产品设计的发展。1962 年，为提高英国的设计水准，在伦敦成立了英国设计师与艺术总监协会(D&AD)。1965 年，美国也将原工业设计师协会正式更名为 IDSA，成为工业设计领域最重要的设计联盟组织之一。这些组织都将设计与设计产业联系在一起，设计管理的作用与优势渐渐显示出来，设计管理的概念也呼之欲出了。

二、设计管理概念的提出与拓展

设计管理的概念最早诞生于 20 世纪 60 年代的英国。当时，这种管理的范畴还主要是指对设计公司与客户之间关系的管理。英国设计师 Michael Farr 观察到，在设计公司中，设计经理的主要任务是保证项目的顺利开展以及维护好设计公司与客户之间的关系，让双方的沟通顺畅。接着，他于 1965 年在英国工业设计杂志上，将设计管理解释为："界定设计的问题，寻找合适的设计师，且尽可能地使设计师在既定的时间和预算内解决设计的问题。"这成为设计管理的经典定义。

同样是在英国，在英国皇家艺术学院与伦敦商学院的共同努力下，以 Peter Gorb 为首的学者们推动了对设计管理研究工作的分类与细化，设计管理的概念也因此得到极大的丰富。Peter 认为设计管理是"部门经理对公司设计资源的有效配置，帮助项目与公司实现目标”。这一表述阐明了设计与公司目标的关系，明确了设计是解决管理问题的另一手段。自此开始，关于组织中设计扮演的角色、关键管理要素所对应的设计门类与资源以及培训管理者如何有效运用设计等一系列的领域开始得到重视与研究。

1975年，Bill Hannon与马萨诸塞艺术学院在美国波斯顿成立了美国设计管理协会(Design Management Institute，DMI)，将设计管理研究的重心由英国转向美国。DMI创办了官方网站并定期出版《设计管理回顾》(*Design Management Review*)，与哈佛商学院合作推出了第一个针对设计管理的国际研究项目“TRIAD”，并通过举办设计管理国际会议等，在学术界和世界各地推广设计管理。

20世纪90年代，世界范围的设计管理相继展开。Patrick Hetzel进一步拓宽了设计管理的范畴，他认为管理设计主要是指管理公司内的创意与设计过程；从设计的角度与原理出发管理企业；管理设计公司。

Blaich & Blaich认为还需从设计与公司长期战略与目标的关系的角度来解读设计管理，他认为设计管理是制定与公司形象及战略相符的设计政策来服务于公司的战略目标，配置与管理各种设计资源并建立各类信息和创意沟通的网络。

至今，通过半个世纪的发展与研究，设计管理的内涵越来越丰富。设计管理的概念已不仅仅是将管理学的知识导入设计或者是将设计的概念传输给管理者，它越来越表现出一种整合多种学科话题的趋势，设计学、管理学、社会学、心理学、传播学等众多学科交叉于此，衍生出一系列的设计管理研究和设计研究的热门话题。设计战略、设计程序、设计风险、设计项目管理、设计审计、设计方法、设计与品牌、设计文化、设计产业等，这些研究范畴已突破了设计单个专业领域的局限，将设计放在更宽广的平台上，探讨其与相关要素之间发生的关系。

第三节　设计管理的发展状况

对设计管理发展状况的了解可以从国家、企业和教育3方面来考察。国家：出台设计政策，扶持企业建立最有效的竞争优势。企业：拟定设计策略，合理运用设计，形成核心竞争力。教育：开展设计管理研究，同时提供设计管理培训，向公众普及设计知识，提高鉴赏能力。这3个方面均处于相同、平等的地位，缺一不可。

一、国家层面上的设计管理现状

认识到国家面临的主要挑战是更加有效地把设计融入整个商业过程中，这是设计与设计管理受到重视的开端。国家进行设计管理一般有两个目的，刘瑞芬在《设计程序与设计管理》中谈道：一是提高国内产业设计的竞争与出口能力；二是在政府体系中纳入设计，系统评估产业设计的质量，为企业主提供咨询，组织竞赛和展览会等。美国、英国、德国、意大利、日本等发达国家在经济发展过程中，纷纷采用产品设计战略作为工业起飞的助推器，这离不开国家层面上对设计与设计管理的重视与支持。

这些设计发达国家，例如美国、英国、德国、日本、韩国等国家均设立了国家元首工业顾问、全国性工业设计委员会、工业设计国家奖和政府工业设计专职部门等，在提高设计水平上发挥了一定作用。除此之外，加拿大、捷克、西班牙也都成立了国家设计中心，以提供咨询，扶持中小企业，促使设计纳入企业战略与产业战略中。

中国尚没有国家设计策略的执行单位，在国家的行政机制设置中，设计是一个零。2008 年《国务院办公厅关于加快发展服务业若干政策措施的实施意见》曾将设计作为一种业态纳入现代服务业，却并没有从宏观战略上对设计做出定位。直到 2010 年，11 个部门联合印发的《关于促进工业设计发展的若干指导意见》(以下简称《意见》)，才是国家出台的首个专门针对工业设计产业的指导政策。《意见》指出到 2015 年，要培育出 3～5 家具有国际竞争力的工业设计企业，形成 5～10 个辐射力强、带动效应显著的国家级工业设计示范园区。

2014 年，国务院印发了《关于推进文化创意和设计服务与相关产业融合发展的若干意见》(以下简称《意见》)，就加快推进文化创意和设计服务与实体经济深度融合做出明确要求，提出到 2020 年，文化创意和设计服务的先导产业作用更加强化，基本建立与相关产业全方位、深层次、宽领域的融合发展的格局，明确提出了文化创意和设计服务与装备制造业、消费品工业、建筑业、信息业、旅游业、农业和体育产业等领域融合发展的重点任务和具体要求。《意见》还针对我国当前文化创意和设计服务发展，特别是与相关产业融合发展中存在的突出困难，提出了一系列扶持政策。这是继工业设计以来，首次对设计产业发展的定位与政策支持。

二、企业层面上的设计管理现状

2004 年瑞典工业设计协会曾发布了一个名为“The Design Ladder”的图表，用于描述与概括设计在企业内的应用状况。如图 1-1 所示，在这个设计阶梯上，几乎所有的企业都可以对号入座，找到自己的位置。从下至上排列的 4 个等级也揭示了将设计纳入企业运行和战略的 4 个发展阶段。

第一阶段，没有设计。意味着市场仍处于卖方市场或计划经济阶段，设计对企业提供的产品或服务产生不了附加值。

第二阶段，设计作为一种造型手段。中国在很长一段时间内是处于这个阶段的，企业包括设计公司进入的设计领域大部分还是外观造型，对于战略意见和设计思考并不感兴趣。设计师在这个阶段有一个代名词——美工，干着美化产品的活。设计管理在这个阶段几乎没有人思考与运用。

第三阶段，设计作为工业流程的一部分。随着设计得到越来越多的重视，在市场与产品制造之间慢慢加入了设计这一环节。工厂不再直接响应市场需求，而是由设计师来关注消费者与市场，捕捉产品机会，进行设计创新。设计成为新产品开发链条上重要的一环，对公司形象与品牌策略也起着重要的作用。台湾地区一些早期做代工的企业，例如明基、宏碁、富士康以及国内的联想、海尔目前正处于这一阶段。

在这个阶段中，设计不再作为单一的专业而存在，它与企业内的市场、销售、财务、制造等部门有着紧密的联系。设计管理的运用也随之增多，主要是对设计团队、设计项目的管理以及与相关利益部门的信息沟通管理。

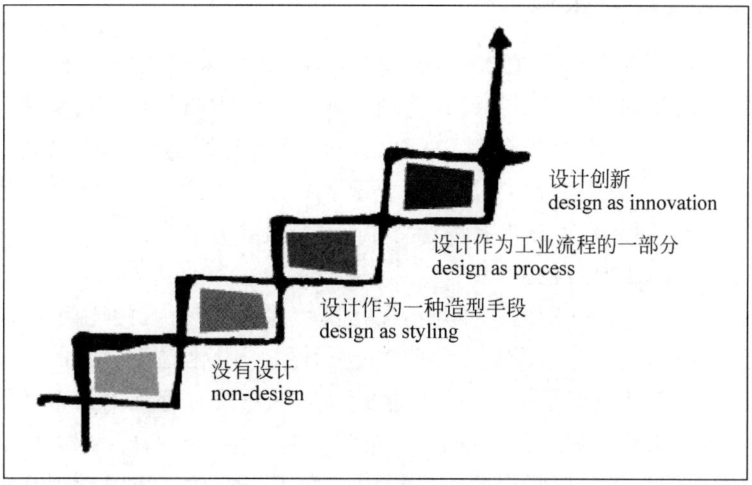

图 1-1　设计阶梯

第四阶段，设计创新。这是设计阶梯的最高阶段，在这一阶段设计和设计管理成为企业获利的一项核心战略，甚至成为企业的核心竞争力，这可以从近年最为成功的企业发展中得到佐证。譬如：Apple、IBM 、Samsung。如图 1-2 所示，设计处于核心地位，其他诸多资源都要依其配置。设计管理在这个发展阶段更多地关注与运用在设计政策与公司远景、设计战略与公司战略的相互匹配、设计文化等更高层面上。

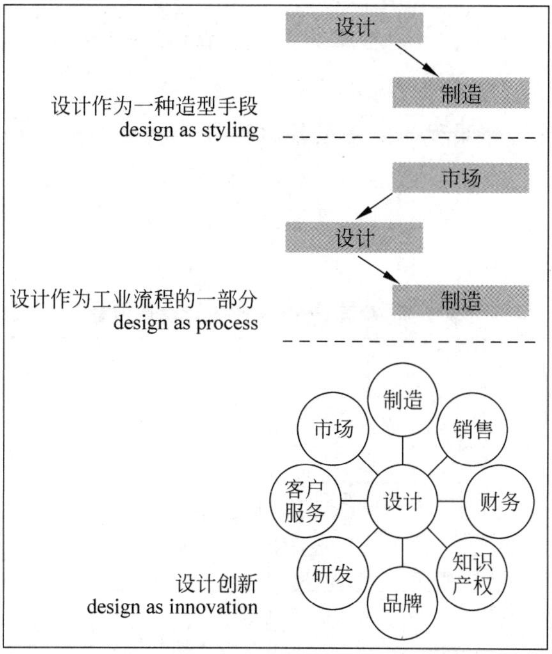

图 1-2　3 个发展阶段对设计的运用示意图

三、设计管理教育与课程

向学生与大众传授设计管理的基本知识与技能，培养未来从事设计管理的专门人才是举办设计管理教育的目的。因为设计管理本就是设计学与管理学的交叉学科，所以目前的设计管理教育也具有两种形态：一种是将设计管理列为管理课程的一部分，如在MBA 课程中加入设计管理课程，其目的是协助 MBA 学生了解设计与管理设计；另一种是将管理注入设计课程中，针对具有设计背景的学生，培养其设计实务的管理能力，让其未来能胜任企业中的领导角色。

工商管理课程中的设计管理课程并不在其核心课程中，所占的比例也是极少的。鉴于欧美国家面临的国内经济不景气、市场饱和及日益国际化趋势导致的困局，产品或服务只能通过设计特色获取竞争优势，越来越多的企业开始对管理人员普及设计知识，设计管理教育的需求明显增加。美国哈佛大学、斯坦福大学、宾夕法尼亚大学、麻省理工学院、哥伦比亚大学等都在工商管理硕士课程中开设了与设计或设计管理相关的模块，一般将其放在新产品开发环境下开设，或者作为选修课程供学生选择。

设计相关课程中的设计管理课程，其目的是帮助设计师成为管理者。一般而言，设计师作为设计服务的提供者，把过多的精力放在掌握与提升设计相关的技巧上，对管理的知识普遍储备不足，无法管理自己与他人。而且尽管他们能成为行业内的佼佼者，但由于设计在企业策略决策中依然处于次要的地位，故设计师仍无法在企业内部进入管理层。这样的情形使得英美的一些设计类学院开始引入管理类的课程，甚至成立了专门的设计管理专业。

下面我们将考察 4 个学校开设的设计管理课程，并对其一一进行说明。

1. 美国 Pratt 学院的设计管理课程

Pratt 学院的设计管理课程的出发点是将设计师转变成管理者，课程的目标是培养能够管理自己事业的设计专业人才和企业或设计咨询公司内的领导角色。要求攻读该学位的学生至少有 3 年的实践经验，并且能够边学习边工作。美国 Pratt 学院设计管理课程，如表 1-1 所列。

表 1-1　美国 Pratt 学院设计管理课程

<table>
<tr><td rowspan="3">市场营销</td><td>战略营销</td><td rowspan="5">管理和后勤</td><td>设计项目管理</td></tr>
<tr><td>广告和提升策略</td><td>沟通技巧</td></tr>
<tr><td>客户和公共关系</td><td>新产品开发和管理</td></tr>
<tr><td rowspan="3">人力资源和组织动态</td><td>领导行为</td><td>目标研究</td></tr>
<tr><td>领导艺术和团队组建</td><td>管理软件</td></tr>
<tr><td>管理革新和变化</td><td rowspan="2">财务</td><td>财务报告和分析</td></tr>
<tr><td rowspan="4">操作环境</td><td>美国商业史</td><td>资本与市场</td></tr>
<tr><td>知识产权法</td><td rowspan="3">计划和策略</td><td>管理决策</td></tr>
<tr><td>商业法律</td><td>商业策略</td></tr>
<tr><td>设计趋势</td><td>商业分析</td></tr>
</table>

课程涉及与设计相关的6个知识领域：市场营销、人力和组织动态、操作环境、后勤管理、财务、计划和策略。其中有些课程是模仿工商管理硕士的课程，授课大多采用案例分析教学法。学习该课程的学生大多是在职的美国设计师，不同的设计领域在此交叉，譬如产品设计、平面设计、建筑设计、新媒体设计等。大家在相互交流的氛围中，学习商业语言，并开始作为管理者的角色进行思考与行动。

2. 英国BIAD设计管理学士、硕士课程

英国BIAD(Birmingham Institute of Art and Design)是伦敦地区以外英国最大的艺术、设计和媒体教育学院，提供设计与商业(Design in Business)的本科课程和设计管理(Design Management)硕士课程。其中Design in Business本科课程在一、二年级主要是在设计课程中融入一些商业元素，三年级开始开设设计沟通、设计策略、管理软件等课程。设计管理硕士课程为授课型硕士，分为3阶段教学。

第一阶段为设计管理理论的教学，从商业环境和市场、设计政策、设计策略与管理设计4个模块让学生了解设计产业、设计在商业中所扮演的角色、设计管理实务、与设计相关的财务与法律事务等。第二阶段以小组的形式展开项目，其中穿插教授研究方法，开展案例教学。最后的论文阶段，学生可选取与设计管理相关的任意领域进行深入研究。BIAD设计管理硕士课程设置，如图1-3所示。

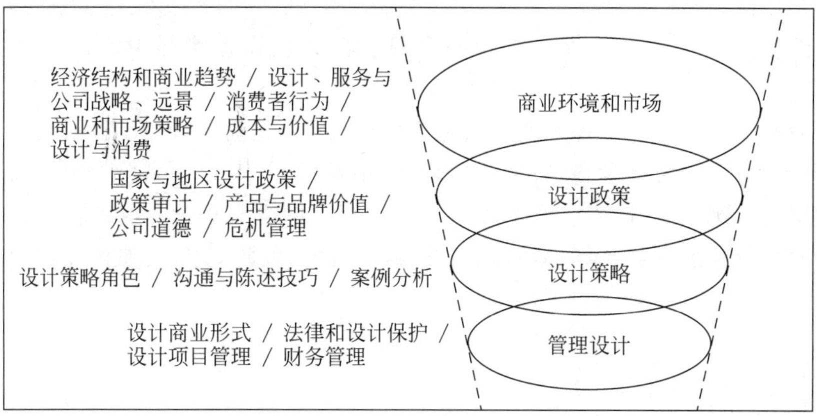

图1-3 BIAD设计管理硕士课程设置

3. 英国Brunel University设计管理课程

英国Brunel University下设的设计与工程学院提供产品设计的本科课程与设计管理的硕士课程。大学本科课程可为3年全日制也可为4年三明治形式。两种学习方式实行弹性机制，方便学生转换，采用三明治学习方式的学生第三年进行产业实习。设计管理研究生课程下面有两个方向，一个是偏产品的设计策略与创新；还有一个是偏品牌的设计品牌策略。

Brunel的培养目标主要是培训学生在制造业和服务业中工作而不是从事设计咨询，所以该课程主要是在设计和产业之间架设桥梁。硕士课程分3阶段学习，分别为理论知识、实习和论文；集中讲授的核心课程包括设计与创新研究、设计管理、产品研究、品牌策

略、项目管理等。

4. 日本京都工艺纤维大学(Kyoto Institute of Technology)设计经营工学学科

多数日本学者认为设计管理是对设计资源的活用和继续经营,所以日本高校通常把设计管理理解为设计经营。日本京都工艺纤维大学是较早推行设计管理教育并率先将设计管理专业化的高校。在本科阶段设立了设计经营工学学科,在研究生阶段设立了设计经营工学专业。

该学科整合了设计、工学和经营 3 个领域的知识,以培养能够从协调环境和社会的视角创造产品的人才,既可以是设计师,也可以是工学技术者或者产品与经营企划者(Demagineer)。基于此指导思想,设计管理的教育从设计、经营与工学 3 个方面来开展。其中设计是以物(产品)和设施(建筑与环境)的设计为中心,结合经营学与工学,思考如何合理规划、设计以及管理产品和设施;经营学习以产品和市场关系为中心的市场经营学和品牌管理;工学以现代环境问题和信息技术以及重视使用者的制造理念展开,着重培养具备设计理念和经营感觉的技术者。

中国设计教育中的设计管理教育长期处于被忽视的状态,目前仍尚未建立起完整的设计管理教育体系,只在少数院校有硕士教育的尝试,研究成果偏重于对国外理论的翻译和整理上。尽管高校在本科阶段开始探讨多学科教育的课题,但多数还是局限在设计这一单一领域内的多学科相融的视角,并未能真正尝试多学科交叉,开展新的教育尝试,只有少数院校开设有关设计程序与管理课程或在其他设计课程中涉及一些设计管理理论。

张立巍曾对我国设计管理教育提出过几点构想:一是需要确立多学科交叉教育的理念,以设计为原点,融合工学与经营学的知识培养人才;二是在本科阶段应多设置基础课程和实践课程,从低年级向高年级逐步渗透设计管理的教育理念;三是在研究生阶段多招收不同学科背景的学生,以经营管理为核心,培养实用型人才,实现设计管理教育的专门化。

思考与课堂讨论

(1) 请比较设计与管理关键属性的异同。

(2) 请比较分析本科生与研究生对设计管理课程的不同需求。

(3) 请思考中国对设计管理在不同层面上的应用。

第二章

用需求管理设计

【学习要点及目标】

1. 了解商业环境如何影响设计。
2. 了解消费者分类的标准与方法。
3. 掌握消费者调研的方法。

本章导读

研究目标人群→找到需求→针对需求形成明确的定位→通过一系列的策略落实定位→根据策略推进设计执行→通过市场反馈检验设计的合理性→……，这可以简单地概括为设计和设计管理的全过程。其中，有一些专有名词可能不被学习设计的学生或某些设计师熟悉，譬如目标对象群、需求、定位、策略、消费者利益点、支持点等，可是这些看似陌生的信息却实实在在地影响着设计。

重新审视这个设计的流程，你会发现设计是最末端的环节，这意味着前期各个环节都为设计指示着方向，它们是否精准有效也影响着设计的成败，所以说设计师是戴着镣铐在跳舞。为了做出好的设计，为了更好地研究与管理设计，我们避不开对商业环境、战略、消费者的了解，对于设计师来讲，也要重视研究人、研究市场，参与到各个环节中去，这一切正是本章要探讨的内容。

第一节 商业环境与设计

一、商业环境对设计的影响

（一）为什么要做商业环境分析

通过思考与设计相关的一些关键因素以及探寻设计在商业社会中所扮演的角色，我们可以得出如图 2-1 所示的关系示意图。它表达为企业通过设计创新在大的商业环境中满足目标消费者的需求从而实现自身的目标。

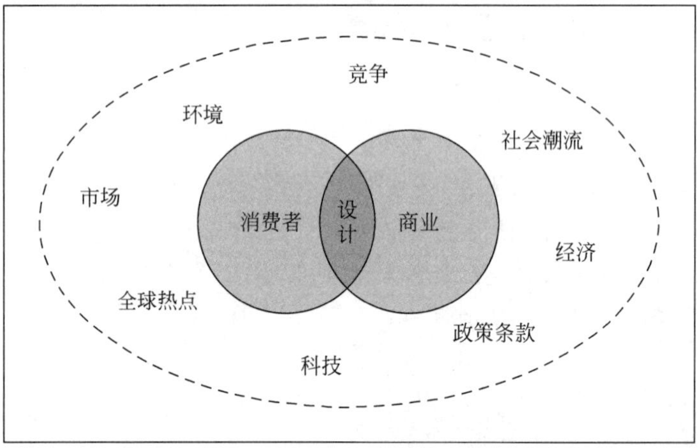

图 2-1 商业环境中的关键因素示意图

这几乎是对商业社会中大多数设计创新行为的概括。商业环境作为设计创新滋生的土壤，对设计的影响可见一斑。作为一个设计者，除了要关注创意、造型、表达语言外，为什么还需要关注商业环境、做商业环境分析呢？

1. 商业机会衍生设计机会

以往，设计是工匠在某种美学传统下的个人作业，18 世纪英国的工业革命，既带来了大规模生产的崛起，也使得设计与制造分开，把设计者归于谋划、筹划的位置。设计也随之全面整合到工业生产的过程中，逐渐演变发展，扮演着重要的角色。

设计，例如产品设计、环境设计、品牌形象设计，是一种创造行为，同时也是一种商业活动。它协助企业创造出来的产品和服务，可以吸引、取悦和引领消费者；它提供许多方式与手段，来呼应未受满足的需要；它促进功能和外观的改善，甚至创造人与物品联结的新的方式。在多个层面上，设计都有助于企业的生存与成功，设计也成为商业战争中有力的工具与武器。

在商业社会中，设计无法自娱自乐，它必定要为解决某个问题，去实现一个具体的设计目标和商业目标，设计机会也就隐藏在那些目标与问题的背后。对应三大设计门类——产品设计、环境设计与平面设计，设计问题的提出都依赖于企业以下的这些需求。

(1) 将新材料与技术附于有形的产品实体

企业对新技术的追寻以及产品更新换代的需要，提供了新的设计机会。新材料与新技术，通过设计才能融合在各类产品中服务于人类。

耐克在众多体育产品品牌中以其领先的技术优势闻名，特别是在鞋的技术研发上，十分重视人体工程学和仿生学等领域。为了提供安全、舒适的穿着体验以及卓越的性能，在鞋面、中底、外底等部分，耐克拥有自由科技外底、Air-Sole、Zoom Air、IPS(减震技术)等多项革新性的技术与材料。然而，一项新的技术或材料被研发出来，却并不意味着商业上的成功，只有借助产品(鞋类)设计师的帮助，将之实现在某款鞋上，才能最终被消费者体验和使用。

例如，IPS科技——用20块密度、厚度、大小和位置各不相同的Phylon材料制成相对独立而又有机配合的柱状减震装置，单独作为一种技术并不能为人带来愉悦的使用体验，只有通过设计，与Zoom Air、Carbon Fibre Control Plate联合作用，并与鞋面、鞋身的材料及结构相配合，Nike的Air Jordan系列才能拥有十分出色、舒适的减震、稳定、引导、反弹和加速性能。

(2) 为消费者提供一个独特的购物和体验环境

商品是有实体的，服务是无形的，而体验是难忘的。体验经济的到来，使得传统的分销加促销的模式已不再奏效。以商品作为"道具"、服务作为"舞台"、环境作为"布景"，使顾客在商业活动过程中感受美好的体验，甚至当过程结束时，体验价值仍长期停留在脑海中才是成功之道。所以为消费者提供一个独特的购物和体验环境成为成功的必要条件，这带来了关于室内设计、陈设设计、平面设计等诸多的设计机会。

(3) 将商业视角与形象诠释成可以被感知的存在

每一个企业自身以及它所提供的产品和服务，也就像社会中的人一样，形形色色，各具特色。要将企业愿景、文化、精神、产品的品牌个性这些意识层面的东西转换成可以被消费者感知的存在，并引起他们的共鸣，就需要进行品牌形象设计与传播。

例如：Google，这家全球著名的搜素引擎公司，怎样将它一直提倡的"科技的使命就是攻克难题，以让人们更好地生活"这一品牌精神传达给消费者，并在用户心中树立人性化又调皮的形象，就集中地体现在了"Google"这一logo的设计中。最近，Google还在它不停变换的logo中增加了一个天气插件，以便让logo的样式跟着天气变化，更好地服务于人们的生活，如图2-2所示。

2. 商业趋势影响设计趋势

商业趋势即商业发展的动向，它是一段时期整体经济与商业的风向标，自然影响着商业环境中每个企业个体的行为，进而波及设计的目标与评价导向。我们关注商业环境与趋势也就意味着能从更宽泛与更深层次的角度去理解设计，把握设计。

商业趋势对设计趋势的影响是非常直观的。绿色设计、生态设计是近年来广为提及的设计趋势，它表现为使用可再生、可循环的能源，减少能源消耗，减少生产与使用过程中的污染物排放与废弃物，促进物品的循环利用等，在各个设计门类都是炙手可热的话题。这类侧重考虑设计对环境影响的设计思维是突然并偶然出现的吗？答案当然是否。

图 2-2　Google 的 logo 设计

（图片来源：http://news.mydrivers.com/1/277/277021.htm）

它既与人们的生活需求相关，也与社会和政治的大趋势相关，更为重要的是还与商业趋势密切相关。

经济高速发展后，人们更希望拥有一种简单的、接近自然的、安全并经济的生活方式，政府也积极推动经济与社会的可持续发展。在这种大趋势下，企业相对以往短视的行为，更寄望于顺应这种趋势，从而获得企业与品牌发展的长期竞争力。前文曾提到过商业机会衍生出各类设计机会，那么在这个指导原则下，就不难理解绿色设计趋势的产生了。

在服装设计领域也呈现出这一规律，回顾历史，在经济的复苏和上升阶段，服装设计的趋势，不论是颜色、款型还是面料，都呈现出明快、繁复的特征，“快时尚”大行其道，潮流发布一波接一波。相反，在经济衰退期，又回归到黑白、环保、简约，潮流更新的速度也放缓。

3. 了解商业发展状况能帮助设计师对未来设计有一个全新的视角

传统的设计课程多关注创意思维与表现技法的训练，对商业环境、商业趋势这部分少有涉猎，而这一部分的知识恰恰是大学毕业生最缺少的。了解商业发展状况不仅让我们了解到设计的另一面——通过设计促使商业成功，而且还为设计师在设计时提供了一个独特的视角与新的切入点。未来，不论是作为设计顾问还是驻厂设计师，熟悉商业趋势与运作规律，对其在进行设计创新、沟通设计、管理设计项目时都多有助益。

（二）商业环境对设计的影响

在现今大的商业环境与趋势中，设计的重心早已从“产品设计”(Product Design)转移到了“体验设计”(Service Design)。产品设计虽然仍是设计师日常工作的重要部分，但是设计工作的焦点发生了改变，从以往的“帮助解决问题”转变为现在的“寻找更好的机会”上，设计工作的内容、性质，设计师的角色也随之发生了改变。我们考察这一变化的趋势，势必要从整个商业趋势的变化以及其对设计的影响谈起。

1. 商业与技术的发展趋势

20 世纪以来，一个不可忽视并产生深远影响的现象就是：创新的速度在加快。一项技术从推出到被接受并广泛应用，这期间需要的时间逐步地缩短。例如，蒸汽机从发明出来到广泛应用历时 150～200 年；汽车 40～50 年；真空电子管只需要 25～30 年；晶体管收音机只用了 15 年就实现了技术普及；集成电路可能也就花了不到 5 年的时间。随着商业的发展，新产品、新技术不断研发，工业社会的财富在这个过程中得到快速积累。

相似的是，蕴含这些创新技术的产品进入消费者日常生活的步伐也在加快，这包括我们常见的公共与个人交通工具、通信设备、电脑、照相机等。为了跟上改变与创新的步伐，制造业以及制造业公司在几个世纪中也在不断地进化：从生产单个的产品到生产整个的产品类别，再转变定位到提供某种服务。例如：

生产鞋→生产鞋类产品→行动装备提供商。

生产办公室家具→办公室设备提供商→信息处理→提供商业咨询服务。

需要注意的是，在同一时期，一个行业往往包括处于不同阶段的制造商们。例如：大规模定制、计算机集成制造也会与传统的家具生产线、手工家具同时存在。

2. 全球化的出现对设计的影响

有效和高效率的管理行为，使得生产不再局限于当地，而可以在世界的任一角落进行。回顾世界贸易和工业史，我们会发现全球化并不是一个新的现象。糖进口后，生产为可口可乐再销售回出口国；同理，从世界各地进口的棉花，在英国纺织后生产出成衣再回到当地与本土商品一同参与竞争。今天，中国在全球化进程中扮演着重要的角色，全球的制造业几乎集中在了中国和整个亚太地区。全球化也意味着我们生活的各个方面都更广、更深、更快地与全世界相连，对设计师来说，需要认识到其所设计的产品和形象也逐步地在全世界范围内销售和使用。

尽管市场已经全球化，但是却不可能存在一个“全球化的体验”。全球化的体验仅在拥有相同文化背景时才成立。虽然因特网使得人们越来越多地拥有相同的文化背景，但是在真实的世界中还远达不到这样。

例如，东西方对颜色、图案、行为方式的理解都不尽相同。这种经济全球化和文化非全球化的环境，对设计师提出了诸多挑战：在所有的地区使用同样的设计模式可行吗？如何把全球性品牌转化为地区性，使之更符合相关地域文化特征？如何在设计中反映和调整文化差异，折射出品牌形象的力度与完整性？

3. 服务经济的兴起对设计的影响

据统计，2004 年，英国 65％的 GDP 收入都来源于服务经济。当今世界几乎所有高度发达的国家都已经成为“服务经济体”，中国的服务经济发展水平相对落后，但也力求转型。早在 2005 年，中国就制订了目标——“十一五”期间，中国的产业结构将从工业经济为主转向以服务经济为主。

服务经济背景下，市场的竞争不再是单一的价格与技术的竞争，服务的竞争（购物环境、售后服务等）逐渐成为竞争的主要内容，服务的提供也逐渐成为一些生意的核心，包括旅馆、餐厅、剧院、美容院、酒吧等。这也意味着设计将得到越来越多的关注，为了满足消费者深层次的需求，对消费者行为和心理的重视，促进了一系列设计机会的产生。如图 2-3 所示，咖啡馆的设计重心已不在提供的咖啡产品上，空间的主题性、咖啡文化等这些能给消费者带来独特体验的元素越来越受到重视。

伴随着经济形态的变化，设计行业也在悄悄转变，我们可以从著名设计公司 IDEO 的变化中一见端倪。这个曾经世界上最大的产品设计机构，在今时的网站上是这样介绍自己的："IDEO 致力于帮助企业创新，我们设计产品，也设计服务与环境，更设计体验。"产品设计仍然是工作的一部分，但焦点和重心已经转移。IDEO 花了 20 年的时间，从美学功能主导的产品设计转向了如今多学科交叉的体验设计(Service Design)，体验设计正成为设计行业新的热点与焦点。体验设计交叉了产品设计、室内设计与设计管理 3 个分支，设计工作更多的是在策略的层面上提供服务与咨询，帮助公司重组结构与文化，并构想与创新消费者满意的服务与产品。

图 2-3 Whistle Stop Cafe

案例一

IDEO 为新加坡政府人力资源部的工作签证中心重新设计工作流程

创新已从经济领域拓展至政府和公共部门。政府部门将创造性的改革视为提高行政效率、改善服务质量和提升公共利益的手段。一个创新型的政府会不断改善机制和流程，以更好地服务大众。作为创新的主体，政府部门希望更好地服务大众，为了达到这个目标，他们就必须更深入地了解所服务的对象。

通常来说，使用过这项服务或从中受益人们的真实故事是激发创新的来源。于是，灵活的创新设计公司为政府部门带来了设计思维，以设计为手段使政府组织更快地对变化进行设想和展示，更形象地对想法进行确切的表达，帮助政府和公众共同展望未来。

新加坡人力资源部力图"维持具有全球竞争力的劳动力水平和良好的工作环境，为所有的新加坡人打造具有凝聚力的社会和有经济保障的未来"。在新加坡，30%的劳动力是从国外引进的，人力资源部的工作签证中心负责向这些外籍工作者签发工作签证。这个中心在 20 世纪 70 年代便承担了这个职责，如今它是全球最佳的政府部门之一。

2008年，在为工作签证中心进行第3轮的工作流程再设计时，部门官员认识到，无论是何种进步和提高，都必须依赖更完善的政策及产品服务，包括优异的顾客服务。于是工作签证中心与IDEO携手，共同来实现这个根本性的转变。

1. IDEO的工作

这个双方密切合作的项目涵盖了调研、设计和建模等不同阶段。政府的工作流程通常是制定政策、创造流程，之后再思考如何设计顾客体验。IDEO和工作签证中心颠覆了这样的传统流程：创意团队首先思考的是目标顾客，以及他们所期待的体验；其次设计内部流程和政策来支持这项体验。在运用以人为本的方法来考虑细节问题时，团队成员这样问自己："如果以普通人(职员、中介和外籍工作者)，也就是工作签证流程的使用者的角度来看待工作签证流程，将会怎样呢?"团队受到了合作商和工作签证持有者的启发，但更多的灵感来自那些在申请工作签证的过程中受挫的人。IDEO不断努力帮助签证中心审视整个流程，希望令这项体验更加人性化，也令沟通的语气不再那么拘谨。签证中心发出的信函充满了"随函"、"若则"这些法律用语，而申请者只希望收到一封信，信中说"你能来新加坡"。

最终，团队明确了40个机会点，以模型的形式将这些机会点直观呈现，并实施了其中24个机会点。这个"创新组合"，在3年的时间内陆续推出，其是对现有流程的检视，更是对内外部相关人员需求的直接回应。针对服务、交互、空间、沟通和人员培训，提出了渐进性、演进性和革新性3种不同类型的创新。重新设计的工作模式实现了超越功能性流程(从工作签证的申请、取消到过期)的根本转变，对整个顾客流程(从外籍人士在本国时下决心到新加坡工作，到结束工作离开新加坡)进行了通盘考虑。

此项目的关键是新服务中心(这是获得了就业准证的人员提交申请文件、按指纹并获得工作签证的场所)的设计，时间紧迫，需要在3个月内完成。设计团队根据调研成果，制作了空间模型。人力资源部的官员希望它的外观和功能有别于传统的政府部门的办公室，团队制作了低精度的模型，之后按照一天实际的客流量对此进行了两次测试。

新的工作签证服务中心于2009年7月在河畔大厦投入使用。有别于常见的巨大的等待大厅和一排排冷硬的坐椅，访客可以事先在网站上预约，甚至在他们踏入新加坡之前即可预约；轮到他们办理事务的时候，员工会叫他们的名字，而不是排队的号码。模块化的登记台可以满足未来的升级需求，圆形的外观不会造成拥挤感，而员工在需要离开吃午饭或休息时，也不会令人感觉缺乏人手。在父母们申请签证的同时，孩子们可以待在一个特别的小屋中玩耍。本着持续创新的精神，签证中心本身就是一个可持续改进的模型，员工们每周会举行会议，针对顾客留下的建议进行讨论。

2. 影响力

工作签证中心的主任Penny Han说道："我们从顾客那里了解到的最重要的一点是，一流的服务取决于'价值观'。于是我们反问自己，如何将我们所看重的速度和效率转化为顾客所看重的全面的服务体验。"

工作签证中心不再以政府部门为目标，它的目光投向了全球顶级公司和企业，其目标是为顾客提供一流的服务。以前，80%的顾客的事务无法在30分钟内处理完毕；而如今，95%的顾客的事务可在15分钟内处理完毕，90%的顾客的事务可在10分钟内处理完毕。外籍工作人员对于政府部门的流程改善惊叹不已，在他们看来，这是一项将人置于流程之前的、考虑周全的顾客服务。新加坡政府人力资源部新的工作流程示意图，如图2-4所示。

图 2-4　新加坡政府人力资源部新的工作流程示意图

（图片来源：http://cn.ideo.com/work/business-process-redesign-for-the-ministry-of-manpower/）

（案例来源：IDEO官网．http://cn.ideo.com）

4. 当代商业环境对设计的影响

回顾新中国成立以后中国经济以及大众消费文化发展的历史，可以将其清晰地划分为短缺经济（改革开放之前）、过剩经济（1978年至20世纪90年代中期）及丰饶经济（20世纪90年代中期之后）。每一种经济形态与商业环境的特征不仅影响着身在其中的企业，也折射在每一时期的设计风格与趋势上。

短缺经济由于是典型的卖方市场，所以，设计的作用微乎其微，这里不再讨论。在过剩经济也就是大众化消费时代，企业的任务可以用9个字概括“上规模、降成本、造明星”，这个时期占主流的消费者是温饱型消费者，他们大多是中产下层，关注基本的生活需求，并且对价格非常敏感。这一时期，设计的中心也就是凸显品质与质量，强调价廉物美。电视上的广告多是将产品与明星建立联系，让消费者爱屋及乌，产生移情作用。我们将这一时期俗称为“明星时代”。

丰饶经济又可进一步细分为小众化消费时代和个人化消费时代，中国目前正处在下一层的小众化消费时代。从大众化消费过渡到小众化消费，是由于人们生活水平与生活质量提高后开始独立思考、理性消费。除了产品的价格与品质外，大家开始关注并追求品位、时尚、身份认同与社群归属感。为了迎合这种需求，企业将顾客们依据共同特征分成不同的群体，提供的产品与服务也越来越多样化。相对地，在设计中，市场定位与细分，以及对目标客群的心理及需求的把握对设计策略的制定影响很大，甚至决定产品的成功与失败。

随着信息技术的飞速发展，在小众化消费文化中又出现了一些新的趋势，我们将之称为“个人化消费”。群体的概念日渐模糊，每个人都是单独且唯一的个体。这种对个体需求的关注与信息化技术结合后，即在设计上提出了一些新的概念：大规模定制、一对一营销、全房定制等。这些新的设计技术在IT技术的支持下，克服了规模经济效益与个人定制的矛盾，依赖大量的客户数据分析和企业数字化、精细化的柔性生产技术，可以更好地服务于客户的个性需求，也是未来设计发展的方向。

正如网络时代有从1.0到2.0的升级，网络2.0强调全民参与互动，强调知识与信息的共享。一系列的APP推动了这一趋势的发展，比如Digg、Twitter、Insta、微博等。设计也可以用1.0—2.0—2.5来表示其在从大众化消费时代到小众化消费时代再到个人化消费时代的商业环境变动下的提升。一些企业已经率先响应了这种变化趋势，NIKE就创办了一个名叫NIKE iD的网页，如图2-5所示，用户可以自由选择衣服上将要出现的文字、图案与颜色，在网站提交设计后，由NIKE生产后邮寄给用户。著名的奢侈品品牌LV的网站上也有类似的功能设定。

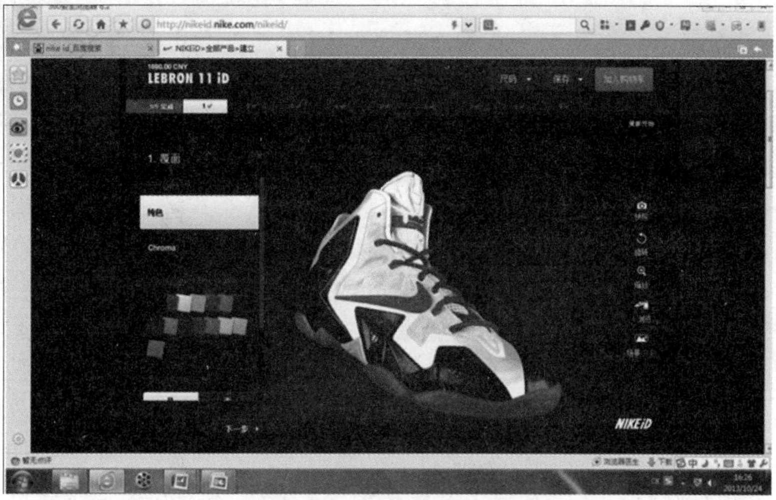

图2-5 NIKE iD定制页面

（图片来源：http://nikeid.nike.com/nikeid/）

5. 中国企业的困境

改革开放后，中国对外敞开国门，外国投资和进口的产品，如录影机、汽车、化妆品，一起进入老百姓的生活，让中国人民第一次体验到了现代商品与现代设计。从20世纪90年代开始，中国设计进入快速成长阶段，广告、平面和室内设计发展迅速，可产品设计遥遥落后，这与当时中国制造业的全球定位相关。

中国制造业，依靠劳动力价格优势，在20年时间内迅速发展，扮演着“世界工厂”的角色。然而，处于产业链最低端的它们只是提供OEM代工服务，根本不涉及设计与创新。2000年以后，随着全球投资商把资金撤向劳动力价格更低的越南、老挝等地，中国的制造企业也失去了生存的环境。

目前，中国正致力于成为以创新为主导的国家，不惜在研发活动上投入巨资，建立奠基于高层次技巧与知识的能力。越来越多的企业开始认识到设计是发展的有力的工具，也开始学会利用设计为企业的商业成功和品牌发展服务。转型的过程是痛苦而缓慢的，经过10年时间，在中国市场上也孕育了一些利用创新手法设计开发新产品的领导品牌，比如联想、华为、海尔等。在榜样的影响下，越来越多的制造商认识到，中国设计的未来必须靠更加了解中国人民的生活与行为方式，以便设计出满足他们需求和渴望的产品，特别在未来10年，中国将进入全球市场，在设计与产品研发上都将扮演重要角色，包括汽车、手机、游戏和娱乐产业等。企业和设计都面临着诸多的发展机遇和挑战。

案例二

尚品宅配——后互联网时代商业模式的开拓者

站在互联网产业和理论尖端的曾鸣教授曾在《哈佛商业评论》上发表了一篇文章，正式提出“C2B是互联网时代的新商业模式”这一论点。他认为，“在影响未来商业格局的各种力量中，互联网无疑是最具活力的决定性因素”。而基于阿里巴巴5年的实践与观察，他发现“如果说信息时代的组织模式变革尚处于起步阶段，那么信息时代商业模式的未来形貌，则已经粗具雏形了”，这就是C2B。

曾鸣教授谨慎地提出“未来形貌”、“粗具雏形”等词汇，显示C2B在世界范围内尚处于一个局部探索的过程。他认为，即使像戴尔这样的明星企业，“它们比大规模生产更加贴近消费者，却也还不是以消费者为中心的终极模式。戴尔电脑的创始人迈克尔·戴尔曾被认为是近百年来最接近亨利·福特的人，但戴尔实际上只为消费者提供了一种模块化、菜单化的有限选择，而且也仍然倾向于让消费者去适应企业既有的供应链”。

曾鸣教授将尚品宅配作为“C2B模式的样本”，可见在他心目中，尚品宅配所开创的模式的成熟程度比海尔、戴尔和淘宝这样的企业走得更远——虽然淘宝也在快速向C2B模式演进。

他的这句话我们要牢记：“在现代工商业发展史上，C2B模式的大量浮现，是一个从未有过的事件。它不是转瞬即逝的浪花，而是塑造全球商业气候的巨型洋流。能否把握这一趋势，将决定谁是未来的商界领袖。”

看来，尚品宅配前途无限。因为它显然已经牢牢把握了这一未来的趋势，如果不出意外，它注定在未来创造传奇，成就伟业。

但是笔者想说的是，尚品宅配的C2B模式比之曾鸣教授所言的C2B还有几点不同，显然它可能来自更遥远的未来。

(1) 如果是一个互联网企业，它直接跨进C2B模式还值得理解，但奇特的是，尚品宅配是后来才加入互联网模块的，也就是说，它并非像曾教授所说的“是基于互联网的”(虽然信息化的传递以互联网为基础)，却在线下建立了以消费者为中心的企业运作模式。

(2) 它凭一己之力直接打通了从前端消费者设计到后端的大规模定制生产，这对曾教授所言的C2B“网络化大规模协作”特征是一个突破。因为“对创业企业而言，任何一个创新模式的衍生与繁荣，将其跑通的前期投入是非常之高的”，“这个概念要落地，需要把整个商业系统中的各个环节都按新的思路打通，绝非动动嘴皮子、讲讲理念就能做到，而是需要非常漫长的积累过程”。但令人意外的是，尚品宅配竟然能如此“轻易”地解决难题。

(3) 尚品宅配突破了大规模定制的局限。如何“发现和确认消费者的个性化需求”，

“与消费者在定制过程中展开持续互动”，“实现成本、质量和速度之间的平衡”等，一直是缠绕在过去产品定制方面的难题，但尚品宅配凭借自己的力量不但一一解决，更重要的是突破了理论界认为的C2B是“多品种、小批量”的范围经济概念，变成了“多品种、大批量(不批量)”——大批量是指可以实现个性化产品的大批量生产，不批量是指每个产品的样子均可能不一样。

因此，尚品宅配的C2B更像是后互联网时代的商业模式。当互联网高度发达时，全球凝聚成一个地球村，长尾效应依然可以带来巨大的经济规模，全球消费者的需求可自动生成大量极具个性化的订单，各个企业可以通过这种高度信息化和柔性化的生产线予以大量满足。这相当于传统的工业精神再度回归，“大生产＋大零售＋大品牌＋大物流”的C2B企业也许将再度涌现。

曾鸣教授认为，C2B是未来的商业模式，“要真正成为商业的主流模式，也许还需要10年左右的阶段性发展”。而尚品宅配不但是C2B的样本，更是升级版。尚品宅配已大大超前于那些互联网企业和当前中国的制造企业。

(案例来源：段传敏，徐军.尚品宅配凭什么？杭州：浙江大学出版社，2013)

二、消费趋势与设计

亚当·斯密曾说道：“消费是所有生产的唯一归宿与目的。”商品社会中，有形的物品和无形的服务都在“生产(提供)—购买—使用—生产(提供)”这样一个封闭的环中运转，如图2-6所示。消费，包括购买和使用两个行为，作用重要。它既是生产的终点，也是下一轮生产的起点。我们通过这样一个流程图能清晰地看到设计与消费的互动。一个产品被设计生产出来后，在消费(购买和使用)的过程中，设计师发现新产品的需求或者已有产品的改进需求，再设计产品，随后又进入下一轮循环。

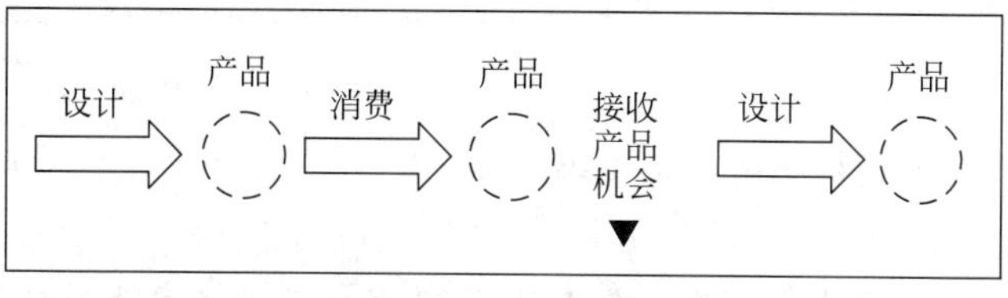

图 2-6　设计与消费互动关系图

通常我们认为消费趋势对设计趋势存在影响，新产品开发过程中也会进行详细的消费趋势调研。这是因为，消费需求与趋势的存在，即代表着未被满足的需要与欲望，这带来了新产品的机会，同时也影响着新产品开发的目标与基调。加上企业不断研发与创新的技术与材料，需要在新产品上体现出来，这就好比一推一拉两股力共同作用，即催生了市场上源源不断的新产品与设计。设计机会产生示意图，如图2-7所示。

人们通常认为消费是一种物质性的行为，可这只构成了消费的前提，法国思想家让·鲍德里亚说道，“有意义的消费是一种系统化的符号操作行为”，这样一种观点在近年来的中国社会(物质财富已积累到一定的水平)中已经可以体验到了。

一件物品不仅具有经济生命，也具有社会生命和文化生命。前者满足人们的某种需

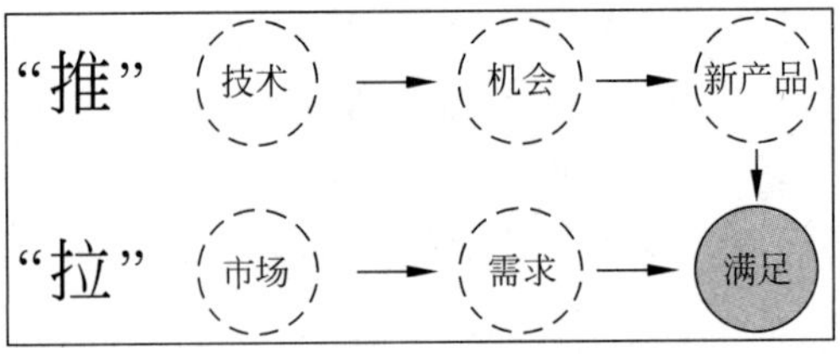

图 2-7 设计机会产生示意图

要，后者则铭刻文化的意义与价值。随着社会的不断发展与进步，物品的文化符号和精神符号渐渐脱离了物质的自身，成为消费活动的核心。日本就有一个专业名词来描述这个趋势——"脱物现象"。

在这样一种环境中，人们的消费行为更多的是借物移情，享受着符号或文化消费带来的快感。设计的作用也由传统的为具体的产品服务转变成为某种符号或意义制造氛围、提升价值，设计甚至挣脱了产品的束缚，由幕后走上台前，成为主角。这种转变和影响与目前对体验设计和服务设计的强调是一致的。

第二节　与设计有关的企业与市场战略

一、设计与公司愿景

在上一章中，我们探讨了设计与大的商业环境之间的关系，在这一章，我们重点关注商业环境中每一个个体——公司或企业与设计之间的联系。

小贴士

有效战略的第一步是确立一个正确的目标。

——迈克尔·波特

设计管理就是对公司设计资源的有效配置，帮助项目与公司达到目标。

——Peter Gorb

在探寻企业的种种商业行为的缘由，以及其与设计发生何种关系时，首先须弄清楚的就是企业的目标。大到 5～10 年的总体目标，小到每一个具体项目的商业目标，都是设计者无法回避的关键要素。企业未来的目标、存在的意义，也是企业之根本所在，它回答了企业为什么要存在，对社会有何贡献，它未来的发展是个什么样子等根本性的问题。我们称之为企业愿景。企业愿景又译企业远景(Company Vision)，它是对企业前景和发展方向的一个高度概括的描述，由企业核心理念(核心价值观、核心目的)和对未来的展望(未来 10～30 年的远大目标和对目标的生动描述)构成。企业愿景的形成是企业自我认识的一个过程，它既是企业长期不变的信条，也是把组织聚合起来的黏合剂，更是指导企业各种行为的总的指导原则。

小贴士

通用电气的企业愿景："以科技及创新改善生活品质，在对顾客、员工、社会与股东的责任之间求取互相依赖的平衡。"

海尔的企业愿景："创中国的世界名牌，为民族争光。"

万代玩具公司（日本最大的玩具公司）的愿景："我们公司存在的目的就是要实现全世界小孩的梦想。"

企业愿景为企业描绘了一幅美丽的蓝图，然而愿景的实现却要通过一系列的战略陈述和战略措施表现出来，并实施到日常的点滴行为中。不可否认的一点是，设计在各个层面与公司愿景产生联系，并在企业向外传递价值的过程中扮演着重要角色。

Olins. W 在他的 *Corporate Identity* 一书中对设计的战略角色是如下这样描述的。

"设计能够帮助公司实现愿景，通常通过以下的途径达成：

—产品

—企业外部形象

—企业内部管理文化"

大规模的知名公司通常被作为成功运用设计达成愿景的典范广为宣传，其要么在设计管理系统上有所创新，要么运用设计开发出独特的公司形象。然而小的公司也有这样的需求——运用设计传递价值、实现愿景。

案例三

日产——通过设计强化品牌

日产设计部的使命是创造具有吸引力的设计，为我们顾客的日常生活增添快乐。为完成这一使命，我们从顾客期望汽车具有的情感价值中收集设计想法，不仅努力实现这些想法，而且努力超越这些想法。为完成这一使命，我们渴望加强全球设计的开发实力，并且从不满足于现状。

日产有 800 多名工作人员从事设计工作，这一数字不仅在汽车行业，而且在其他各个行业，都是一个非凡的数字。在这样一个工作环境里，具有不同文化背景的人们在实施自己的设计工作时，能够将自己的创造力发挥到极致。

设计的职责不仅仅是设计汽车。我们相信，一旦设计信息传递至我们的最终用户，我们的责任便宣告完结。这就是为什么我们力求在各个顾客接触点，如广告、产品目录、陈列室和汽车展台，一如既往地传达日产汽车的独特性。这就是我们表达日产品牌标志和使公司愿景形象化的方法。

汽车行业正处于一个变革的时代，内燃机传动系统即将过渡至电力发动机。这或许是 19 世纪末汽车诞生之日以来最重大的变化。虽然如此，电动车往往会凭借其环境优势而吸引人们的注意，但值得注意的是，事实上它有可能令汽车设计发生显著变化。因此，我们的意图是摈弃陈规，努力创造新的电动车设计方案，使日产汽车成为这一领域的全球领军者。

我们的终极目标是，作为一家值得信赖的公司，创造具有吸引力的设计，令顾客为其功能和美感所动，从而赢得顾客对我们的喜爱。

我们的挑战没有终点。

（案例来源：日产网站. http://www.nissan.com.cn/design/policy/）

二、形形色色的企业战略与市场战略

（一）战略与策略对于商业活动的重要性

小贴士

不明于计数而欲举大事，犹无舟楫而欲经水险也。

——《管子·七法》

在市场经济中，竞争不可回避，企业要想在竞争中取胜，要想取得长远的发展，必须有一套清晰的战略。为了增强对抗性和战斗力，实现长远、健康地发展，企业需要明确自身的资源优势，通过设计适合的经营模式，形成特色经营。

企业战略在企业的经营管理中占据着主导的地位，战略决定了企业的核心竞争力，使企业明确自身需要搭建什么样的架构，需要建设什么样的文化，如何去吸引和培养人才。战略明确而成功的企业，能获取持续的竞争地位，并能以较低的成本来获取价值，而没有战略的企业通常只能着眼于现在，为短期的物质利益而疲于经营，最终往往落得销声匿迹。

通常我们把战略理解为目标和策略的组合，企业战略指的是设立远景目标，对经营方向、经营方针进行全局规划与定位，并筹划实现目标的发展轨迹及指导性的措施与对策。简而言之，战略就是方向的确定和策略的选择。

企业愿景、战略、策略、战术四者之间的关系如图 2-8 所示。

企业愿景为企业设定了一个大的目标，战略源自企业愿景，因为只有先明确了组织要达到的目标状态，才能制定出相应的战略。而所谓策略，就是如何组织资源来落实战略。战术则是具体执行策略或战略的手段和行动技术。四者由宏观至微观，由上至下，成为一个系统的整体，既确保目标能够落实到每一个细小的商业行为中，又使得企业的各个部分都在共同的步调下协同前进。

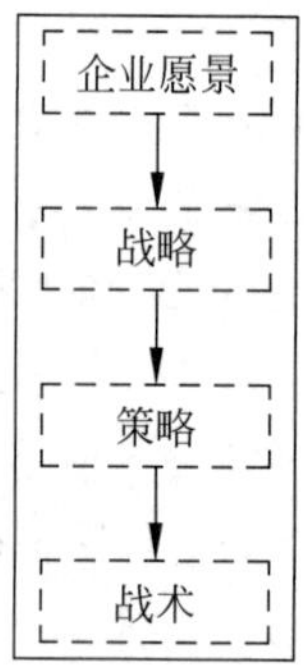

图 2-8 企业战略目标关系示意图

（二）市场战略的类型

战略分析与制定对企业获取竞争优势非常重要，通过考察市场上形成的各类战略案例，美国哈佛商学院著名的战略管理学家迈克尔·波特提出了 3 种基本的竞争战略：差异化战略、成本领先战略、集中战略。企业一般从这 3 种战略中选择一种，作为其主导战略。要么在企业产品和服务中形成与众不同的特色，让顾客感觉到你提供了比其他竞争者更多的价值；要么把成本控制到比竞争者更低的程度；要么企业致力于服务于某一特定的市场细分、某一特定的产品种类或某一特定的地理范围。

1. 差异化战略

据统计，一个消费者在大型超市购买一件物品的过程中大致会接触到 3 万～4 万件商品，这意味着为了赢得客户的一次选择，企业仅仅创造出某种有价值的东西远远不够，而必须能够提供一种产品或服务，其中蕴含的价值被客户认为优于其他企业提供的商品。波特将这种现象称为“差异化”。

所谓差异化战略，就是指为使企业产品与竞争对手产品有明显的区别，形成与众不同的特点而采取的一种战略。企业一般通过产品、服务或形象的差异化来突出自己的产品与竞争对手产品之间的差异性与优势。差异化战略并不是企业的制胜法宝，若空有与众不同的外表，但这种差异对消费者来说毫无价值，那么这种产品或服务再独特也会遭遇失败。

对生产产品的企业来讲，差异化的重要途径就是通过设计，使产品形成不同的外形、色彩或材料质地等。在当今的大型卖场中，我们能看到琳琅满目、各种各样的商品，如图 2-9 所示，这些不同风格与造型的产品反映出产品差异化战略正被越来越多的企业所采用，并成为市场竞争中的有力武器。

图 2-9　餐饮区的差异化竞争

（图片来源：http://www.tutu001.com/JPG/sc_people/jpg_13704.html）

2. 成本领先战略

差异化不是创造价值的唯一方式。在某些特定的行业，企业所处产业的产品基本上是标准化或者同质化的，多数顾客使用产品的方式相同，实现产品差异化的途径也很少，企业只好通过降低成本、人工费用或创新等手段，以较低的价格提供用户需要的产品，从而获取竞争优势。这种战略称为成本领先战略或低成本战略。

3. 聚焦战略

聚焦战略也称为集中化战略。某些新兴成长起来的企业，资源不允许其追求广泛的细分市场，也无法承担大的市场范围竞争所带来的成本，它们往往瞄准某个特定的用户群体、某种细分的产品线或某个细分市场，集中资源，赢得竞争优势。所以聚焦战略是指企业的经营活动集中于某一特定的购买者集团、产品线的某一部分或某一地域市场上的一种战略。具体来说，集中化战略可以分为产品线集中化战略、顾客集中化战略、地区集中化战略、低占有率集中化战略 4 种。

波特率先总结和采用了以上 3 种基本战略方法，这一方法给设计者提出了 3 项任务，他们需要使企业能够在产品/服务方面差异化，以及/或者使企业能够以低成本优势提供产品/服务，以及/或者使企业能够将其产品/服务用于满足特定细分市场的需要。

另外，根据市场与商业环境的变化，Mintzberg 等人也总结与归纳了 10 种企业常用的市场战略，下面简要介绍 4 种与设计联系紧密的基本方法，称为定位(Positioning)、核心竞争力(Momentum)、敏捷灵活(Agile)和模仿(Me Too)。

4. 定位策略

科特勒认为定位是为了适应消费者心目中的某一特定地位而设计公司产品与服务组合的行为。定位这个词始于 1972 年在《广告时代》上刊发的名为“定位时代”的文章，文章中提到“定位并不是你对一件产品本身做些什么，而是在有可能成为顾客的人的心目中做些什么，这也就是说，你得给产品/服务在有可能成为顾客的人的心目中确定一个位置，……”所以定位战略一般决定于新产品/服务开发前，采用定位战略的企业会：①有一个清晰的定位和目标，例如：我们想要到达……想要成为……；②集中在特定的和/或潜在的市场；③发展需要的能力；④开发在选定的市场中有竞争力的产品和服务；⑤比竞争对手推出新产品的速度更快。

5. 核心竞争力策略

核心竞争力策略就是企业高层管理者事先确定要发展什么竞争力，再投资在为获得这些竞争力所必需的活动上。这种战略背后的理论基础是军事战略中的闪电战——如果你拥有足够强大的资源和能力，在战场上就可以无往不胜。一般来说，制药和软件行业的企业多采用此战略。采用核心竞争力战略的企业会：①聚焦于能力的发展；②选择能创造价值的竞争力；③资源集中在有助于强化企业竞争力的技术上；④以至少与对手相同的速度发展竞争力。

6. 敏捷灵活策略

敏捷灵活战略是实时进行的，不需要提前决定。企业的高层管理者根据市场的变化及时决定如何捕捉机会，以及短期内想获得怎样的竞争优势。娱乐和服装行业的企业多采用这种战略，其目的是有利、投机、柔性和快速响应客户，这种战略高度取决于消费者需求，其往往把所有的资源放在一个项目上。采用敏捷灵活战略的企业会：①聚焦于创造和实现机会；②一切为了目前的需要。

7. 模仿策略

模仿战略是指新创企业的业务模式建立在模仿竞争者提供的产品或服务的基础上，体现为不占资源优势的新创企业通过学习模仿来实施追随策略并达到快速发展的目的。

模仿战略可以快速给企业带来盈利，毕竟市场已经经过检验，进入成本又低，况且一个成功的新进入者并不一定在企业运作的各方面都是新颖的；相反，模仿其他企业的模式，能够为创业者提供外在的竞争优势。采用模仿战略并不意味着单纯的照抄照搬，企业必须在模仿的基础上结合市场需求进行改进和创新。而且模仿战略也应在法律的规范下进行，避免侵权行为，这是模仿者必须遵循的准则。采用模仿战略的企业会：①让其他的企业处于首先行动的位置；②挑出可以采用的新产品和过程；③改进想法而不是照搬；④利用较低的进入成本，制定较低的价格。

从当前市场竞争的格局来看，我们可以发现大部分产品设计领域中，占主导地位的并非率先创新者，而恰恰是跟随而来的模仿创新者。这种格局在以自主设计创新为主的欧美企业和以模仿创新为主的日韩企业表现得尤为突出，日本经济在第二次世界大战后奇迹般地复兴正是得益于对欧洲先进技术和设计特别是美国工业设计的模仿创新。

随着全球化的深入，我国很多企业在设计上积极地进行模仿创新，使得企业获得了蓬勃的发展，在家用电器与电子产品上表现得最为突出。创维集团 CEO 张学斌明确表示："快速模仿式公司"(Fast Follower)的三星模式是创维集团未来 10 年的战略重心，通过学习三星"快速复制"模式，开始往产业上游走，以期待在液晶电视、手机等领域获得巨大突破。

三、设计在不同策略中扮演的角色

小贴士

设计者给战略带来了活力，他们找到前进的方法，这些方法可能是广为人知的，并且前景广阔，我们比以前任何时候都需要他们的创造力。

——戴夫·弗朗西斯

企业战略规划了一定时期内企业的目标以及实现目标的方式与手段，20 世纪 90 年代，多数关于经营战略的文章和专家们都主张对市场、竞争者、核心竞争力等进行深入研究，寄望于这样能够发现机会，做出评估，并在此基础上配置资源，形成合适的战略。诚然，这种理性分析能帮助企业变得集中而高效，但也会带来很多弊端，决策者远离市场现实，就好比郊区别墅安静居住的中年人试图确定青少年对极限运动装备的潜在需求，这绝对需要非凡的想象力，而且用完全理性的程序制定战略，也会降低战略的热情和创造力。如今，有相当一部分企业不再认为企业战略的制定只是高层管理者的工作与责任，设计越来越多地发挥自己的功能，并参与到战略的制定过程中。

除了日常的设计任务，设计师们在多个方面对企业战略的形成发挥着作用。他们具有高度的直觉与想象力，是新想法的坚定支持者；他们能把原始的想法变为真实的物体(如构造一个模型)来验证那些可能性的存在；他们为战略而奋斗，更新、拓展和创造各种机会。总而言之，设计者成为企业战略团队必不可少的一部分，越来越多的企业也开始认识设计，重视设计。根据企业战略的不同，设计师在团队内部也扮演着不同的角色。

(一) 设计作为执行者

对于采取定位策略的企业来说，设计的作用就是设计出与竞争者相比独具特色的产品或服务，以刺激目标消费者的购买。在这种竞争策略中，企业管理者负责找准定位，设计师则扮演着执行者的角色，执行企业战略，执行设计战略，执行每一个设计任务。

他们的工作类似于雕塑家，先要对需要设计的东西有一个概貌，然后应用自己独特的技能来完成任务。设计师同样也需要拥有项目管理以及与设计相关的市场、生产等知识背景，因为他们的工作往往是复杂的项目中的一环。在日常的工作中，虽然存在着许多激动人心的创造性时刻，但更多的是由常规而琐碎的细节一点点堆积而成的。

（二）设计作为核心的动力来源

在核心竞争力战略中，设计的作用在某些企业变得重要起来，并成为企业的关键资源。核心竞争力实际上是隐含在公司核心产品或服务里面的知识和技能，设计作为核心竞争力就意味着需要整合现有的设计资源，形成整体的合力，进而形成设计上竞争对手难以复制、模仿的能力。

设计不再是可有可无的角色，它处于企业所有资源的核心位置，其他相关的部门与资源都要依照设计的需要而配置。譬如说，大家熟悉的苹果公司，其发展的核心动力来源正是设计创新。显然苹果在各个方面都实现了与创新的紧密融合，使创新超越了对外在的被动响应阶段，成为一个由内而外主动引领的过程。而正是这种内生性创新模式，才使苹果的设计创新成为人人皆可得见，却始终难以模仿、不可复制的核心竞争力。

（三）设计作为领导者

采用敏捷战略的企业擅长发现并利用稍纵即逝的需求与机会，运用各种新想法与创意，领先于竞争对手提供合适的产品与服务来满足客户的需要。速度是成功的保证，然而合适的产品是至关重要的。

在这种情况下，设计者不是战略的奴隶，而是战略的主人。因为他们成了中心，很多情况下，是设计师敏感地感知到机会，提出创意与想法，发展细节并且付诸实施的，也是设计师使每一个战略意图变成现实的可能性的。设计师成为整个团队的领导者。

（四）设计作为改良者

在跟随战略中，设计师的工作重心不再在概念创新上了，他们不需要天马行空、引导潮流，相反，对用户使用状况的关注，对小的流行文化趋势的把握以及多文化领域的嫁接能力会给工作带来一些新的想法与突破。他们的日常工作主要是对原有产品进行优化、充实和改进的再开发设计，这包括对原有产品材料性能的提升、功能的升级、人机界面的小的改变或者为适应特定人群的需要对功能模块的删减等。总而言之，他们是改良者而非原创者。

四、常用战略分析工具解析

企业在经营活动中会经常受到内部、外部的各种因素的影响。例如新的竞争对手的出现、经济形势的变化、新技术的突飞猛进、自身财务状况的变化等，这些因素都会直接地影响经营绩效。在战略制定的过程中，无论是咨询顾问还是客户本身都需要对这些影响因素进行专业的分析，通过一定的手段和方法从复杂的信息与线索中，清理出重点影响战略形成的因素，以便于下一步的战略选择和制定。战略分析工具也就是在战略制定中经常使用的一些分析方法。

一般来讲，大多数设计师都对市场营销的性质有所了解，却对其使用的实际理念和手段工具不甚熟悉。然而，对这些内容的掌握，能让设计团队深入地了解客户以及市场工作的运作方式，而且融入企业战略的设计设想也更容易为客户与投资人所接纳。下面我们了解几种常用的战略分析工具。

（一）SWOT 分析法

SWOT 分析法（也称 TOWS 分析法、道斯矩阵）即态势分析法，20 世纪 80 年代初由美国旧金山大学的管理学教授韦里克提出，经常被用于企业战略制定、竞争对手分析等场合。SWOT 分析法是市场研究常用的分析方法之一，它是指把与研究对象密切相关的各种主要优势因素（Strengths）、劣势因素（Weaknesses）、机会因素（Opportunities）和威胁因素（Threats），通过调查罗列出来，并按照一定的次序按矩阵形式排列；然后运用系统分析的思想，把各种因素相互匹配起来加以分析，从中得出一系列相应的结论和对策。通过 SWOT 分析，可以帮助企业把资源和行动聚集在自己的强项和有最多机会的地方。SWOT 分析法的基础模型示意图，如图 2-10 所示。

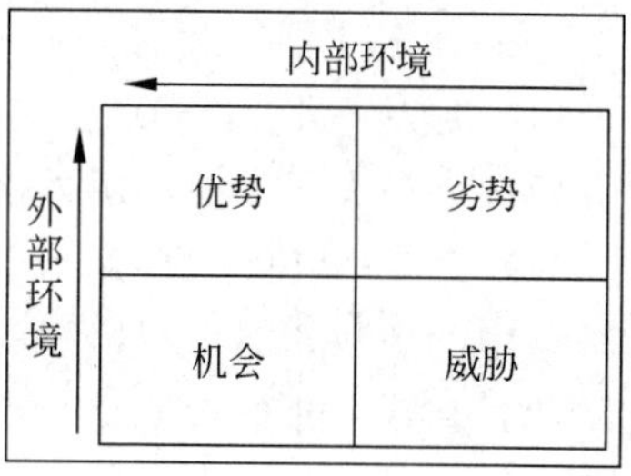

图 2-10　SWOT 分析法模型示意图

主要的分析因素可以分为两个大类。优势与劣势分析：对优势与劣势因素的分析主要关注企业可以控制的内部因素，如产品、服务、品牌、制造能力、人力资源、后勤等。机会与威胁分析：对机会与威胁因素的分析主要关注企业不可控制的外部因素，如技术、材料、地理、新竞争者等。

运用 SWOT 方法分析步骤如下：

(1) 进行企业外部环境分析，运用波特五力模型或者 PEST 分析工具找出企业在外部环境中所面临的机会和威胁。

(2) 根据企业资源组合情况，确认企业的关键能力和关键限制，找出企业目前所具有的优势和劣势。

(3) 构造一个二维矩阵，该矩阵以外部环境中的机会和威胁为一方，以企业内部条件中的优势和劣势为另一方，该矩阵有 4 个象限或 4 种 SWOT 组合。

(4) 将内部优势与外部机会相匹配，得到优势—机会组合（SO）并填入 SO 的象限里。

(5) 将内部劣势与外部机会相匹配，得到劣势—机会组合（WO）并填入 WO 的象限里。

(6) 将内部优势与外部威胁相匹配，得到优势—威胁组合（ST）并填入 ST 的象限里。

(7) 将内部劣势与外部威胁相匹配，得到劣势—威胁组合（WT）并填入 WT 的象限里。

在完成环境因素分析和 SWOT 矩阵的构造后，便可以制订出相应的战略计划。制订战略计划的基本思路是：发挥优势因素，克服弱势因素；利用机会因素，化解威胁因素；考虑过去，立足当前，着眼未来。运用系统分析的综合分析方法，将排列与考虑的各种环境因素相互匹配起来加以组合，得出一系列公司未来发展的可选择战略，如图 2-11 所示。

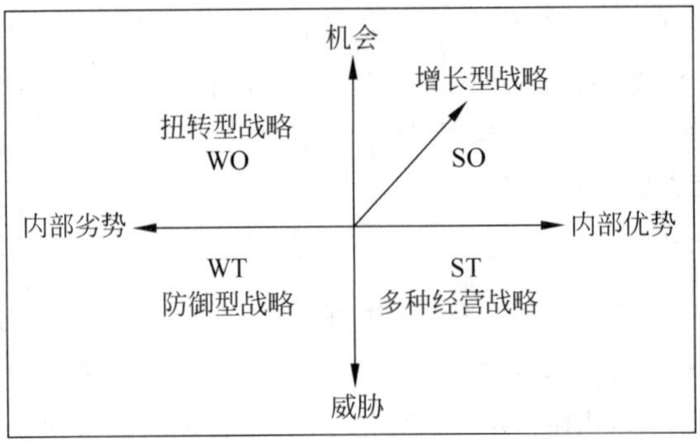

图 2-11 SWOT 分析定位图

(1) 优势—机会(SO)组合。这是一种最理想的组合,任何企业都希望凭借企业的优势和资源来最大限度地利用外部环境所提供的多种发展机会。

(2) 优势—威胁(ST)组合。在这种情况下,企业应巧妙地利用自身的优势来应对外部环境中的威胁,其目的是发挥优势而减少威胁。

(3) 劣势—机会(WO)组合。企业已经鉴别出外部环境所提供的发展机会,但同时企业本身又存在着限制利用这些机会的劣势。在这种情况下,企业应遵循的策略原则是:通过外在的方式来弥补企业的劣势以最大限度地利用外部环境中的机会。如果不采取任何行动,则就将机会让给了竞争对手。

(4) 劣势—威胁(WT)组合。企业应尽量避免处于这种状态,然而一旦企业处于这样的位置,在制定战略时就要减小威胁和劣势对企业的影响。而要生存下去可以选择合并或缩减生产规模的战略,以期能克服劣势或使威胁随时间的推移而消失。

案例四

运用 SWOT 分析法结合品牌生命周期理论对音响市场的分析

SWOT 分析也可以应用于品牌生命周期的研究领域,新生代公司曾经采用这种方法对音响市场的品牌生命周期进行了研究。新生代选取了市场成长率和市场占有率两个分析指标,SWOT 分析结果如图 2-12 所示。可见,SWOT 分析把市场分为 4 个象限,研究的对象品牌分别分布在不同的象限中。

根据 SWOT 分析方法理论,按照品牌的分布状况可以将其分为 4 种品牌类型:幼童类品牌、明星类品牌、金牛类品牌和瘦狗类品牌。它们分别具有以下特征。

幼童类品牌:幼童类品牌是相对市场成长率高而市场占有率低的品牌,就像亟须帮助与支持的孩童一样。因而幼童类品牌需要投入大量资金,在硬件配备以及广告投入上都要加大力度,以赶超市场领导者。如果幼童类品牌发展成功,就会成为明星类品牌,因此对发展很快而未来状况未定的幼童类品牌要采取高度关注与积极的品牌发展战略。如索尼音响。

明星类品牌:明星类品牌是高速成长市场中的佼佼者,但其未必能给公司带来大量的收益,相反,企业要投入大量的资金来维持现有的市场占有率以及击退其他竞争品牌的进攻。随着它们为企业带来可观的利润,这些品牌就成长为金牛类品牌。如日本"第一音响"。

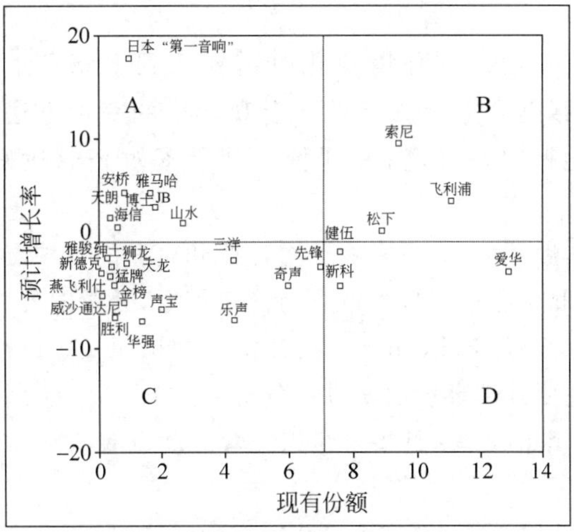

图 2-12　音响市场品牌研究结果示意图

金牛类品牌：随着明星类品牌的日益成熟，该类品牌已不需要大量的资金投入，且能拥有较大的市场份额，给企业带来可观的利润。有人形容它们"吃的是草，产的是奶"。但当金牛类品牌市场份额下降，难以维系市场领导地位的时候，就会沦落成衰弱的瘦狗类品牌。金牛类品牌的代表是爱华音响。

瘦狗类品牌：瘦狗类品牌属于食之无味、弃之可惜的品牌，成长率与份额都很低。企业往往考虑成本和精力因素，对其采取收缩经营或者淘汰。如华强音响。

以上这 4 种品牌类型的分析结果，如图 2-13 所示。

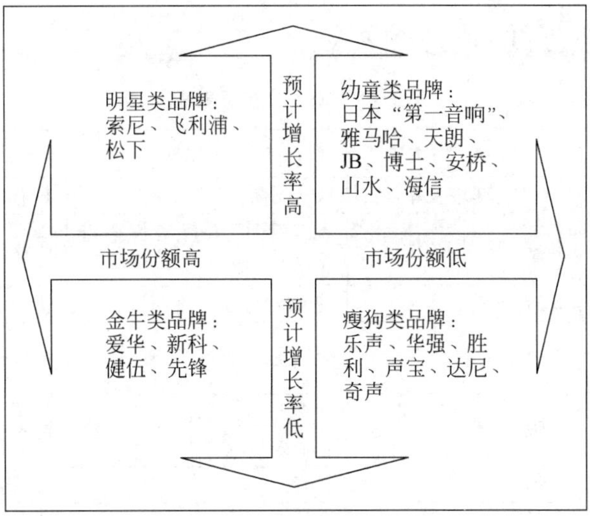

图 2-13　4 种品牌类型分析结果

（案例来源：张莉. SWOT 分析在 CMMS 中的应用. 百度文库. http://www.baidu.com）

（二）PEST 分析法

如前文所述，确认企业外部环境变化时需要用到 PEST 分析法。PEST 分析法是战略咨询顾问用来帮助企业检阅其外部宏观环境的一种方法，它通过 4 个方面的因素分析，从总体上把握宏观环境，并评价这些因素对企业战略目标和战略制定的影响。

宏观环境又称为一般环境，是指影响一切行业和企业的各种宏观力量。对宏观环境因素做分析，不同行业和企业根据自身特点与经营需要，分析的具体内容会有差异，但一般都应对政治（Political）、经济（Economic）、技术（Technological）和社会（Sociocultural）这四大类影响企业的主要外部环境因素进行分析。简单而言，称为 PEST 分析法。

（1）P 即 Political，政治要素，是指对组织经营活动具有实际与潜在影响的政治力量和有关的法律、法规等因素。

（2）E 即 Economic，经济要素，是指一个国家的经济制度、经济结构、产业布局、资源状况、经济发展水平以及未来的经济走势等。构成经济环境的关键要素包括 GDP 的变化发展趋势、利率水平、通货膨胀程度及趋势、失业率、居民可支配收入水平、汇率水平等。

（3）S 即 Sociocultural，社会文化要素，是指组织所在社会中成员的民族特征、文化传统、价值观念、宗教信仰、教育水平以及风俗习惯等因素。构成社会文化环境的要素包括人口规模、年龄结构、种族结构、收入分布、消费结构和水平、人口流动性等。

（4）T 即 Technological，技术要素。技术要素不仅仅包括那些引起革命性变化的发明，还包括与企业生产有关的新技术、新工艺、新材料的出现和发展趋势以及应用前景。

以下是一个典型的 PEST 分析要素表。

表 2-1　PEST 分析要素表

政治要素	经济要素	社会文化要素	技术要素
执政党性质	GDP 及其增长率	收入分布	政府研究开支
税收政策	利率与货币政策	人口统计、人口增长率与年龄分布	产业技术关注
国际贸易章程与限制	政府开支	劳动力与社会流动性	新型发明与技术发展
合同法 消费者保护法	失业政策	生活方式变革	技术转让率
产业政策 投资政策	征税	职业与休闲态度 企业家精神	技术更新速度与生命周期
政府组织/态度	汇率	教育	能源利用与成本
竞争规则	通货膨胀率	潮流与风尚	信息技术变革
政治稳定性	商业周期的所处阶段	健康意识、社会福利及安全感	互联网的变革
环保制度	消费者信心	生活条件	移动技术变革

案例五

对建筑装饰设计行业的PEST分析

近年来，随着政府职能的改革与我国加入世贸组织后进一步的全面开放，中国与国际市场接轨的要求进一步提高，对改制后的建筑设计单位提出了更高的要求。建筑设计企业在自身体制发生变化的同时，外部环境也发生了巨大的变化。在这种形势下，建筑装饰设计单位通过对自身内外环境的分析，选择适合自身的发展战略并组织实施是十分必要的。

一、政治因素

(1) 建筑装饰设计行业管理政策趋于完善，出台了一系列法规条例，从市场、质量、资质、注册、招投标等方面都做到有法可依。

(2) 加入WTO后带来机遇。随着市场的开放，将促使行业领导和执业人员进一步更新观念，通过合作和交流学习，了解国外事务所先进的管理方式与运作方式，以提升专业和服务水平，增强自身竞争实力。

二、经济因素

持续增长的基建投资规模与城市化进程的迅猛发展，都为建筑装饰设计提供了巨大的市场。

三、社会因素

社会时尚品位的提高。随着生活水平的提高和经济条件的改善，人们的思想观念和行为模式也开始发生变化，对建筑装饰设计企业的影响主要来源于人们对环境景观美化的需要、装饰装修品位的变化，以及对时尚的追求。

四、技术因素

1. 信息技术将成为行业腾飞的引擎

信息技术在装饰设计中的应用大多为施工图与电脑效果图的制作。预计通过引入电子商务模式，网上建立虚拟设计企业，跨空间与时间进行网上讨论、交换设计方案，高效率地协调工作已接近现实。另外装饰设计从最初构想到最后成品展示，利用多媒体、虚拟现实技术将成为建筑装饰设计的一大进步和重要表现手段。

2. 新材料的应用使行业发展前景花团锦簇

未来的装饰装修材料将不仅满足对建筑的装饰功能，还要满足建筑物的节能、舒适等特殊要求。装饰装修材料将更强调低污染环保型、环境功能型(净化、优化空气，吸声，吸波，调节温湿，防菌防霉等)、可再生、可循环、可就地取材研发。

(案例来源：MBA智库百科. http://wiki.mbalib.com/)

(三) GAP分析法

GAP Analysis即差距分析，又称差异分析。GAP分析法是指在战略实施的过程中，将客户实际业绩与战略期望的业绩进行对比分析，进行战略的评价与修订。实际状况与事先制订的目标相比通常会产生差距，差距分析主要是分析差距产生的原因并提出减小或消除差距的方法。填补差距可以通过改变目标或者改变业务层的战略来实现。

差距分析的第一步是考虑修改公司战略。如果期望业绩超过目标，则可以将目标定得高一些。当目标大大超过可能取得的绩效时,也许必须将目标修改得低一些。在做出这些调整之后,如果仍然存在显著差距,就需要提出新的战略来消除这种差距。

例如运用 GAP 分析法对某企业市场销售额与市场潜力进行分析时,可能会得出以下造成公司潜在销售额与实际销售额差距的 4 个因素。

(1) 产品线差距。如果产品线的生产能力不能够满足市场的需求,则缩小这一差距就需要从宽度或深度方面完善产品线,并引进新产品或改进产品。

(2) 分销差距。可以通过扩展分销覆盖范围、提高分销密集程度和商品陈列缩小这一差距。

(3) 变化差距。客户使用这一战略的目的是鼓励没有使用过该产品的人试用,鼓励现有的使用者消费更多的产品,较多购买者再考虑购买产品。

(4) 竞争差距。可以通过从现有竞争者手中夺取额外的市场份额,改善公司的地位,来弥补这种差距。

如果预期的差距不能通过降低行业的市场潜力或得到额外的市场份额来弥补,就应将注意力转向评价公司的业务组合,目的是修改公司业务组合,增加成长率更高的业务,并剥离成长率低的业务。

(四) 4P 分析法

美国营销学学者麦卡锡教授在 20 世纪 60 年代提出了著名的 4P 营销组合策略。他认为一次成功和完整的市场营销活动,意味着以适当的价格、适当的渠道和适当的促销手段,将适当的产品和服务投放到特定市场的行为。4P 理论是营销学的基本理论,它最早将复杂的市场营销活动加以简单化、抽象化和体系化,构建了营销学的基本框架。

营销组合包括公司为影响产品需求所进行的所有活动,具体可分为 4 类变数,称为"4P",即产品(Product)、价格(Price)、分销(Place)和促销(Promotion)。

产品(Product):代表公司提供给目标市场的实物和服务组合。

价格(Price):代表消费者为获得产品所必须支付的金额。

分销(Place):代表公司为使产品送到目标顾客手中所进行的各种活动。

促销(Promotion):代表公司为宣传其产品优点并说服目标顾客购买所进行的各种活动。广告、人员推销、销售折扣、现金折扣等都是重要的促销手段。

20 世纪 60 年代,当时的市场正处于卖方市场向买方市场转变的过程中,市场竞争远没有现在激烈。这时候产生的 4P 理论主要从供方出发来研究市场的需求及变化,讨论如何在竞争中取胜。

4P 理论重视产品导向而非消费者导向,以满足市场需求为目标,然而随着环境的变化,这一理论逐渐显示出其弊端。一是营销活动着眼于企业内部,对营销过程中的外部不可控变量考虑较少,难以适应市场变化。二是随着产品、价格和促销等手段在企业间的相互模仿,故在实际运用中很难起到出奇制胜的作用。由于 4P 理论在变化的市场环境中出现了一定的弊端,于是,更加强调追求顾客满意的 4C 理论应运而生。4P 与 4C 相互关系对照表,如表 2-2 所列。

表 2-2　4P 与 4C 相互关系对照表

<table>
<tr><td>类别</td><td colspan="2">4P</td><td colspan="2">4C</td></tr>
<tr><td rowspan="4">阐释</td><td>产品(Product)</td><td>服务范围、项目,服务产品定位和服务品牌等</td><td>客户(Customer)</td><td>研究客户需求欲望,并提供相应产品或服务</td></tr>
<tr><td>价格(Price)</td><td>基本价格、支付方式、佣金折扣等</td><td>成本(Cost)</td><td>考虑客户愿意付出的成本、代价是多少</td></tr>
<tr><td>渠道(Place)</td><td>直接渠道和间接渠道</td><td>便利(Convenience)</td><td>考虑让客户享受第三方物流带来的便利</td></tr>
<tr><td>促销(Promotion)</td><td>广告、人员推销、营销推广和公共关系等</td><td>沟通(Communication)</td><td>积极主动与客户沟通,寻找双赢的认同感</td></tr>
<tr><td>时间</td><td colspan="2">20 世纪 60 年代中期(麦卡锡)</td><td colspan="2">20 世纪 90 年代初期(劳特朗)</td></tr>
</table>

4P 与 4C 之间是互补而非替代关系。Customer,是指用“客户”取代“产品”,要先研究顾客的需求与欲望,然后再去生产、经营顾客确定想要买的服务产品；Cost,是指用“成本”取代“价格”,了解顾客要满足其需要与欲求所愿意付出的成本,再去制订定价策略；Convenience,是指用“便利”取代“地点”,意味着制订分销策略时要尽可能让顾客方便；Communication,是指用“沟通”取代“促销”,“沟通”是双向的,而“促销”无论是推动策略还是拉动战略,都是单向的线性传播方式。

第三节　对消费者需求的管理与引导

在本章第一节中,我们曾讨论过商业社会中与设计相关的 3 个重要因素：商业环境、企业以及消费者。前两节中,我们分别探讨了商业趋势与企业战略对设计的影响,但仍有一个重要的方面尚未涉及。我们看到,在今天这一充满竞争的时代里,深入研究消费者的动机与行为已被证明具有无可比拟的重要性。为了使公司免遭淘汰的命运,企业必须时刻了解消费者的需求,并且制订满足这些需求的策略。

通过消费者研究与分析来时刻关注消费者动态也已经成为公司决策层的首要考虑,同时,最杰出的公司正在通过各种途径搜集并分析消费者信息,并以此来引导公司的前进方向。因此,消费者研究在应用中扮演着举足轻重的角色,也成为设计师避不开的一个领域。

山姆·沃尔顿有一句名言：“只有消费者可以驱动我们。”不难看出,企业的每一个细小的行为都与消费者、消费行为产生着莫大的联系,设计也同样如此。设计师们在设计过程中已经习惯于从详尽的市场分析报告与目标消费人群分析中开始一个设计项目,形形色色的方法被总结出来帮助他们去了解目标使用人群以得到灵感。面对这样的情景,我们不禁要问：消费者需求真的就代表一切吗？设计仅仅是对这些需求的满足吗？

我们设想一下：几百年前,我们询问一个人对交通工具(当时为马车)的使用感受以及态度，得到的信息会对设计产生什么样的影响？答案很可能是更快更舒适的马车。如果只是对这个需求的满足，那么，汽车甚至飞机的设计与发明从何而来？所以，一个优秀的设计师不应该将自己的思想禁锢在繁杂的消费人群分析数据中，而应将方向盘把握在自己的手里，消费者调查仅仅像汽车的后视镜一样，帮助我们调整前进的方向而已。当然，这并不妨碍我们对消费者进行彻底的了解并从中得到益处，下面我们将分几个部分来谈谈了解消费者需求的方法以及消费者分类。

一、了解消费者需求的方法

（一）了解什么

每一个人从呱呱坠地开始，就与消费行为形影不离了。无论是去超市、百货商场还是登录淘宝、易趣等网上商店，抑或是在家里吃饭、健身，我们都是实实在在的消费者。每一天，我们都会看到各种不同的商品、品牌与广告，面临着许许多多的消费抉择，比如：决定购买和使用哪个品牌、如何购买它们以及如何花销人力、物力等。

通常意义上，我们将这种人们在获取、消费与处置产品与服务时采取的活动称为消费者行为。简单地说，消费者行为学就是研究“人们为什么购买产品”的学问，一旦营销人员与设计人员了解了人们为什么购买某些产品或品牌，他们就可以更容易地制订影响消费者的策略。

对消费者行为以及消费决策过程的研究构成了消费者行为学的主体，研究者们创建出了一个7步骤的消费者决策过程模型（Consumer Decision Process Model），来描述在决策生成过程中消费者所发生的活动，以及不同的内外部因素是如何相互作用，并影响消费者的想法、评估以及行为的。

该模型可以简单地将消费者决定过程表述为7个主要的步骤：需求确认→搜集资料→购买前评估→购买→使用→用后评估→处置。在整个7阶段的购买决策过程中，又有3类重要的因素影响着消费者行为，如图2-14所示，它们是个人差异因素、环境影响因素与消费者的心理过程。鉴于以上的研究认识，市场经营者们就有机会辨别这些阶段和影响它们的不同因素，并进行有效的信息交流和市场战略，以此来适应和影响这些行为。过去，企业与商家即使只在一个阶段影响消费者也取得了成功，但这种情况在今天难以再现，现在企业和商家与消费者的沟通、对消费者的了解与影响都是多层次与全方位的。

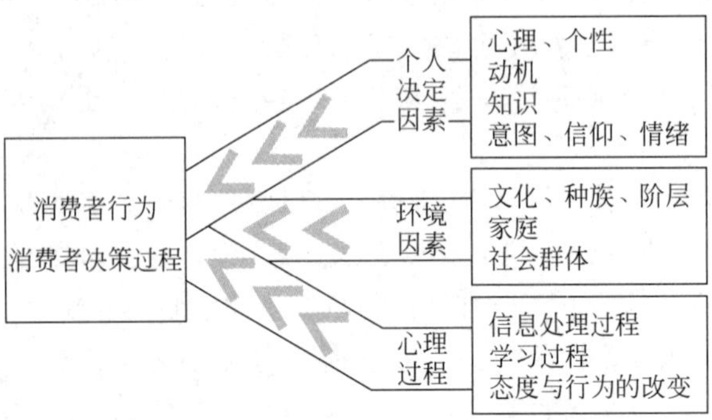

图2-14　消费者行为影响因素示意图

（二）如何了解消费者

如今，市场竞争日益激烈，对消费需求的把握以及消费者动机与行为信息的获得成为制订有效策略的重要基础，营销与设计人员开始转向行为科学，以系统地搜集并理解消费者信息。消费者行为学是一门综合了经济学、心理学、社会学、人类学、统计学以及其他学科的应用科学，它包含对消费者行为研究的一定的理论与方法。

借助这些方法论，我们今天可以采用各种方式来了解消费者的内心所想，探索消费者的内心世界。这些方法可能包括街头的随机问卷调查或者通过电话采访进行的了解，有些机构也开始从人类学和社会学中借鉴一些更自由与自然的研究手段，例如研究消费者的家庭、汽车、壁橱或者办公室等，来更好地了解消费者如何使用产品以及他们的生活模式。然而，什么是对消费者行为最行之有效的研究方法？答案并非唯一。研究者们总结出了以下四大类的消费者研究方法。

1. 观察

观察法主要指直接或通过仪器观察不同情境下的消费者行为动态并加以记录而获取信息的一种方法。它不通过访问或交流，而是凭借调研人员的直观感觉，记录被调查者的活动与行为。有的情况下，研究人员在一个自然环境中（包括超市、展示地点、服务中心等）观察被调查对象的行为和举止。

例如，观察顾客的购物行为、顾客与售货员的谈话、顾客谈话时的面部表情等身体语言的表现、顾客进出商店以及在商店逗留的时间等。同时也在人工环境下观察消费者，通常调查机构会事先设计模拟一种场景，调查员在一个已经设计好的并接近自然的环境中观察被调查对象的行为和举止。

（1）单向镜观察法。也可称作第三者介入法，就是在一个装有单向镜和录音录像设备的房间内召开小型座谈会或访谈会，在隔壁的房间里安排观察人员（第三者），通过特设的单向镜观察室对消费者行为进行观察。这种以往用于刑事讯问的观察方法后来被引入设计过程中，在 20 世纪五六十年代，美国广告公司在消费群体中测试对商品的喜好与态度时，就开始使用这种方法了。精心选定的代表目标消费群体的一小组人，被带入预先布置的房间，他们可以任意使用喜欢的产品，营销和设计人员则在隔壁房间里通过单向镜观察人们使用商品的习惯，钟爱的颜色、外形等。整个观察的过程通常会被记录下来作为资料，今天，有些设计公司也会安排设计师直接参与观察过程，现场对产品做出选择与改良。

家庭内观察法是指观察人员进入消费者家庭，观察产品被使用的过程或者消费者的生活状态，整个过程一般通过个人谈话或者录像机等设备记录下来。例如，一家大型谷物生产商将录像机装在同意参与的某些消费者的厨房里，当该家庭的成员进入厨房时，录像机将开始记录他们的行为。

从这些录像带中，生产商可以观察到饭碗中一般盛放多少牛奶，饮用的是全脂奶还是脱脂奶，消费者是在饭前还是在饭后饮用牛奶，有什么食品随同谷制品一起被食用，以及一些可以导致产品或包装得到改进的细节。这些信息都将被用于改进产品以更好地适应消费者不断改变的口味与消费模式。

（2）陪同观察法。是指在消费者购物和消费产品的过程中，观察者如影随形地陪同他们，同时不断地询问他们的想法。通常，企业派驻在商场和卖场的促销人员就扮演着这样的角色，他们陪同着消费者，以此来了解消费者为何并如何选取货物，同时也可以针对消费者遇到的问题找到合理的解决方案。随着科技的发展，一种特殊的眼镜被研发出来，取代了真人的陪同，消费者在购物的过程中佩戴上眼镜，眼镜会记录下消费者的视线轨迹、停留的时间，然后结合最后购买产品的品牌与型号，可以分析出消费者的喜好与购物习惯。

2. 采访与调查

（1）焦点小组（Focus Group）。一般邀请6～9个参加者对某一主题或观念进行深入讨论，如图2-15所示。实施之前，通常需要列出一张清单，包括要讨论的问题及各类数据收集目标。在实施过程中还需要一名专业的主持人，主持人要在不限制用户自由发表观点和评论的前提下，保持谈论的内容不偏离主题。同时主持人还要让每个参加讨论的用户都能积极地参与，避免部分用户主导讨论，部分消极用户较少地参与讨论等。焦点小组是一种定性的方法，通常用于深入研究各种不同的消费者和消费问题，应避免用其收集定量的数据。

图2-15 焦点小组

（图片来源：http://baike.soso.com/v7591286.htm）

（2）情绪板。运用大量的画面、材料、色彩和形态进行研究的情绪板，呈现的是代表特定消费群体生活方式的视觉图像，通常被用来定义产品或服务纲要，如图2-16所示。

（3）销售现场调查（Field Research）。用于研究影响消费者选择商品或服务的决定因素，例如，顾客对某一品牌洗衣粉的选择可能取决于超市货架的位置。顾客满意度调查、问卷和投诉都能为改进产品和服务提供关键的信息。许多销售现场调查都采取购物中心拦截的方式，这种方式可以向消费者展示更多的产品与样品，询问更多复杂的问题，但成本高昂，也易受采访者个人偏见的影响。

图 2-16　情绪板

（图片来源：http://dribbble.com/shots/91584-Sushi-Restaurant-Mood-Board）

(4) 电话调查。电话调查使研究人员可以接触到大量的用户，而且能快速从消费者那里获取大量的信息，但是，所涉及的问题都相对简单。

(5) 邮件或因特网调查。这种方式快速、易于输入数据，也可以设计一些复杂的问题，这些优点使之迅速取代了电话调查的位置，但是其缺点是被调查者不一定是目标客户群体。

(6)个人专访。一对一的专访能获得对顾客更深入、更为主观的了解，通常比焦点小组更能反映出顾客对产品或服务的真实想法。

3. 实验

实验调查法的研究目的有一定的特殊性，其研究程序比较严格，研究条件与环境有较大的限定性，一般需要使用特殊仪器和设备来记录研究过程或演示调查研究内容。

(1) 实验室实验法，是指在专门的实验室里借助各种仪器进行研究的方法，也可以在实验室里模拟自然环境条件或工作条件进行研究。在设备完善的实验室里研究心理现象，从呈现刺激到记录被试者反应、数据的计算和统计处理，都采用电子计算机、录音、录像等现代化手段，实行自动控制。因而对心理现象的产生原因、大脑生理变化以及被试者行为表现的记录和分析都是比较精确的。消费者对广告的记忆率，就可以在实验室内运用录像、图片、文字等广告手段，选取不同时间测试被试者的广告记忆效果。

(2) 自然实验法，是指调查研究者有目的地创造某些条件或变更某些条件，给消费者的心理活动施加一定的刺激或者诱导，从中了解消费者心理活动的方法。由于这种方法是人们有目的地创设或变更条件，因而具有很强的目的性和主动性。这种方法虽然是企业在营销环境中进行的，但又不是纯自然的，是人们根据调查目的主观地、有目的地施加了一些影响。所以，这种方法往往能够按照研究目的取得比较准确、有效的资料，是应用范围比较广泛的方法。例如，企业在商品销售现场举办的各项商品展销会、新产品展示会，以及品尝、试用活动等，可以说都是自然实验调查法的一种运用。

4. 人口统计学方法

运用人口统计学方法了解消费者是基于一个统计数据库进行的，它根据一套特定标准将人群分类，例如居住地、收入、年龄、购物特点等，这些都是洞察力十足的分析工具。这些工具由一些推论假设支撑，例如拥有相似生活方式、行为以及品位的人，同时具备相似的购物习惯等。

英国的TGI(Target Group Index)是具有40年历史的运用人口统计学方法研究消费者行为的领导者，它每年在全球60多个国家进行近70万人次的采访，深入研究消费者对产品、品牌与媒体的态度及购买行为，它的分析结果代表了全球10亿人口的产品、品牌消费行为、态度与媒体使用情况。

中国是TGI调查样本覆盖最大的市场，中国的CNRS(中国城市居民调查)就是与TGI合作的产物。CNRS调查在15～69岁的居民中选取了近10万样本，通过人口统计学的方法，深入解读居民的消费行为，并可以推演至1.2亿人口。

案例六

ZIBA设计公司对中国消费者的心灵探索之旅

ZIBA设计公司为中国最大的计算机生产商联想公司做了一项消费者调查，没有比这做得更好的了。一心致力于创新流程中的“模糊前端”的行政主管们应该注意了，在这样一个纷纷开展针对用户的各类人种志研究的时代，ZIBA公司为联想所做的消费者调查可以说是其中的佼佼者。这项调查赢得了由美国工业设计协会(IDEA)颁发的2006年度工业设计杰出奖的一项金奖。

联想公司在中国国内市场正面临着来自惠普、戴尔和IBM等公司在价格和地位方面的双重竞争压力。以创新型个人电脑闻名的联想公司意欲扩大它在创新领域的领先地位，于是便向ZIBA公司寻求帮助。在此，我们将ZIBA公司所做的消费者调查研究原原本本地呈现给读者。

1. 找出目标消费者并为其进行创新

联想公司要我们帮助明确其在台式机、笔记本电脑以及手机等诸多消费群体中的产品机遇，以便它们能更好地在产品内涵和价值方面进行竞争。我们需要创造出一种易于接近并赢得中国消费者心灵的方法，进而激发联想设计团队的灵感。我们还需要开发出新的调研工具，以便确定哪些设计元素对特定的中国消费群体具有意义和价值。联想公司拥有3个消费者技术平台，我们为其中的每一个都提供了一项为期3年的战略产品规划。既然要制定一项战略，我们的设计调查研究就得制订出创意完善和概念优化的目标。

2. 探索心灵

要创建出与中国消费者相关的产品体验，我们的团队就必须了解3种文化，即中国文化、用户文化和产品文化。为了建立相关联系，我们的团队设计了一种名为“探索心灵”的方法，汇集了浸没式体验(Live the Life)、快速人种志和体验派表演方法，以便发现潜在的需求和机遇。

3. 变领悟为切实体验

我们的团队人员构成多种多样，有社会学家、设计战略家和设计师，从而确保我们的领悟和创意是准确的。我们的设计人类学家揭示出中国消费者在行为、感官以及怀旧等方面的需求；设计战略家则向设计团队提出一揽子消费者分析，强调需要对竞争产品进行差异化处理，并要求与联想品牌有相关性；设计师通过与战略家们密切合作，描绘出各种新产品的发展前景，从而确保了消费者的需求在激动人心的新产品设计中得到体现。

4. 即刻开始文化体验

甚至早在我们的团队动身前往中国之前，"探索心灵"的做法就已经包括了文化浸没式的体验。我们不仅研究了中国的户外广告牌，而且还要求客户把摇滚、流行、古典以及传统的中国音乐寄来并在工作室里大声地播放。我们还聘请了一位中国史学教授为我们讲授美国文化与中国文化的主要差异。我们的团队还收集了中国人喜欢的物品，如钱包、打火机和手机套等，评估它们的颜色、材质以及各种点缀装饰。为了解流行文化和短信文化，我们还雇用了一名中国交换学生帮助翻译生活类和科技类的期刊文章和广告。

5. 体验当地生活

切切实实地在当地生活这一点是无可替代的。我们的团队分成两个小组，分别在中国 3 个不同地区深入基层生活 4 个星期。设计人类学家、设计战略家和工业设计家们每天都和北京的上班族一起在骑车上下班的路上用手机互通信息。他们既有在街头小摊随便填饱肚子的切身体验，也有在高档宴会厅里品尝猪脑和乳鸽的切身经历，他们穿越古老的胡同，有时还在卡拉 OK 厅里唱到深夜。我们的团队在乘坐公交车和火车时，在夜总会里编写手机短信时，在星巴克使用笔记本电脑时都记录下了对中国消费者出门在外时行为的观察及与此相关的种种问题。我们从时尚小店、电子商店、传统园林及现代建筑中汲取视觉灵感。

6. 锁定目标

我们的团队利用联想集团提供的台式电脑、笔记本电脑及手机消费者的人口统计学信息来锁定正确的消费心态群体，因为联想集团所期望创建的平台不只是为了制造一时的轰动效应后便随着最初的一些用户迅速消亡，而是为了在市场上实现大规模的占有，提升自身品牌形象。我们的团队制订了消费心态甄别标准，以便锁定"快速追随者"，这些追随者是最早期的消费者，他们是因为产品使用起来好处很多而非因其新颖才决定购买的。

7. 走访家庭

快速的人种志研究就在用户家中展开。我们的团队走遍了许多家庭的工作、休息、礼拜及社交场所。我们打开用户的衣柜去了解他们的时尚品位，我们还雇用了一名当地翻译。各种非语言形式的视觉手段使用户得以更加自由地和我们进行交流，更好地展示他们的思想及情感。

为了解用户是如何生活和使用科技产品的，我们设计了一种使我们能够将两天的观察压缩成两小时的方法。采访之前，我们会给参与者一台摄像机、一支胶棒和两个招贴纸板，要求他们用摄像机把自己在一个工作日、周末或休息日，尤其是他们将科技融入日常生活的那一瞬间记录下来。从这些视觉日记中，我们可以感受到他们的日常行为和情感。

为了发现产品融合(例如，可以兼作电视机的笔记本电脑)的机遇，我们开发了一种名叫 MatchMaker 的工具。人们把它放在特定用途的场合下，让用户回想自己在特定情形下会使用哪些产品。当用户选择了多种设备时，MatchMaker 便可以帮助我们寻找到将多种设备相融合的机遇。

我们还开发了一种理念构建工具，用来确定和了解人们从特点和效用这两个方面考虑会需要什么样的产品。各种特点被归为节省空间、娱乐、输入以及沟通交流等类别。我们的目标是揭示为什么用户会特别看重产品的某些类别和特点。在每次快速的人种志研究之后，我们的团队都会下载一段简短的内容，根据客户对中国文化的理解来检验我们得出的种种印象。这种做法有助于我们的客户了解我们产品的生成和定性方法，同时也有助于我们自己增进对中国文化的了解。

8. 通过图像感受文化

在中国，我们的团队搜集了家具、化妆品、时尚装饰品、汽车以及建筑等图像。在美国国内，我们开展了一项基于网络的视觉研究，有 400 名中国消费者(共有 4 个新确定的消费者细分群体，每个群体 100 人)帮助我们了解产品外观的发展方向。我们对这些图片进行了删减，以便用户把注意力集中在这些东西的外形和细节本身，而不是去关注与品牌或物品实际用途相关的信息。该项研究要求用户从各种各样的外形、细节、式样和颜色中找出那些符合他们各自所属的用户群体所期待的产品属性。该项研究确定了中国消费者在视觉上理解产品属性的种种模式。

9. 不重外表重效用

我们评估的目的在于确定怎样设计才能惠及中国消费者。其目的不是确定一个单独的方向，而是确定哪些设计元素比较重要。我们对 40 名消费者(每个细分群体 10 人)进行了一对一的定性评估。我们的团队确定了人们想要技术类产品具有的4 种关键效用，例如我们要求每位用户按照重要性对“与朋友联系”和“了解最新商业趋势”排出先后次序。参与者参照模型和草图，选出具有最符合他们所追求的效用和给他们留下深刻印象的设计细节的那些创意。

10. 洞察文化

我们了解到，中国消费者一般不会因一时冲动而购买大件物品。相反，购买大件物品(例如技术类产品)是一个高度错综复杂的决策过程，消费者会先进行大量的调查研究。我们的团队利用这一认知总结出他们对产品创意的具体反馈。团队询问了消费者在购买时对什么样的创意最感兴趣、哪些设计元素会影响到他们对各种创意的排名，从而对这些创意如何通过不同的设计元素惠及消费者有了重新解读的机会。

11. 发现饱和市场上的视觉差距

我们的团队最初利用一个 2×2 的矩阵对联想及其竞争对手的产品进行详细分析，但是这个做法行不通。尤其是极具竞争性的台式机、笔记本电脑以及手机，它们的视觉表达形式已经非常全面了。于是团队调整视角，转而开发了一个新的视觉分析工具——

MediaMapping。我们在中国所做的研究显示，用户偏爱趋同性的设备（台式机、笔记本电脑和手机），因为它们能够帮助用户完成特定的媒体活动，如游戏、摄影、观看视频录像及阅读等。MediaMapping 使我们的团队得以确定了目前联想和与它构成竞争的产品用来在特定媒体活动中传递其专业品质的视觉元素。

12. 从针对普通大众进行创新转向针对各类爱好者的需求

我们的团队回到工作室之后，便对已有的工作表、照片和每次访谈的结论进行提炼，最终汇总成一份“人种志灵感表”。这些表利用图片和文字说明生动地突出了各种用户群体的核心需求，显示了排名最靠前的几种调查结果和每位用户所面临的挑战。这份“人种志灵感表”是为我们的客户制作的，它反映了我们对当前市场粗略的基本看法。

要想从情感上打动消费者，你就不能只为满足他们当前的基本需求而设计产品，与此同时你还必须满足他们潜在的种种强烈热望。以这份“人种志灵感表”为基础，我们的团队开始确定各种独特群体的强烈渴望、行为和需求。这些群体也就是我们所说的“技术爱好者一族”。

我们确定的 5 种技术爱好者是热衷交际者、关系稳固者、追求实用者、深度自闭者和另类收集者。这些群体的需求千差万别，有的需要联系一个庞大的社会关系网（热衷交际者），有的则渴望通过幻想和自闭来寻求逃避（深度自闭者）。这些众生相为我们提供了一个构思创意的创造性跳板，也为我们提供了评估创意相关性的过滤工具。我们的创造性团队与联想集团协作共同测评出了各种细分市场的规模。

为了推动创意的构思，我们的团队运用了体验派表演法去理解各类人群的行为方式。例如，在使用手机方面，热衷交际者和深度自闭者乃至关系缔结者会有何不同。“探索心灵”之旅清楚地揭示了联想的目标消费者应该是哪些人（即 4 大类的技术爱好者：热衷交际者、关系缔结者、效用最大化者、深度自闭者），并为他们制定了联想台式机、笔记本电脑和手机平台的产品系列战略。

13. 提出切实可行的见解

我们评估的目的不是给各个平台挑选出一个单独的产品，而是洞悉用户是如何解读效用的。我们据此得出的见解对于设计团队来说必须是切实可行的。我们强调要在设计元素的背景之下传达我们的见解，其结果是制定了一项利用基于研究的见解来形象地传达理想产品效用的战略。如果我们的团队和客户希望能够使深度自闭者遁入手机游戏的虚幻之中，切实可行的见解就会突出相应设计元素的重要性。评价每个创意的好坏依据的都是它能否将效用传递给消费者。

14. 理解之后开始创新

我们的研究结果是：为深度自闭者设计了一款台式机，为关系稳固者设计了一款笔记本电脑或移动台式机，为追求实用者设计了一款手机。这些产品满足的是特殊客户群体的独特需求。该款多媒体台式机的模块化使用户能轻而易举地修改和升级自己的系统，而专门设计出的笔记本电脑或移动台式机能使关系稳固者轻松地与朋友实现内容共享，我们设计的手机则带有个人数字助理和照相机，使追求实用者能够进行多重任务操作。

对富有的消费族的定义为联想的高级管理层和营销团队提供了共同语言与对未来的共同预见。我们的研究为他们呈现了一张清晰的细分图(基于消费者的行为、态度和价值观),指导他们为目标消费者开发相应产品。未来的产品系列现在都围绕着"技术爱好者"们的特定需求进行组织安排。我们的研究使联想明白了西方在产品创新和市场方面的做法。在2005年本项目完成之后的几个月里,联想集团一举收购了IBM公司的个人计算机ThinkPad业务部,进而更加坚定了它追求高价值设计的决心。联想2006年度最佳产品设计获奖作品,如图2-17所示。

图 2-17 联想 2006 年度最佳产品设计获奖作品

(图片来源:http://info.cec-ceda.org.cn/jsjjd/pages/20060630_18596_2_2.html)

(案例来源:调研文库.http://www.3see.com)

二、消费者分类的方法

详细了解消费者后,如何确定谁是目标消费者呢?有很多变量或基础可以用来细分一个市场。这些基础包括个性、人口统计、心理图表和价值观。其中,人口统计一般包括地域、种族、宗教信仰、国家、年龄、性别、收入、教育程度和职业等特征,从这些入手来对消费者分群。后来人们认识到仅以人口统计特征作为辨别和满足消费者需求差异的基础是不够的。从20世纪70年代起国外开始运用人口心理统计特征,作为更深入地理解市场动态和消费者行为差异地的手段,其中较为重要概念就是"生活形态"。

生活形态,又称为生活方式,是人们生活、花费时间和金钱的方式。威廉·莱泽将"价值观与生活形态"这样一个早为社会学家所熟悉的概念引入营销学领域,由于这一概念比社会阶层更为生动地揭示人们的消费方式,故逐步得到营销管理学及消费社会学的应用与关注。米歇尔基于大约1600户美国家庭的调查研究,设计出称为VALS(Values And Life Styles)的系统,开始应用于商业并被国外200多家公司和广告代理商运用于营销实践中。

中国在美国VALS2模型的基础上,通过对全国30个城市的70684位消费者的入户调查,以被访者的生活形态为分类基础,进行了分群结构范式的探索研究,产生了 CHINA-VALS 模型。该模型将中国居民分为 3 派、5 层、14 个族群，如图 2-18 所示。

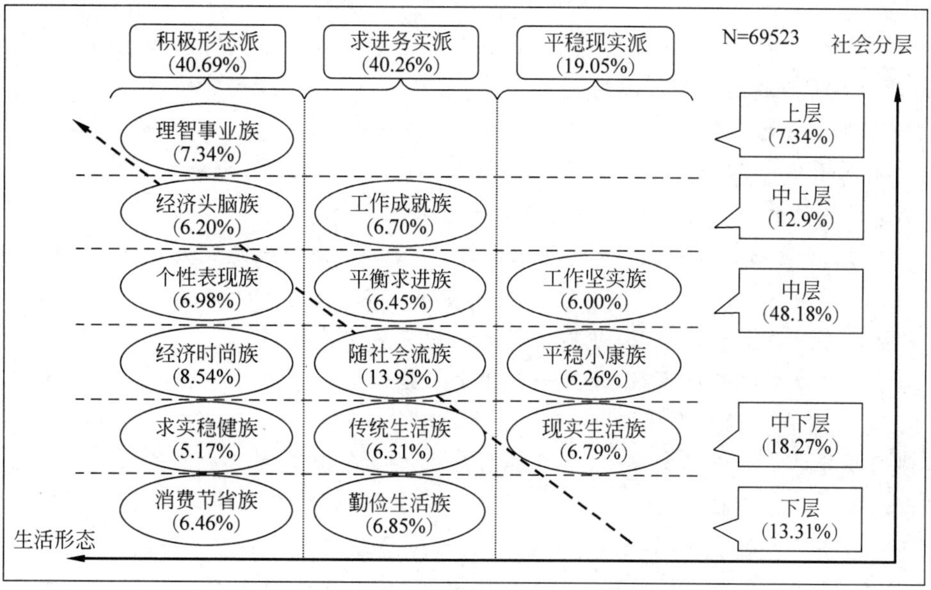

图 2-18 CHINA-VALS

（图片来源：http://www.emarketing.net.cn/magazine/adetail.jsp aid=896）

在市场分析工作中，CHINA-VALS 范式作为新的市场细分手法，可针对某一产品（品类）或某一品牌，进行基于消费者生活形态角度的市场细分。通过对 CHINA-VALS 的 14 个族群分布的分析，可以得知这一产品或品牌的目标消费族群的心理人口特征。换句话说，知道了目标消费群分布在哪几个族群中，就可以了解他们的心理特点以及生活形态方面的信息。于是，一系列的营销问题就可依据对这一产品或品牌消费者心理特点的把握而得以解决。

日本建筑家隈研吾也运用生活方式分群的方法，综合教育背景、文化偏好、社会阶层对日本的消费者群体进行细分，探讨其最实际的消费需求——住宅结构、外观、户型等。在他的《十宅论》一书中将日本社会阶层划分为 10 个派别，如单身公寓派、咖啡吧派、建筑师派等，每个派别都总结出了典型的户型图和内部空间装饰要素，并在此基础上探讨了每一个派别居住者的生活方式、价值观以及这些在住宅空间中符号化的投射，这不失为将基于生活方式的消费者分类方法运用在建筑和设计中的一次有意思的尝试。

三、对目标消费需求的引导

根据前文提到的了解与调查消费者的方法以及根据消费者生活方式将其分类的思想，是不是可以认为，拥有了把握消费者需求的手段与能力，一切就都在掌握之中了呢？我们先来看 Burberry 的一个案例。

案例七

英伦大牌的潮起潮落

1856年创立的Burberry是英国的一个著名的奢侈品品牌，以战壕风衣(Trench Coat)于“二战”后成名。最经典的当属那红色、黑色与白色线条构成的标志性的“干草市场格子”(Haymarket Check)，也叫“Burberry经典格子”(Burberry Classic Check)。然而20世纪七八十年代，由于其故步自封的销售与品牌策略，Burberry跌入时尚的谷底，经典的格子像过气的电影明星一样无法再攫取大众的眼球。

20世纪90年代，Burberry开始寻求突破，于是开始泛滥性地到处用格子，从雨伞、围巾、行李箱、手袋、鞋子、袜子、内裤、背心、比基尼到避孕套。由于泛滥性地使用，使得公司暂时性地在财政上大获全胜，却不曾想更大的灾难即将来临。

由于无底线地扩充产品线，使得一些印上了格子图案的小物件能以便宜的价格被普通人购买，这带来了两个群体对Burberry的青睐。英国的足球流氓臭名远播，2003年欧洲杯预选赛英格兰对土耳其那场，一群英国足球流氓在森德兰引发了骚乱。一家土耳其电视台记录了当时场面，解说词是：“真让人难以置信，他们身上没有任何球队标志，却都穿着那种格子。”身着牛仔裤、T恤，头戴Burberry棒球帽的流氓有了个统称“Burberry小子”。尽管从2004年起，Burberry停产了棒球帽，然而在消费者心目中形成的印象却并没被抹去。CHAV族也对Burberry情有独钟，他们是一群没工作，也没受过高等教育的白种青年，赞美暴力、憎恨批评、无知，且沉醉于无知。肥皂剧女明星Danniella Westbrook的一张狗仔照片几乎让她成为国家性的笑话，照片中她几乎把Burberry的格纹穿到了极限，从裙子到小孩衣服，从手包到小孩推车，被记者称为“从头到脚的格子”。女明星的品味表现了CHAV族的最高境界，所以她被报纸称为“CHAV的女皇”(Queen of CHAV)！英国太阳报把这个事件称为“Burberry Disaster”！

在这些尴尬之后，Burberry决定再也不生产格子棒球帽了。以后Burberry经典的格子也尽量少用，甚至不用了，让这些格子布重新回到衬里里去。Burberry一点一点开始更多地采用Knight Errant(游侠骑士)商标了，估计以后只有在亚洲市场上才会再看到这些格子，Burberry格子的时代在英国将会寿终正寝。

(案例来源：国际在线. http://gb.cri.cn/)

此案例是一个典型的失控案例，Burberry在做出任何的公司与市场战略前，想必也进行了周密的调研与分析，可这一切是如何发生的呢？*The Brand Gap* 一书中对品牌有如下的说法，也许我们能从中找寻答案。“一个品牌是一个人对一个产品、服务或者公司的直觉。它是一种直觉是因为尽管人们想要更理性化，但是人始终都是感性和情绪化的生物。它是一个人的直觉是因为一个品牌最后是被一个个消费者定义的，而不是公司、市场或所谓的大众。每个人都有对一个品牌独特的理解和感受。企业并不能控制这个过程，但是能以各种方式来影响它……”

由此看来，对目标消费需求的了解是一个方面，通过各种手段去影响与引导它也至关重要。由于消费者自身消费能力的提高、消费知识的不断丰富及国外消费示范的影响，消费者的消费心理也时时发生着新的变化。而企业和设计师也都必须根据消费者心理变化的发展趋势，采取适当措施，来对消费者的需求加以引导和创新，以便更好地服务于大众与生活。

思考与课堂讨论

（1）请讨论体验设计的特征，并与身边具体的案例结合起来。

（2）在设计 2.0 时代，设计师的角色又将发生什么样的变化？

（3）对应本章中介绍的 7 种典型的企业战略，从身边的产品或服务中找到对应的案例，并讨论这种战略的实施成功与否以及设计在战略中所扮演的角色。

（4）请查看你最近购买并使用的产品，以产品消费为基础，描述哪种产品设计上存在待改进之处。

第三章

设计所扮演的战略角色

【学习要点及目标】

1. 理解设计战略的基本概念。
2. 掌握制定设计战略的方法。
3. 了解设计战略的类型。

本章导读

一个国家和地区对设计的态度会直接影响某个企业内部的设计政策，企业的设计政策又直接影响着其设计战略的制定与设计计划的实行。所以我们要了解企业的设计战略，需从更高层面的设计政策谈起。在设计政策的指引下，企业通过结合变化模型、情景规划、产品生命周期、安索夫矩阵、波士顿矩阵等商业研究方法，深入分析企业的外部与内部环境，从而制定出有针对性的、行之有效的设计战略。

本章中大量生动的设计案例，展现了处于不同发展阶段、拥有不同产品类型的企业，面对不同的市场环境，所采取的一系列不同类型的设计战略并最终获得了成功。可见，设计在企业的生存发展中扮演着关键的战略角色。

第一节　设计政策

一、国家和地区的设计政策

国家进行设计政策的管理有两个目的：首先是提高国内产业的设计发

展水平，使产业在国际上具有竞争与出口能力，因为政府意识到了“设计”在提高工业产品质量以及在国际市场上的竞争力等方面扮演着重要的角色；其次是在政府体系中纳入设计，系统评估产业设计的质量，为企业主提供咨询，组织竞赛和展览会，为设计者和其他专家提供信息和教育等。

目前较多国家的设计政策是以“委任”的方式进行的，此种“集中”与“间接”方式的中和，互补了两种方式的优缺点，故为多数国家所采用。亚洲地区包括日本、韩国、中国台湾和香港地区均是以这样的方式扶植企业的产品走向国际化及增强其出口能力的。

1984 年，英国政府曾对英国的产品出口工作做过调查。数据表明，在 1950 年，英国的制造业出口占全球总量的 25%，但到 1984 年已下滑到 8%，英国的进口产品量首次超过出口。通过分析，发现尽管英国在设计与制造上有足够的能力，但还是无法实现两者的有效结合。究其原因是政府对设计没有足够的重视，导致设计在英国经济实体中成为一种被忽视的资源。由于充分认识了问题的严重性，促使英国政府对设计高度重视，并明确把设计作为振兴英国经济的战略手段。除了出面组织和成立专门推动和研究工业设计的组织外，英国政府还专门筹集资金，支持和鼓励企业与组织的产品创新设计，并鼓励国际上各种形式的设计竞赛和展览会，加强与国际设计的交流合作。

与此同时，英国政府还十分注重对设计教育的投资，在大多数艺术和理工学院中创建设计专业。目前英国的设计教育相当完善，除了培养设计本科生外，每年还培养出相当数量的硕士和博士学位的高层次设计人才。由于政府充分认识到了设计在区域经济发展中的战略作用，因而使英国设计在近年来已达到世界一流水准，并成为世界上的设计输出国。

二、企业的设计政策

企业的设计政策是指企业在总体经营战略下为使设计渗入各项具体工作而确立的设计总体方针和范围。设计政策反映了企业对设计的认识程度和应用程度，也反映出组织的设计特征及与外部竞争对手间的差异，反映出企业领导层设计管理的意识与水平，以及管理者在设计活动中的角色与职责定位，等等。在制定企业的设计政策时主要需要考虑以下 6 个方面的内容。

（一）设计所具有的作用

许多管理者虽然对设计所发挥的作用有一定的认识，但这些认识往往是粗浅或模糊的。在影响消费者选择商品或服务方面具有多方面因素，设计只是其中一种。例如对一个产品来说，除了良好的操作性能、优美的外观造型、合适的价格定位等因素外，商品的经营方式、展示场所、付款方式、售后服务等也起到了重要的影响作用。因此，在影响顾客购买的众多因素中，管理者的任务就是识别出哪些是主要因素和范围。正确地识别这些主要因素或范围是非常重要的，因为它有助于管理者在制定企业设计政策时明确设计应放在什么位置。

（二）设计的配比

能否在消费者心目中树立良好的企业形象是企业经营成败的关键。而在企业的形象系统中，其视觉形象是关键要素。由于各个企业的经营内容、经营特征及组织形态均不相同，因此构成企业视觉形象的要素也不同。例如作为一个以生产产品为主的企业，其视觉形象要素包括了产品、包装、企业的生产环境、办公室、零售店、交流材料（办公用品、产品说明书、广告、宣传手册、标志、产品样本）、交通工具等，这些要素在强化企业整体视觉形象中都起到十分重要的作用，但其中产品是整个要素中的核心。而作为一个以服务为主的企业，如旅馆、饭店、商场，企业服务的质量、方式、内容及环境是整个企业形象要素中的重点。

设计配比是指在企业的整个视觉形象中，对每类形象要素进行设计力量和资金投入的配合比。作为管理者必须清楚地认识到，在企业中哪一种视觉要素是在消费者心目中建立起良好形象的关键要素。唯有如此，企业才能在设计政策的制定中规划出确切的设计配比，企业的资源才能有效合理地被分配和利用，设计投资才能取得预期的回报。

（三）企业是采用一致性的设计还是多样化的设计

所谓一致性的设计是指企业所推出的所有产品在风格和技术标准上都具有一致性及延续性，有统一的识别特征，这些产品往往能给消费者留下深刻的印象，消费者一看到这类产品就很容易识别出它们是属于哪一个公司的。采用这类设计政策的企业通常是一些实力很强的专业化大公司，如一些著名的计算机公司、生产高科技电子产品的公司等，它们的产品往往能给人一种高品质的感觉。

多样化的设计政策是强调向消费者提供不同风格和技术特征的产品。这些企业的设计主要是针对一些不同类型的消费群体。这好比当今一些消费者热衷于在同一色调、同一装饰风格和同一标准的麦当劳、肯德基快餐店用餐的同时，仍有许多人喜欢待在散发着乡土气息的特色酒吧及餐饮小屋内。设计也像饮食一样，要迎合消费者的不同口味。

对于企业来说，选择什么样的设计类型，是采用多元化还是一致性的设计政策，这不是领导层的口味和喜好所能决定的，它必须在对企业自身的经营目标、管理能力、技术水平及人才资源等情况进行详细分析和研究的基础上，才能做出明确的选择。

（四）企业属于设计领导型还是设计跟随型

并不是所有的设计都来自轰轰烈烈的发明创造，在市场上，大部分的产品都来自对现有产品的不断改良。全新的产品在市场竞争中无疑具有巨大的优势，它不仅能创造新的市场，同时也能吸引消费者，激发消费者的购买欲望。但创造全新的产品需要高质量、高水平的设计资源，其中包括设计能力、技术、生产、设备、资金，这也意味着设计投资的上升和市场风险的提高。而作为设计跟随型的企业，通常对设计采取较为稳妥谨慎的态度。这类企业经营成本较低，风险也较低，只要恰当地处理好与设计人员之间的关系，产品同样能获得一定的市场份额。至于企业采用何种设计战略，主要取决于市场和其内部的资源情况，同时还要考虑消费者对企业的期望目标、反应程度等因素。

（五）企业设计更新、变化的速度

任何产品和服务在市场上都有一定的生命周期，消费观念的不断变化和市场竞争的加剧，极大地缩短了产品和服务在市场上的生命周期。此外，技术的飞速发展和人们对产品质量越来越高的要求，导致产品所涉及的技术也越来越复杂。因此，当企业意识到需要有一种新产品替代市场中的老产品时，才着手进行新产品设计，就不免要出现设计断层的情况，即当老产品在市场上走下坡路时，由于在设计和技术方面未做好准备，使得新产品不能及时跟上，一些竞争者的产品就会趁机占领足够的市场份额。

作为管理者必须清楚地了解企业产品在市场中的生命周期，把握好企业设计更新、变化的速度。在企业制定设计政策时，必须根据企业设计更新变化的速度制订出确切的新产品开发时间表，为新产品能及时进入市场提前做好准备工作。

（六）企业的不同层次和类型

社会发展的每个时期都会存在处于不同发展阶段的企业，一些管理专家把它们归纳和分类成 OEM、ODM、OBM 和 OSM 4 个不同层次和类型的企业。

OEM(Original Equipment Manufacture)为原设备生产企业。这类企业以生产贴牌产品和加工产品为特征，具有良好的生产和管理能力。

ODM(Original Design Manufacture)为原设计生产企业。这类企业以设计和开发为特点，有较强的自行开发和设计新产品的能力。在生产活动中，除了生产产品外，企业还有着自身开发和设计新产品的规划。新产品在企业的市场销售中有一定的比例。

OBM(Original Branding Manufacture)为品牌管理型企业。这类企业以强大的产品品牌运作能力为特点，不仅具有良好的产品生产和管理能力，同时也拥有强大的产品设计和规划能力，能在设计的作用下，完成构建企业产品品牌形象的目标。

OSM(Original Strategy Manufacture)为策略管理型企业。这类企业以具有系统运作能力为特点，是企业发展达到成熟的标志。这些企业有着丰富的经营资源和深厚的企业文化底蕴，具有完善的新产品开发系统和营销网络，拥有自身产品和品牌的运作能力。这类企业能从战略的高度出发，对企业运作做出战略性的筹划，在设计的作用下全面整合和优化企业资源，规范行业标准，提升企业整体品牌形象。

总体上讲，OEM 类型的企业具有较强的产品加工能力和稳定完善的销售系统。当获得自主开发和设计产品的能力后，会逐步增加自主产品研发的比例，向 ODM、OBM 企业类型转化。OSM 类型企业是企业达到高度成熟的标志，它以高质量的产品品质和完善的商业运作系统，构成了行业的规范和运行标准。

企业处于不同层次的发展阶段，所采取的设计政策都是不同的。企业的主要特征，如经营范围、产品内容、技术、生产以及管理能力等都会影响设计政策的制定。

OEM 型企业的产品生产主要以接受外部订单和委托加工为主，因而设计在企业内涉及的程度比较浅。设计师主要担任产品传译员的角色，对现有产品做进一步的明确表达。所以 OEM 企业在设计方面的投资和资源较少，设计团队的定位主要是更好地服务于客户和订单项目，降低因设计沟通问题而导致的产品加工生产的误差。

富士康的设计师与惠普打印机的内部设计师的合作方式就是这种情况。当产品设计改动很大的时候，惠普的设计师会将大致完成的产品设计概念方案交给代工厂（富士康）的设计师继续进行精细模型的建立，此外，富士康的设计师还负责与生产线的同事沟通，以确保最初的设计概念得以准确地实现。有时当产品设计改变不大的时候，也可先委托富士康设计师提出改进方案，然后与惠普的设计师沟通，方案通过后，方可在项目中实施。

ODM 型企业由于具有设计和开发新产品的能力，企业主要通过拓展产品线或从产品的差异性方面构成竞争力。这类企业中设计师主要扮演产品差异的区分者角色，着重设计出与现有产品不同的新产品。设计在企业中的应用程度较高，如通过新的市场定位，设计出不同类型的新产品，增加产品的差异性。由于ODM型企业在整体品牌上比较弱，缺乏围绕公司而发展的品牌战略规划，所以设计师的行为完全由特定产品的市场反应所驱动。设计部门更多地参与产品执行层面的策略活动，无法统一规划产品设计战略，也缺乏与公司发展战略联系紧密的统一的设计哲学和指导思想。

OBM型企业以规划和创建企业品牌为目标，强调发挥设计在创建品牌系统中的作用，设计在企业中的涉及程度深。设计师作为品牌系统的创造者，在企业经营战略的框架下完成构建具有企业品牌特色的运作系统。例如在企业的设计、生产、市场、销售等各个环节中形成以提升产品品牌形象和多个产品品牌有序发展的系统运作模式。设计资源在整个企业的资源投入中比例较大，设计部门被看做与公司品牌、产品战略紧密结合的单位。

OSM型企业以在社会上树立良好的企业品牌形象和规范行业标准为目的。设计师在构建企业形象系统中起着策划者和创造者的作用，设计活动更加全面，且深入地渗透到企业的各个经营系统中。设计部门也被定位为影响甚至左右公司未来战略发展的创新部门，设计师的活动直接影响着公司高层对公司发展以及产品战略的规划。

案例一

LG电子设计政策的变化和发展

LG从1958年创业开始到1970年为止的萌芽期，设计被视为辅助公司机能的手段。1970—1983年为成长期，随着外销出口的比重加大，设计业务也急速成长，因此设计部门从其他部门中独立出来。接下来在1983—1989年的成熟期中，LG设立了设计综合研究所，设计部门转型成为大型的设计组织。1991—1999年为迈向全球化的时期，LG开始在爱尔兰、柏林设立欧洲设计中心等国际性设计组织。

从2000年开始，LG更专注于数位技术，以数位设计为中心展开各项活动。LG从过去到现在一直重视设计的原因是，消费者的生活已从量转变为以质为主，为了提高产品的感性价值，设计的重要性越来越得到关注。LG的经营高层也了解到，设计是有益于提升产品与服务价值的战略手段。

在数位设计中心，为使LG成为数位时代的领导者，LG将战略目标设定为“Digital Life Creator”，希望使数位环境与人类相互调和，并提升产品价值，亦即LG的目标是成为Digital Life Creator，因此LG必须建立数位形象，并积极进行设计与研发。

所谓设计与研发工作，并非舍去有创意但未来难以实现的提案，而是积极将它修正为在不远的未来可能实现的设计方案，并朝商品化的目标努力。其中包括DCR(Design Creative Report)活动，这项活动与事业部门及行销部门无关，设计师自行提出设计概念提案，经过高层的认可之后，即进行商品化工作。另有一项名为NCD(Next Concept Design)的活动，其中有一种称为N-CAMP的制度。

目前以大学生为主的年轻人在韩国通称为N世代，这是一项为进行以N世代为对象的产品开发活动，而让N世代直接参与设计的制度。在此项制度中，由专攻设计及具有创造精神的 30 名大学生，在下课后前往设计中心组成设计团队，创造出新产品的设计创意。这两项制度都将创造出革新的未来设计创意，希望使 LG 的品牌形象更年轻、更具挑战精神。

（案例来源：世界顶级设计团队的设计策略. 百度文库. http://wenku.baidu.com/）

三、企业与设计所担负的社会责任

（一）什么是企业的社会责任

企业社会责任是指企业在其商业运作里对其利益相关人应负的责任。企业社会责任的概念是基于商业运作必须符合可持续发展的想法，企业除了考虑自身的财政和经营状况外，也要加入其对社会和自然环境所造成的影响的考量。利益相关人是指所有可以影响或会被企业的决策和行动所影响的个体或群体，包括员工、顾客、供应商、社区、母公司或附属公司、合作伙伴、投资者、股东等。

一些学者将企业的社会责任的内容做了如下概括和归纳。

(1) 对股东：证券价格的上升；股息的分配(数量和时间)。

(2) 对职工或工会：相当的收入水平；工作的稳定性；良好的工作环境；提升的机会。

(3) 对政府：对政府号召和政策的支持；遵守法律和规定。

(4) 对供应者：保证付款的时间。

(5) 对债权人：对合同条款的遵守；保持值得信赖的程度。

(6) 对消费者/代理商：保证商品的价值(产品价格与质量、性能和服务的关系)；产品或服务的方便程度。

(7) 对所处的社区：对环境保护的贡献；对社会发展的贡献(税收、捐献、直接参加)；对解决社会问题的贡献。

(8) 对贸易和行业协会：参加活动的次数；对各种活动的支持(经济上的)。

(9) 对竞争者：公平的竞争；增长速度；在产品、技术和服务上的创新。

(10) 对特殊利益集团：提供平等的就业机会；对城市建设的支持；对残疾人、儿童和妇女组织的贡献。

但是，在战略决策的过程中，各个与企业利益相关的团体的利益总是相互矛盾的，不可能有一个能使每一方都满意的战略。因此，一个高层管理者应该知道哪些团体的利益是要特别重视的。美国管理协会曾经对 6000 位经理进行调查，最后得出了表 3-1。

表 3-1　企业的相关利益团体

利益相关团体	得分排序(最高 7 分)	利益相关团体	得分排序(最高 7 分)
顾客	6.40	一般大众	4.52
职工	6.01	一般股东	4.51
主要股东	5.30	政府	3.79

（表格来源：http://wiki.mbalib.com/）

如今，在产品和服务的设计及交付过程中所使用的材料和所需加工的产品都逐渐需要通过股东或其他利益相关人、消费者和客户、上级集团和政府机构的审查。

在当今社会，设计在环境问题和社会问题上所起的辅助作用是不可估量的，并且它还是创造一个对这类问题更为关注的未来社会的重要手段，能够在日益增加的消费需求和环境关怀之间取得更有价值的竞争优势。没有这方面长远眼光的公司必定会在将来的发展中受到限制，失去重要的快速发展的机遇。公司的社会责任议程也是公司全球化战略的一部分，如果这些议程能够超越公共关系的作用，并且融入民族精神和商业道德，就能给企业和监管机构内部带来重大变革。

（二）设计的社会责任

在整个产品和服务的设计周期里会产生许多设计决策，自觉或不自觉地，有意或无意地。具有环保意识的设计要尽量减少设计开发过程中每一个阶段所使用的材料和能源以及生产过程中的浪费。具有社会意识的设计则需要加强所有销售中的产品和服务的可利用率和包容性，例如，尽量节省没有必要的包装材料。

设计经理对于加强新型环保材料和技术的信息流通起着至关重要的作用，他们还要监管与客户和设计团队有关的法规制定和财务奖励方面的变化。除此以外，在一个新产品开发过程中，在如下方面都需要考虑到设计的社会责任问题。

1. 收集原材料

产品和服务是由能满足其各项要求的原材料所组成的，这些要求包括外观上的（它们看上去如何）、功能上的（它们能起到哪些作用）和成本上的（使用这种材料我们能盈利吗），等等。渐渐地，顾客对一项产品的了解需求越来越多，他们想知道产品是如何完成的，在哪里完成的，甚至是谁操作的以及在怎样的工作条件下进行的。总而言之，他们想了解这些产品或服务是否具有环境意识和社会责任感。

监管部门需要监控和管理原材料的来源和流向以及一些产品、服务或供应商是否拥有质量认证标志，是否有原产地证明或是否符合相关商业道德标准。设计师在收集原材料和指定供应商方面扮演着一个重要的角色，他的决定会影响到产品或服务在环境保护等方面的表现。

2. 生产过程

设计可以使生产制造过程更加具有效率，既可以精练现有的工作流程，也可以从头开始建立一个全新的、完整的新系统来减轻巨大的环境压力。高效的生产过程能帮助降低生产成本，从而获得额外的利润。有些公司，例如耐克，现在都趋向于“封闭环”式的生产过程（即没有什么废料作为生产的副产品产生），并且致力于为相关的环境问题和社会问题专门设立一些设计挑战和设计约束。

3. 环境成本

环境成本和用以开发一项产品或服务所消耗的自然资源的数量，正日益成为决定人们购买选择的重要因素。设计对产品或服务所需要的能量和资源的消耗有直接影响。

设计能够改变消费者的生活习惯，带给他们新的理念和思维方式，从而提高人们的社会意识和环境意识。譬如随附详细的说明书向消费者解释如何能更节能、更高效地使用产品，这能激发使用者更多地去思考和讨论环境问题。

4. 最终处理

在现今社会，为了适应消费者消费偏好的改变及新的环境要求，企业如果能够以长远的眼光来看待商品的最终处理程序，将会是一个非常有价值的竞争优势。外包装成本是产品成本浪费中最主要的部分，其中又包括生产成本和运输成本。

重新设计，甚至重新思考这些包装物的必要性，逐渐成为设计过程中的一个新挑战，例如，是否可以使用适于再装的再生瓶或完全可以循环再用的包装。在寻找更规范地、可持续地区分产品和服务的方法上，设计能带来热情、激情和机遇，让产品的最终处理阶段也成为一个品牌完整的生命周期的一部分。

无印良品(MUJI)一直以来遵守“合理就便宜”的理念，使其开始了对传统商品的改良计划，其产品追求自然的风格、简朴的设计，并结合了生活的实用性。创业 25 年以来，“合理就便宜”这一理念已被证实符合时代的发展，这种价廉物美、高品质、不花哨的产品及其倡导的生活方式受到消费者的广泛支持。

无印良品将生活中不起眼的东西改良后使之成为实用而独特的优质产品，并且采用大量从世界各地采购原材料的方式使得商品制作成本大大降低，从而保证能生产出高质低价的优良产品。无印良品对每件商品都有相当严格的检测程序，通过多重检测的产品才能得以销售，但同时为保证原材料的充分利用，不产生浪费，经过科学鉴定，对不影响商品本质的多余检测程序予以省略，力求削减成本。

无印良品不讲究外包装，而强调以商品本色示人，不做过分的包装修饰，多采用有统一性的、简洁的打包出售方式，既简洁又节省地球资源，真正做到了价廉物美、简洁环保、品质至上。无印良品产品陈列如图 3-1 所示。

图 3-1　无印良品产品陈列

(图片来源：www. muji. us)

第二节　设计战略

一、设计政策与设计战略、计划的关系

企业的设计政策是制定企业设计战略的基础与前提，设计计划则是实现设计战略目

标的具体体现，而设计战略既体现了企业总体经营战略的指导原则，也为企业中各项设计活动提供了明确的方向和目标，是设计取得成功的基本保证。设计政策与设计战略、设计计划的关系如图 3-2 所示。

图 3-2　设计政策与设计战略、设计计划的关系

二、设计战略的概念

设计战略是指在符合和保证实现企业使命的条件下，确定企业的设计开发与市场环境的关系，确定企业的设计开发方向和设计竞争对策，确定在设计中体现的企业文化，根据企业的总体战略目标，制订和选择实现目标的开发计划和行动方案。

设计战略是企业经营战略的组成部分之一，是企业有效利用设计这一经营资源，提高产品开发能力，增强市场竞争力，提升企业形象的总体性规划。设计战略也是企业根据自身情况做出的针对设计工作的阶段性规划和方法策略，是设计项目的准则和方向性要求。

三、设计战略的特征

根据明茨伯格的战略理论的 5 种内涵，以及设计战略的定义，可以总结出设计战略的几个主要的特征。

（一）竞争性

竞争性是设计战略最重要的本质特征。战略是"将军克敌制胜的科学与艺术"，学界、企业界不约而同地选择"设计战略"这个概念术语，是为了探讨如何充分发挥设计的强大威力，提高产品开发能力，增强市场竞争力，提升企业形象，最终形成其他企业难以模仿的核心竞争能力，从而使企业在激烈的市场竞争中生存并发展壮大。

（二）独特性

设计战略的独特性来源于企业 DNA 的独特性，设计战略应该是基于企业文化和企业独特的 DNA 而制定的。而每个企业的文化、价值观念是独特的，企业在长期发展过程中形成的审美取向、价值观念会表现出一定的延续性和稳定性，从而形成企业独特的 DNA，这也是竞争对手难以模仿的。设计战略的独特性主要表现在战略观念的独特性，也就是说设计理念或设计思想的独特性。

例如，苹果公司"Think Different"的产品设计理念，一直指引着公司寻求与众不同的革命性解决方案。苹果第一个将便捷的图形界面引入个人计算机，故苹果计算机是第一个使用彩色显示屏的计算机，也是第一个把外壳变成五颜六色半透明的计算机。

（三）全局性

所谓设计战略，简单地说，就是"做什么才能指导企业设计工作，使企业得以可持续的生存和发展”。因此设计战略是指导企业一切设计活动的总的谋划。设计战略的全局性特征不仅表现在企业设计的全局性上，而且还表现在与国家的经济、技术、社会、环境发展相协调一致，与国家发展总的目标相适应，与企业的经营战略相和谐上，否则，设计战略就不会取得成功。

（四）方向性

有时，设计的作用往往会被过分地夸大。因为设计对于一些企业来说所发挥的作用各不一样，虽然有些企业在它们的经营过程中也积极导入设计，但由于缺乏高质量的管理，设计仍达不到企业所期望的效果。

要充分发挥设计在企业中的应有作用，管理者首先必须明确企业的发展方向，设计战略规定了企业设计的未来发展方向，描绘了企业设计的发展蓝图，具有行动纲领的意义。设计战略要求企业的各项设计工作都围绕战略制定的方向展开，同时要求各部门在设计战略方向的指引下充分发挥各自的积极性和创造性。

（五）创新性

企业要保持设计的核心竞争力，就必须建立灵活而有效的设计战略来充分利用各种设计资源应付内外因素的变化，把握设计进展和外界条件的变化趋势，不断开辟新业务或新市场。所以企业只有将战略贯穿于设计创新的全过程，才能在激烈的市场竞争中不断重塑自己的未来。设计战略本身也需要不断的优化创新。例如重新设计和制订工作方法和流程、变革设计工薪制度和激励机制、改造企业文化、修改预算等。

企业设计战略管理是一个不断循环、没有终点，但又具有开放性的创新过程，企业在进行设计管理的过程中，必须花费大量的精力来调整设计战略，持之以恒地改善一个优秀设计战略的实施和执行。

（六）相对稳定性

设计战略规定了企业在今后一段时间的设计发展方向、目标、采取的设计策略以及工作的重点，在一定时期内具有稳定性。当然由于自然环境、社会环境以及顾客需求的多变性而导致了设计战略的更新，故设计战略只具有相对稳定性，设计战略的创新性和相对稳定性是辩证统一的。

四、设计战略的目标

设计战略的目标是设计战略的使命和宗旨的具体化。战略目标必须从“我们是什么，将会是什么，应该是什么”引导出来，目标是企业对未来的期待。设计战略目标规定了企业全部设计活动的总任务，决定了企业的行动方向。

设计战略最基本的目标，或者说现实目标是提高产品的竞争能力，核心目标是优化品牌形象，最终目标是提高企业核心竞争能力，同时避免核心能力降低，使企业最终在激烈的市场竞争中获得高额利润，最终战胜对手。

与设计战略目标紧密相关的有定量指标和定性指标，设计战略目标应该是定量指标和定性指标综合计量的结果。定量指标包括品牌价值、投资利润率、市场占有率等指标，定性指标有品牌形象、企业形象、产品形象等指标。

（一）与设计战略目标紧密相关的定量指标

品牌价值是企业最有价值和最为恒久的资产，是未来市场竞争中最为锐利的武器。品牌价值是可以量化评估的指标，一般由权威品牌资产评估机构做出评估。

投资利润率是指企业税前的营业收益占自有资本和长期负债总额的比率，投资利润率可以反映同一行业不同经营领域或同一产品在不同市场上的经营状况，但用它来评估不同行业的状况则存在缺陷。市场占有率是企业产品或劳务销售总额在同类产品或劳务销售市场销售总额中所占的比率，市场占有率直接反映了企业某项产品或劳务在市场上的竞争实力。

（二）与设计战略目标紧密相关的定性指标

理论研究和实践表明：品牌价值的增长和企业规模的增长、产品销售的增长以及品牌知名度的增长也有很大的相关性，品牌价值量的增长并不能完全说明设计战略的成功。

中国某著名消费电子企业品牌价值由1995年的6.9亿元，跃升到2006年362亿元，增长不可谓不快，但调查表明其品牌在消费者心目中的地位和形象并没有随着品牌价值的提升而同步上升，这恰恰是企业缺乏清晰的品牌设计战略定位和规划的表现，所以设计战略还需要定性的指标。成功的设计战略应实现独特差异的产品形象、明确清晰的品牌形象与创新进取的企业形象。

设计战略应该将设计贯穿到企业价值链的各个环节，并从企业文化、战略投资、人力资源等方面加以落实。设计战略还应该整合企业的设计资源和其他顾客价值创造资源，设计才能真正发挥强大的威力。

五、设计战略的作用

企业的设计战略是企业战略体系的一个重要组成部分，它必须服务于企业的整体战略。而企业制定设计战略，从总体上对企业设计活动进行规划和指导，对企业发展具有如下重要的作用。

（一）确定设计方向

设计战略保证设计工作沿着企业整体经营战略的方向进行，从而使设计人员从整个经营战略的高度，从企业生存和发展的高度去思考设计目标和方向以及消费者欲望及需求的问题，使设计成为企业整体经营的同向合力而不是侧向分力甚至逆向阻力。

（二）指导企业设计

设计过程中，设计战略应该是龙头。企业应根据设计战略的要求来确定需要什么人才，建立哪一类型的设计组织。在构思阶段（确定和选择客户价值阶段），构思的规则应来源于战略，以设计战略指导设计构思决策，设计战略同时也为概念筛选提供了依据。

在生产制造阶段（提供客户价值阶段），设计战略提供了产品测试标准，为细节设计和工艺设计保障品质。在市场营销阶段（传播、交付客户价值阶段），设计战略能够通过广告设计战略、传媒设计战略、卖场体验设计战略等指导新产品的市场营销和客户价值实现。

（三）整合设计资源

近年来，华人企业先后在国际工业设计大奖中崭露头角：2006年以来，TCL先后荣获法国工业设计学院 Janus 奖、美国国家电视学院艾美奖、国际设计权威机构 A. P. C. I 设计之星奖以及德国红点工业设计大奖——2007 产品设计奖；2002—2006 年，明基所获国际设计大奖也包含德国 IF、红点、日本 G-Mark、美国 IDEA 等在内，累计得奖数高达 161 件。但是两个企业获得的众多设计大奖并未带来经营上的理想业绩。

其中的原因是，设计是个多学科交叉的行为，需要综合来自研发和市场等多方面的因素，同时设计也是个系统工程，外观设计只是其中一个环节，单纯的外观设计并不能确保市场的成功。

设计战略能够帮助企业将设计贯穿到企业价值链的各个环节，并从企业文化、战略投资、人力资源等方面加以落实，它能够整合企业的设计资源和其他顾客价值创造资源，从而让设计发挥强大的威力。

第三节　设计战略的规划

依据企业的总体经营战略，制定和规划相适应的设计战略至关重要。Oakley 在《设计战略》一文中认为，企业要确立和形成自己的战略必须先理解市场，其次要正确分析自己的处境和能力，从而最终形成合适的战略。即企业必须先了解外部环境，并清醒地认识到自身的处境，方能规划出最适合的设计战略。

一、外部环境分析

外部环境分析是指存在于企业之外，对企业有潜在影响的各类因素。按照对企业影响的程度，外部环境可以分为一般环境与市场环境；按照时间维度，可划分为现有市场环境与未来市场环境。

（一）一般环境

一般环境中包括以下影响因素。

政权的性质和稳定程度：它关系到政府对经济进行干预的范围、方式和深度，不同的干预方式将影响企业的设立以及受政府直接约束的程度。

政治环境中的产业政策：产业政策往往是一般环境中最受企业重视的方面，政府的产业政策决定了不同时期政府对不同产业的鼓励与支持的力度，如政府对产业设计能力提升的态度、对产业布局的安排以及相应的设计、财政、人力等方面的政策，政府的产业政策往往能形成对投资的有利引导。

经济环境中的技术问题：技术对经济和企业的影响是日积月累的，技术的突破会对经济和企业产生全面性与革命性的影响，并能改变企业的生产方式。

社会文化环境的改变：变化中的社会因素影响社会对企业产品的需要，也会影响企业的设计战略选择。人口统计特征是社会文化环境中最为重要的因素，包括人口数量、人口密度、年龄结构的分布与其增长、地区分布、家庭规模、生活习惯等，这些统计结果直接影响产品设计的未来趋势与发展，对设计策略的制定是直接的决定因素。

（二）市场环境

市场环境分析包括企业所处的产业的市场竞争性分析以及消费者分析。

市场竞争分析主要包括以下内容：分析同性质产品的设计战略、竞争格局以及产品之间的关系，并预测目前战略的可能施行效果；分析设计战略的实施可能造成的目前竞争格局的改变；分析竞争者改变目前设计战略的可能性以及由此引起的新的企业间的竞争。其中竞争者改变目前设计战略的可能性受竞争者目标和假设支配，通过对竞争者实行设计战略分析，可以了解竞争者的动态与具体的竞争方式。

消费者分析主要是分析消费者的特点，深刻理解他们的需求。消费者对某特定产品的需求包含产品质量、色彩、使用性、价值、价格等。

（三）区分现有市场和未来市场

顾名思义，现有市场着眼于判断当前的社会政治经济环境，了解企业当前的顾客是谁，他们的购买动机是什么，他们的爱好特征是什么；以及当前市场上的主要竞争对手是谁，他们目前的发展策略是什么，是如何实施的。而未来市场是着眼于对未来一段时期政治经济环境可能变化趋势的分析预测，判断企业顾客的喜好特征将来可能发生的变化，以及竞争对手未来的发展策略。

二、内部环境分析

内部环境分析主要是了解企业运用、创造和维持竞争优势的各种能力。通过内部能力分析，企业可以了解自身所具备的能力优势与劣势，还可明白这些优势与劣势对企业竞争所造成的影响。一些企业管理家经常告诫我们："不要去做那些根本无法实现的事情"。在执行设计项目时，超出企业现有能力会导致设计项目的失败，但在实际操作中，许多企业在设计项目开始前，往往意识不到这一点。

我们可以从一些企业设计实践的例子中看到这样的情况：一些大企业往往过高地估计自己的实力，设计面铺得过大或进行了不恰当的设计投资，使设计起不到应有的作用而蒙受损失。特别是一些小的企业，因为经济基础较薄弱，经不起大的挫折，一个设计项目的失败可能会导致企业的倒闭。

估价企业的潜在能力首先是对企业的设计资源进行客观正确的评价。通常，企业的生产技术设计资源包括资金、材料、设备、能源、人才、技术等。资金和人才资源的缺乏与不足都会直接导致设计项目无法完成或达不到既定的设计质量与要求。下列这些问题在做评价的时候经常会被问到。我们掌握了什么样的设计技术？这些技术是否符合企业的需要？人才资源中是否拥有出色的各类设计师、专业技术人员、设计管理者？在资源方面能否得到保证？通过什么样的途径或方式来保证其质量？

其次是对企业目前的经营目标、经营战略以及设计管理进行评估。企业所提供的产品和服务是否满足了市场顾客的需求？设计战略是否符合企业的总体经营战略？设计师在企业中能否获得足够的支持、鼓励和提升？谁来对设计结果进行评价和负责？

通过对企业资源以及目前经营和管理策略的评估就能使企业更进一步看清自己在设计方面的实际能力和管理状况，进一步明确自身的优势与薄弱环节，从而为制定企业设计战略提供充足的依据。

三、设计战略制定

通过对市场、外部竞争、企业自身的技术、资源的详细分析与研究，以及结合企业优势与弱势的评估，对企业发展的前景、市场机遇及存在的危险因素就有了较为清晰的认识，也为企业制定设计战略提供了良好的基础。

企业在制定设计战略时除了要考虑上述市场、企业自身潜在能力等因素外，也需要考虑其他一些相关因素。企业的设计战略通常与企业的经营内容、企业的总体经营策略、市场目标及企业的规模大小都有直接的关系。但无论如何，作为一个设计战略，它在企业的经营中起着十分重要的作用，因而必须具备以下几方面的特征。

（一）设计战略中必须明确企业未来设计的重点和方向

以产品设计为例，如与竞争对手或同类产品相比，设计的特征反映在哪些方面？这些特征包括产品的技术、外形、质量、价格、操作性能以及人机工学专业水平等因素。对这些特征在企业的设计战略中必须有明确的规定。

（二）设计的市场必须明确

在现实市场目标中又可能会出现多个细分市场，这些细分的市场目标必须与战略中的总体目标保持一致。

（三）为了实现设计战略必须有管理方面的保证

管理方面的保证是指资金和其他设计资源的确立与保证、企业管理层对设计战略的理解与支持等。最重要的一点是在企业管理层进行决策时，必须以设计战略的基本原则为指导，以确保设计战略的贯彻与执行。

总而言之，设计管理者在形成和制定设计战略的主要纲要时，必须深入地思考以下几个方面。

第一，在目前市场上，什么样的变化和趋势将影响企业的产品发展和经营？

(1) 在最近 5 年、10 年或 15 年中，消费者的习惯改变了多少？这些变化是否还会继续下去？

(2) 在当今社会中，一些政治、经济上的因素是否影响着企业的产品开发和经营？

(3) 在市场中，是否有新的竞争者出现？是否也有一些竞争者在市场中消失？是什么原因促使其消失？

(4) 竞争对手在生产率、投资、资金回笼、市场占有率等方面具有何种特征？他们是否利用引进技术专利或利用设计来体现企业的创新特征？

第二，如何更好地理解市场和消费者？

(1) 谁是我们的顾客？企业是否确切地了解消费者的情况，如他们的年龄、收入、爱好、观念、倾向等？

(2) 消费者购买我们产品的真正原因是什么？是价格因素还是与设计有关的因素，如外形特征、材料质地、操作性能、使用成本、技术质量等？

(3) 是否知道竞争对手在做什么？他们的目标与我们的有什么区别？他们在设计方

面做了哪些工作?

第三,是否真正了解企业的资源和潜在能力?

(1) 是否有必要在企业内部对技术和设计力量进行一次全面的检查和评估?我们掌握了什么样的设计技术?设计技术是否能满足企业产品开发和设计需要?用什么样的市场研究技术来确定设计的内容和方向?

(2) 企业设计部门和其他职能部门之间处于一个什么样的关系之中?它们之间的关系是否阻碍了创新想法的产生?设计部门与其他部门之间关系隔绝的真正原因是什么?

(3) 设计部门是如何与消费者取得联系的?设计信息是靠设计部门直接获得的还是通过管理者或其他部门间接获得的?

(4) 设计师在企业中能否获得足够的支持、鼓励或提升?他们的贡献能否充分得到普遍的理解和承认?

第四,管理者是否确切地理解了设计的特征,并知道怎样去管理它?

(1) 管理者对设计项目进展的时间和成本是如何考虑的?是否确切地知道设计的成本?是否有一个有效的成本记录系统?对设计项目的完成是否有一个明确的时间要求?

(2) 由谁负责对设计结果进行评价?利用什么样的标准来进行评价?在设计项目开始前是否确定了一个明确的设计目标?这一目标能否达到?

(3) 设计项目的进展程序是否经过严密的组织?由谁对这一项目的进展具体负责?

(4) 设计项目的资金预算是多少?从什么渠道来获取这些资金?在人力资源方面能否得到保证?如果企业内部缺乏这些资源,是否可从外部获得?如需从外部获得,通过什么样的方式或途径来保证其质量?

第五,制定什么样战略有可能获得成功?

(1) 市场真正需要的是什么?我们能提供什么?选择什么样的方式来利用设计,使企业的资源有效地转化为市场需要?

(2) 企业对以往的设计有否记录?在这些记录中有哪些有益的经验与教训?

(3) 我们是彻底改变还是逐步改良目前存在的产品或服务来实施企业的设计战略?能否把降低成本或改善其他因素作为提高企业竞争优势的一种战略手段?

(4) 是否要用全新的设计概念与新的技术来替代现有的产品?如果采用这类战略,在决策前是否已全面考虑了市场、消费者、企业内部与外部的资源、竞争对手的情况等因素?

总之,设计战略的形成过程是企业管理者对设计进行理性决策的过程,如图 3-3 所示。

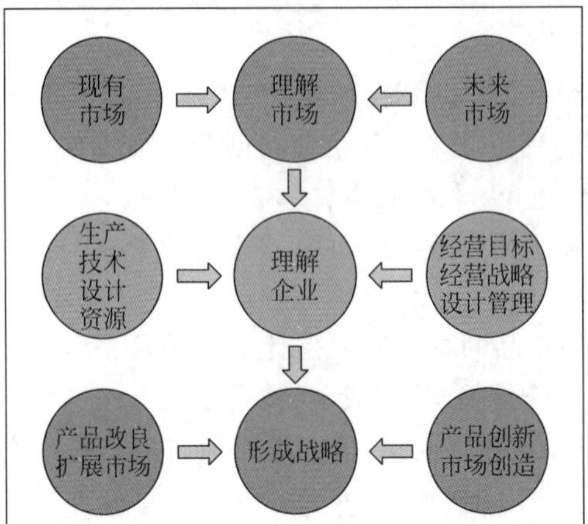

图 3-3 设计战略的形成过程

(图片来源:刘国余.设计管理.上海:上海交通大学出版社,2007)

四、在形成设计战略的过程中抓住设计机遇的方法

在形成设计战略的过程中，采用一些卓有成效的商业分析方法，可以帮助设计师从商业视角更全面地挖掘和审视设计的机遇。科学的方法也能帮助设计师在向企业的管理者解释设计战略时，有理有据，从而使之易被信服和接受。

（一）变化模型

彼得·德鲁克（Peter Drucker）的变化模型认为任何组织均同时存在于 3 个相互作用的不同时间区域内：过去、现在与未来。

弗拉哈迪（Flaherty）进而将这 3 个时间区域融为商业的 3 种层面：传统的、过渡的、变革的。以这 3 层因素作为起点，可以获得相当丰富的信息，从而辨别设计机遇，探索设计如何应对企业各个不同的运营单元。

德鲁克的变化模型提供了一个思考企业过去、现在及未来状态的方法。探讨设计如何回应一个组织内的多个层面。还可以作为把握丰富的设计机会的开始。

弗拉哈迪认为任何商业领域都可采用 3 层管理方法。在设计管理的范畴中，每一种方法都可引申出有关设计角色的问题。

(1) 管理传统行业（促进当前的运营）时，设计如何促进企业运营状况的提升？譬如加强企业的优势，或在生产过程中创造提高效率的方法。

(2) 管理转型行业（适应新的机会）时，设计如何才能帮助企业获得新的机遇？譬如满足未能满足的客户需求，或吸引新的客户。

(3) 管理变革行业（关注创新或目标明确、有计划的改革）时，设计如何帮助企业展现全新的面貌？譬如成功创造出新产品的设计理念和开发模式。

德鲁克的变化模型如图 3-4 所示。

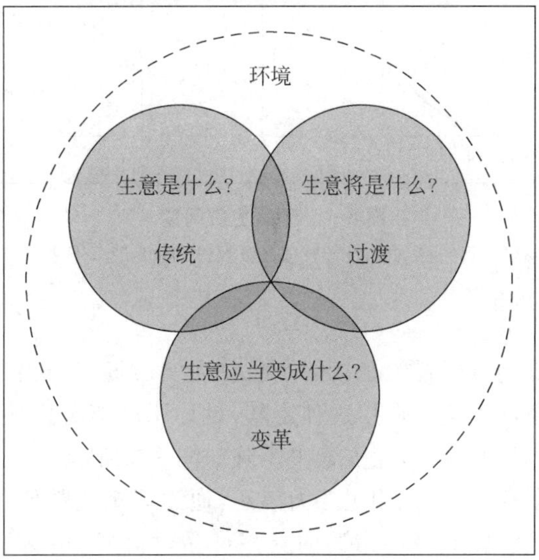

图 3-4　德鲁克的变化模型

（图片来源：凯瑟琳·贝斯特. 美国设计管理高级教程. 上海：上海人民美术出版社，2008）

（二）情景规划

情景规划是基于可以想象的未来，并以此开拓全新设计机遇的一种方法。它设想的是客户使用潜在产品或服务的情景，琢磨消费者日常的经历与行为，让设计团队对他们的目标用户有更好的了解。并且，针对这些情景设计师采取头脑风暴、试验、图像、文字或口头表达等方式，催生产品或服务的新设想。该方法强调消费者的行为、处境、产品与服务的关系。

罗列斯通(Rollestone)指出使用情景规划的另一个好处是由于情景规划尤其关注消费者的行为以及体验，设计团队将不得不暂时撇开其自有的成见，而从消费者的角度观察问题。

（三）产品生命周期

产品生命周期图表显示了产品或服务生命周期的每一阶段。从新兴市场开发后销售的最初增长，到人们开始购买产品，随后是市场的成熟，直至衰弱消亡。这个实用的模型能让设计师直接参与市场反应。例如，它能帮助设计师决定何时研发并推出一个新的产品系列，以取代现有产品。

产品生命周期模型显示了一个产品的各个生命阶段。产品进入市场后，可能会获得持续的增长与消费者的青睐，当产品成熟时，市场持续稳定，但当竞争产品出现时，老产品终又面临销售下降的趋势。产品生命周期如图 3-5 所示。

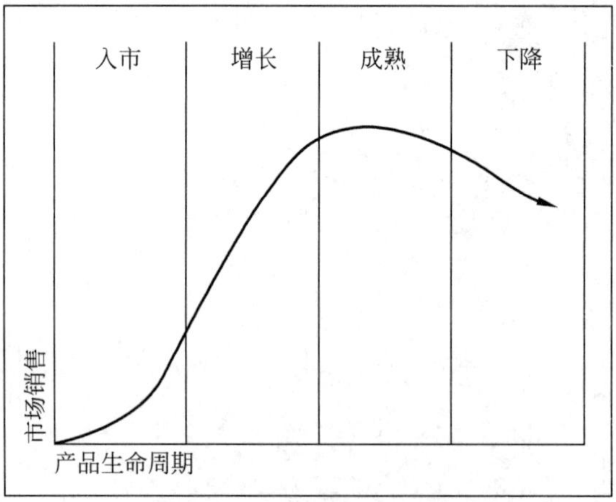

图 3-5 产品生命周期

（图片来源：凯瑟琳·贝斯特.美国设计管理高级教程.上海：上海人民美术出版社，2008）

（四）安索夫矩阵

安索夫矩阵用图表的方式描绘出新旧产品在现实市场与新兴市场上的位置，并以此制订提高销售业绩的各项方案。使用这种矩阵，设计团队能更好地了解企业如何开拓新市场、新产品及新服务以增加收益。安索夫矩阵如图 3-6 所示。

针对既存市场的既存产品，采用生产力渗透，通过促销或降低价格的手段，增加现有产品或服务的市场份额。针对既存市场的新兴产品，可以运用新品开发策略，以新产品替代企业投入现有市场的现有产品，获得销量。市场扩展是将现有产品服务推向新兴市场，而多样化经营的销售增长是用新产品替代企业原有核心产品的生产。

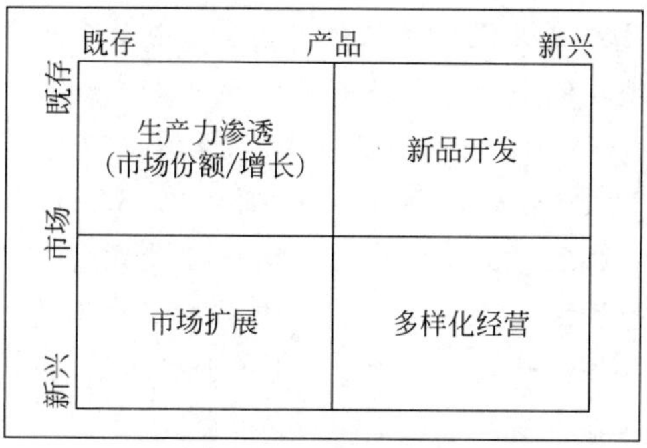

图 3-6　安索夫矩阵

（图片来源：凯瑟琳·贝斯特.美国设计管理高级教程.上海：上海人民美术出版社，2008）

（五）波士顿矩阵

波士顿矩阵用于产品组合的规划，绘制的是市场份额（与竞争相关）与市场增长之间的关系。这一矩阵帮助设计团队更好地了解企业产品组合中的不同产品与服务以及在各个领域扮演的不同的角色。波士顿矩阵如图 3-7 所示。

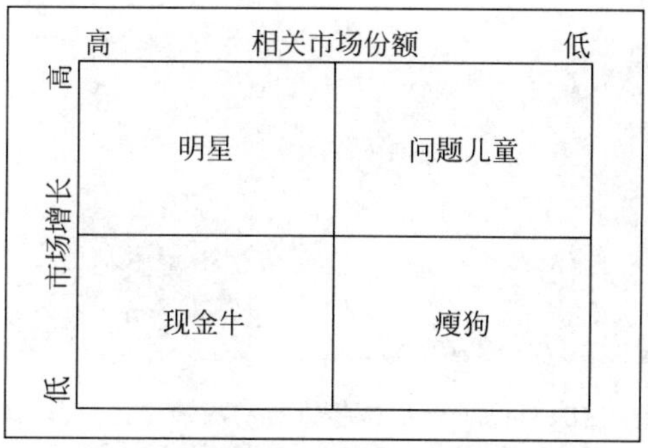

图 3-7　波士顿矩阵

（图片来源：凯瑟琳·贝斯特.美国设计管理高级教程.上海：上海人民美术出版社，2008）

波士顿矩阵表现的是市场份额与市场增长的关系。“瘦狗”代表在低增长市场占有少量份额的产品，其倾向于吸收利润，而非增长利润。“现金牛”代表在低增长市场占有大量份额的产品。

如果这些产品持续增长利润，则应当保留在产品组合中，并需要定期检测。“问题儿童”是在高增长市场中占有小块份额的产品。如果企业有意通过投资扩大市场份额，这些产品将会持续消耗资源，但盈利增长不错。“明星”形容的是那些在高增长的市场中占据巨大份额的产品，它们催生的利润是丰厚的。

案例二

IDEO——设计的力量

IDEO，1991 年由 David Kelley Design 和 ID Two 合并而来——前者于 1982 设计了苹果电脑公司的第一款鼠标，后者在同年设计了第一台笔记本电脑。

从创始至今,IDEO已经成为设计界的强大力量。在这几十年中,它已经设计了数以百计的产品并且获得了比其他公司都要多的设计奖项。在如日中天的20世纪90年代,IDEO名扬工业设计界,设计用户友好界面电脑、PDA,以及其他高科技产品如Palm Ⅴ(一种流行的掌上电脑平台)、Polaroid's I-Zone照相机、Steelcase Leap椅、Zinio交互杂志软件,均取得了成功。它还为宝洁公司的佳洁士牙膏设计了无须挤压可站立的牙膏管,为欧乐-B设计了儿童牙刷。现在,IDEO正在将自己的服务重心从提供用户产品设计服务转变到提供用户体验设计服务上面来,服务于零售业、银行业、保健行业和无线通信行业的各种公司。

通过告诉全球的公司怎样改变它们的组织以关注顾客,IDEO已不再仅仅是一个设计公司,事实上,它已经成为传统管理顾问公司如McKinsey、Boston Consulting、Bain的竞争者。相比较而言,IDEO是从人类学家、图形设计家、工程师、心理学家的角度告诉客户顾客的世界。"我从没见过像他们这样的",Warnaco's Intimate Apparel集团的会长,现已联合IDEO与竞争对手Victoria's Secret作战的Tom Wyatt说:"他们拥有创造力又有战略眼光,不激进但又热情,他们冷静但没有高姿态。"IDEO基于使用体验进行的界面设计与概念设计如图3-8所示。

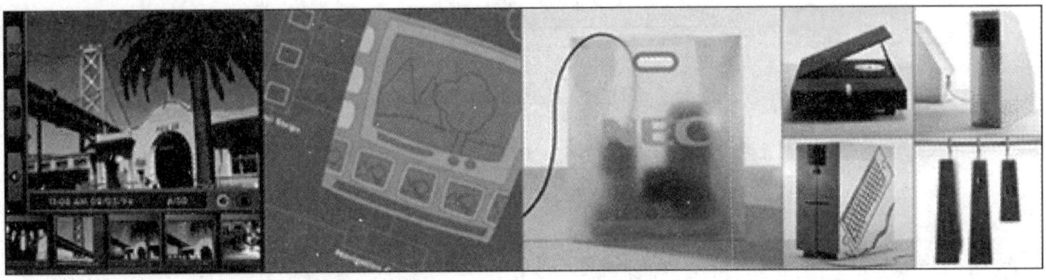

图3-8 IDEO基于使用体验进行的界面设计与概念设计

(图片来源:www.oioidesign.com/paper_brand_ideo.htm)

IDEO的工作效率很高。因为公司要求客户合作完成所有的用户调查研究与分析并决定接下来的解决方案,当这个过程完成时,也无须再讲解,顾客已经知道该做什么和怎样快速地去做。与传统咨询服务公司不同,IDEO在计划、工作以及IDEO U(客户定制教学程序)中将创新的过程与客户共享。

IDEO与宝洁公司的战略合作关系开展得十分深入。通过每周一次进行车间指导和每月一次在Palo Alto的指导,宝洁公司的管理者们学会了如何观察,如何开展头脑风暴会议,如何进行原型制造和研究,还有如何快速执行指令。IDEO已经帮助宝洁公司建立了一个名为"体育馆"的创新中心,在那里宝洁的职员可以接受IDEO的创新教育。

IDEO服务得最多的是医疗机构,大约占它的收入的20%。除与Kaiser Permanente有着长久的合作关系外,还与位于明尼苏达州Rochester的梅奥门诊部、位于密西西比州Bridgeton的SSM DePaul健康中心、South Bend的记忆医疗保健系统等都有过合作。他们发现医疗服务的提供者倾向于技术与药物上的投入,然而,病人更关心的是服务与信息。

美国最大的医疗保健组织Kaiser Permanente,于2003年制订了一个既能吸引更多的病患又可以减少开支的长期发展计划。Kaiser拥有上百的医疗机构和医院,并且认为他们应该大力重建或修整其中的许多家，Kaiser向加州的IDEO设计公司求助。Kaiser并不知道它即将踏上一个有趣的自我发现的旅程，这全靠IDEO的新奇方法。一开始，Kaiser的护士、医生、设备操作人员与IDEO的社会学家、设计师、建筑师、工程师组成一个观察小组来观察病人在接受医疗检查时的状况。有时候他们甚至自己扮演病人角色。

他们共同的观察有着某种令人惊讶的洞察力。IDEO的建筑师指出由于排队等候过于漫长并且候诊室并不舒适，病人与家属往往在接受检查之前就已经变得相当烦躁。另外Kaiser的医生和助手座位分开得太远。IDEO的认知心理学家指出，有些病人，特别是老人、孩子以及外国移民往往在就医时身边有家属或者朋友陪同，但陪同者经常不被允许留在病人身边，这样使得病人感到痛苦、害怕和担忧。IDEO的社会学家指出病人讨厌这里的检查室，因为他们必须在到处是可怕的针头的环境里一个人半裸着躺上超过20分钟，不可以做任何事情。IDEO和Kaiser最后总结出，即便病人离开这里时恢复健康，但就医的经历确实是糟糕的。

下面该做什么？通过整整7周和IDEO的共同研究，Kaiser意识到这个长期发展计划并不需要花费重金建设大规模的建筑，而真正需要的是调查研究病人的体验。Kaiser从IDEO学到，就医应该像购物一样——是一种可以和他人分享的社会体验。所以提供更舒适的候诊室和有着明确指示牌的休息大厅、更大的可以容纳更多人的检查室并配上可以保护隐私的窗帘，这样可以让病人感到舒适。为医护人员设计专用的走廊，以提高其工作效率。“IDEO让我们知道了我们要设计人的体验，而非建筑。”Kaiser的手术室主任Adam D. Nemer说，“这些不需要很大的资金投入。”

随着很多公司不断增强与顾客的接触，IDEO的服务需求量不断增长。一方面，经济环境上由数量经济到选择经济转变；另一方面，大量市场分裂，品牌忠诚消失，这时候提升顾客体验变得比以往更为重要。经过数十年的市场调查和群体研究，企业意识到它们仍然并没有真正了解它们的顾客，或者说怎样最好地与他们产生联系。

（案例来源：欧爱设计. http://www.oioidesign.com/）

第四节　设计战略的类型

企业的设计战略根据不同的划分标准，可以划分为不同的类型，如表3-2所列。需要明确的是这些类型仅仅主要针对产品设计战略而言，而推至其他如室内设计、服装设计、建筑设计等领域时，设计战略形形色色，又有其独特的方法与分类标准。

表3-2　设计战略的类型

划分标准	内　　容	战略类型
市场定位	确定企业在市场中的地位	攻势竞争战略
		守势竞争战略
能力来源	企业完成设计工作的能力	自主设计战略
		合作设计战略

续表

划分标准	内　　容	战略类型
运作目标	设计过程追求的总体目标和实现方式	速度战略
		成功率战略
		精益战略
品种目标	企业产品品种的多少	品种少和大批量
		多品种和小批量
成果目标	设计成果的专利开发、利用与保护	专利引进与利用战略
		专利竞争防御战略

市场对任何企业产品设计战略的制定均起决定性的作用。企业所在的市场定位，以及对未来发展的期望，影响其产品设计战略制定的类型。战略类型根据市场定位这个角度可划分为攻势竞争战略和守势竞争战略两种。

一、攻势竞争战略

（一）市场主导者

市场主导者进攻的重点对象是市场挑战者和其他势力较弱者，战略由以下主要内容组成。

(1) 产品创新。

(2) 品牌创新。

(3) 服务创新。

(4) 增加产品新用途。

此种战略的主要特征是创新，挖掘市场的潜在需求，先于竞争对手进入市场，并占有领导地位。攻势竞争战略不仅要求企业有良好的创新文化，而且需具备强大的开发实力。

（二）市场挑战者

市场挑战者必须善于发现其竞争对手的弱点，并从中寻找机会。其攻击对象一是市场主导者，挑战者争取创造更好的产品，以夺取市场领导地位。二是与自己实力相当者；三是比自己弱者，通过夺取或兼并他们的市场与顾客来壮大自己。

案例三

苹果的产品设计和体验差异化战略

美国苹果公司早期因为iPod的创新成为音乐播放器市场的主导者，但是面对移动电话市场，苹果公司只能说是旁观者。但是苹果公司凭借自己一直以来强大的产品创新能力，向移动市场的大佬们发起了挑战。其凭借iPhone产品的卓越设计和体验，赢得了消费者和市场的认可，开启了移动电话智能机的新纪元，完全动摇了诺基亚、摩托罗拉对移动市场的主导地位。

iPhone产品的差异化是其拓展市场的基础，具体体现在以下两方面。

(1) 用户体验差异化，iPhone革命性地以多点触摸屏幕取代传统手机键盘，不仅便于软件开发者自由设置操作软件的用户界面，并且大尺寸的屏幕显示极大地提高了用户的使用体验。苹果公司通过这项创新，不仅提供给用户前所未有的硬件使用体验，也为用户和开发者搭建了一个丰富的软件服务的生态系统。

(2) 性能差异化：iPhone 的硬件性能远远高于竞争对手。2007 年 NOKIA 推出的智能机王 N95 的 CPU 频率为 330MHz，同年推出的 iPhone 达到 620MHz。128MB 的内存＋专用图形芯片(一般不会在智能手机上出现)＋4～8GB 储存空间，使 iPhone 成为一台超级掌上电脑。第一代 iPhone 如图 3-9 所示。

图 3-9　第一代 iPhone

(图片来源：www.apple.com)

(三) 市场跟随者

安于市场次要地位，在与竞争者共处的状态下求得更多的市场利益的企业称为市场跟随者，它的主要战略：一是设计特色产品；二是仿效。

案例四

三星公司的跟随战略

三星公司的发展模式简言之就是一种"跟随战略"。作为一名跟随者，三星公司几乎每进入一个新领域都比竞争对手晚，但三星公司总是能师人长技并后来居上。技术研发上的"反向工程"则是三星公司所赖以后来居上的绝技。

所谓"反向工程"，即通过支付专利金引入技术，然后以模仿的方式学习他人的技术，再改造成适合自己使用的，从而以最快的速度缩短与技术领先者之间的距离。通常，企业搞研发都是从零做起，而三星公司则直接向他人购买专利技术，尽管三星公司因此每年要支付大量的专利费用，但却能在"反向工程"中获利。

初始阶段的研发投入巨大，以索尼为例，初始研发投入约占整体研发的 60%以上，而三星公司的初始研发金额约占整体研发的 30%，这让三星公司有足够的资源来进行对购买对象技术的改造和学习。依靠这样的做法，三星公司此前先后在半导体、液晶显示器等领域实现了对领先者的反超。

在智能手机领域，三星公司也如法炮制。由于苹果公司需要花费大量的精力用于创新研发，其产品的更新周期较慢，这就让三星公司有了机会。它先模仿学习苹果公司的先进技术，然后，赶在苹果公司推出新一代产品之前，推出与iPhone类似，但硬件配置更加先进的产品。

正是因为如此，在苹果公司主打的秋季档期上，三星公司总是选择回避，而在次年的春季发布新品，以满足一部分急于"尝鲜"的消费者的需求。比如，三星公司于2011年4月推出Galaxy S2，于2012年5月推出Galaxy S3，其用意都是在iPhone 4以及iPhone 4S逐渐让消费者感到厌倦之时推出新品，以高硬件配置、更靓丽的液晶屏幕以及相对低廉的价格吸引消费者。三星Galaxy S3如图3-10所示。

图3-10 三星Galaxy S3

（图片来源：http://www.phandroid.com/2013/12/12/galaxy-S3-Ite-update/）

这样的做法让三星再次尝到"甜头"。2012年第一季度，三星智能手机出货量达到4220万部，超过苹果公司的3510万部而成为全球最大的智能手机厂商。但是，由于技术专利的学习和模仿是一件复杂而又微妙的事情，三星公司所奉行的"反向工程"容易招致专利诉讼，而苹果公司正是以此为武器赢得了官司，并让三星公司不得不支付巨额赔偿。

（案例来源：电子信息产业网．http://znzd.cena.com.cn/）

（四）市场基利者

专钻市场空隙，生产某类产品专为满足细小市场需求的企业，称为市场基利者，它的主要内容有：一是专为某大企业做配套服务；二是专门为具有特殊需要的顾客服务；三是专门生产某种高档或低档产品；四是专门生产某种产品的零件。

案例五

e2v技术公司的消防专用相机

一台热成像照相机能让消防员在浓雾甚至漆黑一片的环境中眼观六路，清晰的视野能让消防员对环境做出更快的判断，更重要的是能迅速判断伤亡人员的位置。领先的e2v技术公司预见到了军用红外传感器对火险救灾的价值，该公司第一款Argus热成像照相机于1995年推出，一经问世便以精湛的技术及符合人类工程学的出色性能一炮打响。

其后的几年里，众多竞争对手相继出现，企图分占一部分市场，关键技术也随之发展得更为成熟，硬件也愈趋小型。2001 年，e2v 公司联合 Alloy Toyal 产品设计公司共同生产全新的热成像相机 Argus 3。

设计团队面临的挑战主要是：如何增强原有产品的功效与性能以及如何融入新式独特的功能。从技术上来看，Argus 3 必须支持 3 种截然不同的磁芯传感器配置，确保能适应全球各国不同的相机标准。尤其是，这款产品必须异常坚固，操作简便易用，不能够干扰消防员的正常工作。

以上这些设计考量决定产品能否成功。理解终端用户及其职责的特殊需求是这项设计方案的关键所在，所以设计团队的负责人接受了全面的消防员培训课程，以了解这款相机在现实情境中的运作方式。

令人惊讶的是，答案与预先设想的方式完全不同。设计师从消防员培训中发现，相机在定位、寻找伤亡人员时的使用是突发性的，而当相机位置降低时，又需要启用较传统的自动防故障恢复技术。因此，新机型必须设计成闲置时，特别是使用者匍匐或躺下时，不能太过笨重，即较之以往的相机，它既使用方便又轻巧。

设计师还发现，照相机必须配有手柄，以方便不同方位间的消防员互相传递。热成像照相机售价昂贵，在大多数情况下，一支消防团队只能拥有一台，因此团队成员间必须分享使用。在实际嘈杂的环境里，传递相机对戴着厚实手套的消防员来说困难重重。除把手之外，照相机的按钮及界面必须能让笨拙的戴着手套的手指轻松操控、易于察看。对这份面临生命威胁的职业而言，时间是异常宝贵的。

团队做了多种选择的研究，包括一块屏幕可旋转的便携式摄像机，但其最终由于缺乏切实的外观效果而遭否决。内外兼顾的阳刚特质，是热成像照相机这类工业设备获得成功的设计要点。单独发明一款坚固的产品并不是完备的设计方案，它还得看起来坚不可摧，与消防员依赖的其他工具风格一致。在现实情况中，如果消防员的前路被一块玻璃挡住，又没带铁锤，手中的热成像照相机就会成为粉碎玻璃的工具。

Argus 3 型热成像相机工业设计结合了大量创新特质。相机的结构经过重整，外形呈纵向拉长的模式，以降低相机悬挂臀部和胸部时产生的不便。消防员常常以匍匐爬行的姿势接近伤员，因而相机携带的便利性至关重要，不能四处晃动过猛，不能外凸离身体太远。

Argus 3 型热成像相机的两侧都装有手柄，既能防止启动失灵状况的出现，也能加强操作的安全性。此外，纵向的外形使相机重心尽可能地分布在握点四周，减少了腕部疲劳。由于使用了可替换的加固面板及若干可拆卸零件，Argus 3 型热成像相机可使用于各种场合。独具特色的手柄可更换为寻常的缓冲器与传输带，也能充当昂贵的主流相机的保护装置。相机的结构能契合戴了手套的双手，平滑流畅的外形不像棱角会产生压力、削弱结构感。机器上装有两处可悬挂吊带的锚点，经调整后可将相机悬挂于不会妨碍动作、迅速持用的合适位置，简单的操作易于戴手套的手指控制。Argus 3 相机如图 3-11 所示。

由于兼顾了不同种类的传感器配置，这款相机得以远销全球各国。新增特色包括图像变焦、八色设定、图像捕捉以及将现场镜头传送至位于受灾地之外的指挥中心的功能。虽然是民用相机，但由于有的技术部分来自军方，外形结构受限于特定的出口限制。不

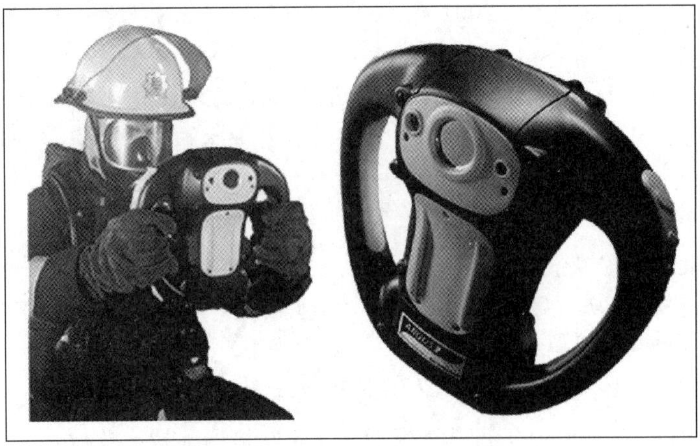

图 3-11 Argus 3 相机

（图片来源：//www.phandroid.com/2013/12/12/galaxy-s3-lte-update/）

过，本机的模型结构最终克服了以上困难，让全世界都分享到了拯救生命的技术。

Argus 3 型热成像相机的核心价值体现在产品的使用过程中。通过提高检测火源的速度，加快了处理火灾事件的效率，这也意味着有害物排放的降低，财产、环境以及人员伤亡损失的减少。采用了预防措施的相机，能够制止潜在灾难事件的发生。

基于彻头彻尾的人机工程学改革，相机的最终设计迅速吸引了一眼就能看到产品优势的消防员们，其具突破性的外观体现了这款产品的尖端技术。就在 e2v 技术公司的竞争者们争相仿造最初的相机时，这一全新设计彰显了最优秀的制造公司研究消费者、创新永无止境的理念。对设计师来说，这是一项梦寐以求的工作，它在世界上最苛刻的消费者需求与极端的身体、机械设计障碍中找到了平衡的突破点。这是一项有效帮助平凡英雄执行使命时切实重要的产品。

（案例来源：凯瑟琳·贝斯特. 美国设计管理高级教程. 上海：上海人民美术出版社，2008）

二、守势竞争战略

守势战略更多地强调如何使企业在现有市场上不受竞争者的威胁，以维持占有率。具体内容有如下几个方面。

（1）维持或扩大产量，降低成本，形成规模效应。

（2）保证提高产品质量。

（3）适度的产品线扩充。

（4）适度的产品线延伸。

（5）积极缩减策略。

相对成熟和稳定，甚至趋于衰落的市场环境，一定程度上影响着企业采用守势的市场竞争战略。譬如，惠普为了稳固自己在打印机市场的领导地位，一直采用全产品线的产品策略。针对不同细分市场的客户的需求，提供具有针对性的产品。按价格分，打印机产品线覆盖从低端到高端；按消费群体划分，打印机产品线覆盖了家庭消费、小微企业、中型企业、大型企业；按打印技术和专业领域分，打印机产品又划分为喷墨产品、激光产品以及专业的印刷级别的设备。

攻势战略与守势战略的关系如下。

1. 区别

(1) 指导思想不同：攻势战略的核心是一个“攻”字，设法开拓新市场，以扩大市场占有率；守势战略的核心是一个“守”字，设法保住现有市场，维持市场占有率。

(2) 使用对象不同：攻势战略适用于实力较强的企业，守势战略适用于实力较弱者。

(3) 适用产品生命周期阶段不同：攻势战略主要适用于生命周期处于投入期和成长期的产品，守势战略适用于处于成熟期和衰退期的产品。

2. 联系

(1) 两者互相依托，互相转化。

(2) 两者可被同一企业交替或同时使用。

三、自主设计和合作设计战略

根据企业自身完成设计的能力以及企业的设计政策，设计战略又可划分为自主设计和合作设计战略。

绝大多数以产品为重心的企业在内部都会设立设计部门，帮助企业一起来规划产品未来的发展战略，制定相应的设计战略和项目规划，确保产品的创新和快速迭代。而内部的设计部门由于长期专注于一种类型产品的设计，又受到内部规范的产品开发流程的制约，往往会被束缚住创新的脚步。

这时企业也会聘请外部的设计力量与企业内部的设计部门建立长期的合作关系，寄希望于外部的设计力量能提供更新颖的设计思路和视角。例如惠普的打印机部门，除在内部设立了设计部门外，还长期与青蛙设计等多家外部第三方设计机构保持长期稳定的合作关系。它们帮助内部设计部门做一些更创新的预言类的产品，为未来几年的设计方向出谋划策。而一些特别的企业，为了保证产品设计一直保持在很高的创新水平，往往会采用长期与外部明星设计师合作的方式，而不在公司内部设立设计部门。

案例六

B&O的设计战略

1925年，B&O公司诞生于丹麦小镇Quistrup。两名年轻丹麦工程师Peer Bang以及Svend Olufsen以微薄的资金租了间小房间作为工厂，创立了B&O，80多年后两名工程师的理念仍被延续下去。B&O品牌的成功为设计界提供了无穷的启发，今天的B&O产品已成为“丹麦质量的标志”。B&O总部建筑如图3-12所示。

B&O的产品一开始就定位于针对追求品位和质量的消费阶层。这种定位确立了B&O公司独特的设计政策和管理模式，也形成了公司在市场上的独特地位和鲜明形象。在20世纪60年代B&O提出了“B&O：品位和质量先于价格”的产品理念(B&O—for those who discuss taste and quality before price)。这一思想也成为企业战略的重要工

图 3-12 B&O 总部建筑

(图片来源：www.oioidesign.com/paper_brand_bo.htm)

具，奠定了 B&O 传播战略的基础和产品战略的基本原则。此后，B&O 设计便以一种崭新的、独特的风格出现于世人眼前。

对 B&O 而言，设计不是一个美学问题，而是一种有效的媒介，通过这种媒介，产品就能将自身的理念、内涵和功能表达出来。因此基本性和简洁性应是产品设计的两个非常重要的原则。

产品的操作必须限制在基本功能的范围内，去掉一切不必要的装饰。米斯的"少就是多"的法则在 B&O 设计中得到了充分的实现，其目的是使用户与产品之间建立起最简单、最直接的联系。

为了保持 B&O 公司独特的个性，创造统一的产品形象，公司在设计管理方面做出了很大的努力，并卓有成效。出于多方面的考虑(保持创新性是其中一个重要的因素)，B&O 没有专门的设计部门，设计师一般不是其正式雇员，而是独立的。在主创人员身边往往还有五六个设计师，他们来自米兰、瑞典或丹麦的其他地方。这些独立的设计师往往会和公司合作很长时间，比如 David Louis 就与 B&O 合作了 25 年，还有些人工作了二三十年。

公司吸收来自不同机构的设计师群体，以此获得更多的创意，再从中做出正确的选择，既要表现出变化、时尚的一面，又要表现出 B&O 设计的连续性。此外公司也常常会收到年轻设计师的自荐信，每年总会收到 5～10 封信要求来陈述他们的想法。公司的设计部每年会邀请 5 个申请者来参与新产品的设计，其中表现最出色的将被录用，从而每周为 B&O 工作一天到两天。他们有意识地招收新人，以保证 B&O 设计的新鲜和时尚，但也向设计师灌输公司的设计理念以保证设计风格的统一性。2005 年 B&O 公司的 CD 机如图 3-13 所示。

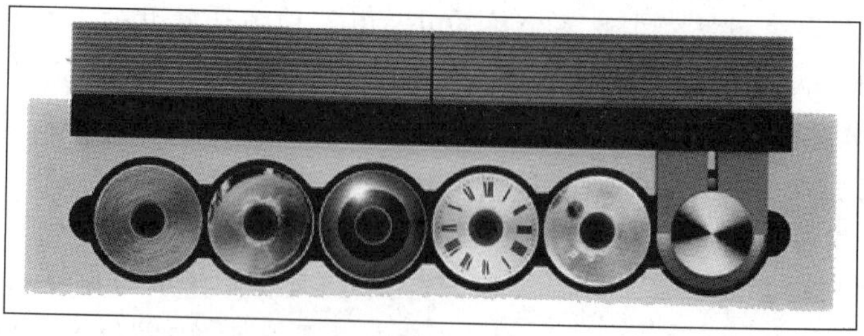

图 3-13 2005 年 B&O 公司的 CD 机

(图片来源：www.oioidesign.com/paper_brand_bo.htm)

B&O公司的设计管理负责人巴尔苏是欧洲设计管理方面的知名人士，他在谈到自己的工作时说："设计管理就是选择适当的设计师，协调他们的工作，并使设计工作与产品和市场政策一致。"他们认为如果B&O公司没有明确的产品、设计和市场3个方面的政策，公司就无法对这些居住分散、各自独立的自由设计师进行有效的管理，也就谈不上B&O的设计风格。为此，公司在20世纪60年代末就制定了7项设计的基本原则。

逼真性：真实地还原声音和画面，使人有身临其境之感。

易明性：综合考虑产品功能，操作模式和材料使用3个方面，使设计本身成为一种自我表达的语言，从而在产品的设计师和用户之间建立起交流。

可靠性：在产品、销售以及其他活动方面建立起信誉，产品说明书应尽可能详尽、完整。

家庭性：技术是为了造福人类，而不是相反。产品应尽可能与居家环境协调，使人感到亲近。

精练性：电子产品没有天赋形态，设计必须尊重人—机关系，操作应简便。设计是时代的表现，而不是目光短浅的时髦。

个性：B&O的产品是小批量、多样化的，以满足消费者对个性的要求。

创造性：作为一家中型企业，B&O不可能进行电子学领域的基础研究，但可以采用最新的技术，并把它与创新性和革新精神结合起来。

B&O公司的7项原则，使得不同设计师在新产品设计中建立起一致的设计思维方式和统一的设计评价标准。另外，公司在材料、表面工艺以及色彩、质感处理上都有自己的传统，这就确保了设计在外观上的连续性，形成简洁、高雅的B&O风格。

B&O的产品质量卓越，造型优雅，富于创新，每一款产品都堪称技术和艺术完美结合的典范。这些成就与其采用的设计战略和管理方法密不可分。

（案例来源：欧爱设计. http://www.oioidesign.com/）

四、速度、成功率、精益战略

在竞争日趋激烈的环境下，面对稍纵即逝的机会，企业如果能够快速创新，抢先投产上市新产品，就能获得高额利润。但是，在产品创新中，追求速度与追求成功率之间往往存在矛盾，这决定了3种不同的战略选择：速度战略、成功率战略与精益战略。

（一）速度战略

速度战略适合机会成本高、产品开发风险小的情况，应尽快将新产品投放市场，以免因错过时机而失去大量市场。实施速度战略应该加强以下几方面的工作。

（1）建立快速反馈的信息体系。

（2）建立灵敏高效的决策机制。

（3）建立高质、高效的产品开发机制。

（4）建立灵活高效的生产机制。

（5）建立快速营销机制。

案例七

小米公司的互联网战略

小米公司正式成立于2010年4月，是一家专注于智能手机自主研发的移动互联网公司，定位于高性能发烧手机。小米手机、MIUI、米聊是小米公司旗下三大核心业务。"为发烧而生"是小米的产品理念。小米公司首创了用互联网模式开发手机操作系统、发烧友参与开发改进的模式。

小米公司抓住了手机市场从功能机向智能机转变的机遇，看准了这一时期的智能手机市场空间。运用互联网与硬件相结合的创新运营模式，采用速度战略，迅速将应用了最新技术的高性价比手机推向市场，并通过互联网等新媒体渠道，建立了快速反馈信息的机制，收集用户对产品的建议和需求，并且立刻应用到下一代产品的研发和设计中，大大地缩短了传统硬件公司产品研发、上市、营销、获取用户反馈的环节和时间，加快了新产品推出的脚步。

小米的互联网营销模式，也建立了市场需求和供应链管理之间快速响应的机制，大大降低了硬件采购、库存、物流管理的时间和成本。与OEM企业合作生产的机制更灵活高效。

1. 营销模式创新

小米手机除了运营商的定制机外，其他产品只通过电子商务平台销售，最大限度地省去中间环节。通过互联网直销，市场营销采取按效果付费模式，运营成本相比传统品牌大大降低，从而最终降低终端的销售价格。

与其他电子商务企业不同的是小米从未做过广告。保持产品的透明度和良好的口碑，是小米初步取胜的秘诀。从MIUI开始，小米就牢牢扎根于公众，让公众(尤其是发烧友)参与开发，每周五发布新版本供用户试用，开发团队根据反馈的意见不断改进，此后的米聊和小米手机皆如此，而且还鼓励用户、媒体拆解手机。

有人说发烧友是一个特定的用户群，不一定能代表广大用户，但这些人其实是最苛刻的用户，他们的反馈意见将推动小米手机不断地改进用户体验。而且数十万人的发烧友队伍将成为口碑营销的主要力量。小米的成功，在于依靠MIUI和米聊用户，以及一批批用户的口口相传。

2. 商业模式创新

传统手机厂商的经营模式主要是靠销售手机赚钱，包括苹果、三星以及国内的华为、联想。小米虽然也销售手机，但是商业模式却跟传统不同，它选择把价格压到最低、配置做到最高、压低硬件销售带来利润。小米更在意的是用户口碑，只要有足够多的用户，盈利自然不是问题，最后也许小米公司只卖出100万部手机，但是却吸引到了几千万的移动互联网用户。

对于互联网模式来说，用户的规模才是企业价值的关键，谷歌通过免费开放安卓系统，来扩大移动用户的规模，目的是通过搜索和广告盈利。亚马逊的Kindle Fire低价亏本销售也是这样的策略，在一定的用户规模的基础上，提供内容等服务会产生更大的持续的盈利价值。小米官网如图3-14所示。

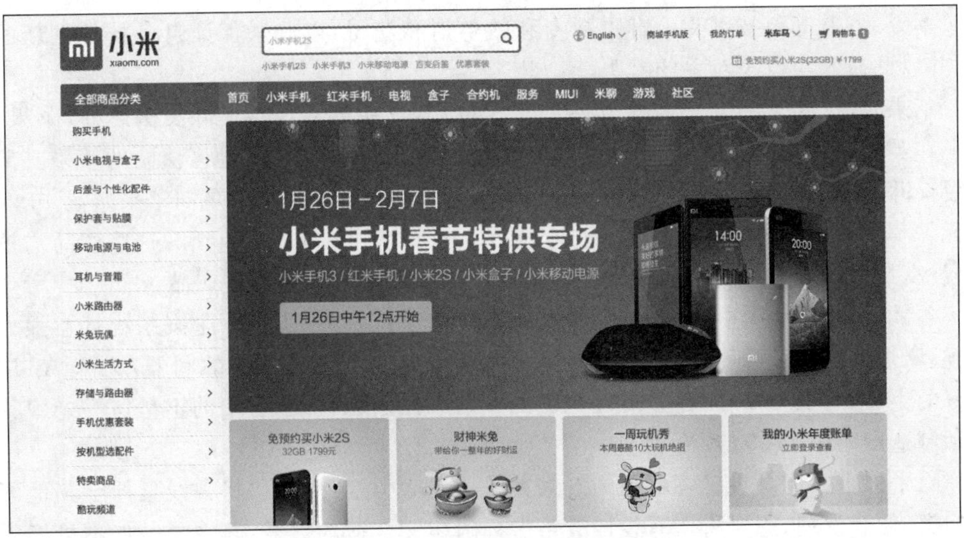

图 3-14 小米官网

（图片来源：www. xiaomi. com）

（二）成功率战略

当机会成本很小，而开发风险很大时，就应该尽力保证新产品开发的成功。如波音公司开发 767 机型。

（三）精益战略

在很多情况下，追求创新速度与追求开发成功率两者不可偏废。精益战略旨在将速度与成功率有效结合，抓住市场机会，降低开发风险，实现整体效益最佳。精益战略的几种方式如下。

（1）任务分解：将开发任务划分成一系列较小、较易操作的部分而一一加以开发。

（2）技术嫁接：当机会成本重于产品开发风险时，利用原有产品“嫁接”新技术的做法是可取的。

（3）企业兼并。

20 世纪 60 年代初，微波炉行业在美国、日本等发达国家逐渐兴起。到 20 世纪 90 年代末，产品技术已趋于成熟，中国家庭对微波炉需求的潜在市场也初露端倪。格兰仕正是抓住了这一市场机遇，奉行精益战略，集中公司所有的设计、技术等资源，专注于单一的微波炉产品的研发。虽然同时期很多大的企业也进入了微波炉市场，但由于格兰仕精益战略的实施，保证产品在设计、质量以及价格上都具有优势，从而成为这一细分领域的领导者。

五、专利战略

专利战略是指企业从长远战略目标出发，充分有效地利用专利技术、专利制度、专利情报信息，以求产品创新及竞争中的优势地位而采取的对策与谋略。专利战略包括专利引进与利用战略以及专利竞争防御战略。

苹果、谷歌等科技巨头一直重视专利的申请和获得，以此来保证自己技术创新的优势，并以此拉开与竞争对手的差距。

苹果2011年4月对三星提起专利侵权诉讼，三星随后反诉。除美国之外，苹果、三星还在英、澳、韩相互提起诉讼。2012年8月，在美国加州圣何塞地区法院的苹果三星专利侵权诉讼中，陪审团裁定，三星侵犯了苹果的6项专利，并要求三星向苹果赔偿10.5亿美元。苹果的指控涉及多款三星设备，包括Nexus S 4G和Galaxy S2，这些产品均被认定侵权，这意味着三星在更改设计前不能在美国市场继续销售这些产品。

谷歌一直以来都在努力扩展Android的生态系统，但是当这个生态系统日益强大的时候，麻烦也随之而来。专利成为竞争对手们围剿Android阵营的利器，为了Android更好的生存，谷歌于2011年以124亿美元并购摩托罗拉移动，看中的正是这一老牌移动电话制造商手中17000项专利。

除了以上在产品设计领域内的五大类设计战略类型外，如果将视线延伸至其他的设计门类，你会发现，想要将所有设计战略进行确切又合适的分类，几乎是一件不可能完成的事情。每一种设计战略的推出都根植于当时的市场环境以及客户自身的状况，需要运用设计来解决的问题各不相同，手段更是千差万别，这一切都要求我们具体情况具体分析。

对设计战略的学习，更是要把握一点：我们要学习的不是具体的做法，而是面对问题时的分析思路与工具，如果将别人的策略原本的拷贝至自己的设计项目中，那就是东施效颦了。

案例八

引入虚拟偶像更新产品形象　分析第四代Corsa的推广设计策略

2006年10月，通用汽车新一代的Corsa小车发布，取得了巨大的成功。原定的销售目标后来被轻松攻破，最终，第四季度销量与前3个季度的销量持平。看到这一现象，不仅要问：好的销售业绩下，是什么力量在支撑？又是什么重燃了消费者的热情，使得这一沉寂了几年的小车重新找回了在市场上的位置？

1. 通用与Corsa

作为世界第二大汽车生产商，通用(GM)于1908年诞生在美国，经近百年的发展，通用汽车已经将其汽车卖到了世界各地，并占据了13.5%的市场份额。通用旗下拥有12个子品牌和30多个车型，Corsa即是其中的一款常青车型。

Corsa车属于超级迷你车型。近年来，由于能源危机、环保等理念的兴起，消费者倾向于经济类小车，超级迷你车型也随之流行起来。但是在经历了2001—2003年的强劲增长后，它的市场份额第一的位置被不断推出新车型的小型家用车型取代。并且，在这个市场中，狼烟四起，竞争品牌也在不断地部署力量，参与竞争。同类型的小车有Ford Fiesta、Peugeot 206、Renault Clio、Ford Ka和Toyota Yaris。

Corsa车小，却是一辆“世界车”，自从1993年开发出来后，经常是GM的销售冠军。近20年里，Corsa一直都是学生们交通工具的流行选择，并且深受年轻的“Boy-Racers”和“Chavs”族的热爱，小巧的车身和低廉的价格也使它成为改装和个性车的主角。我们今天谈论的即是2006年10月推出的第四代Corsa，也是通用意欲借此重新占据销售榜首位的这么一款小车。

2. 提出问题——传播什么

每当市场上有新产品推出时，背后必定有其设计上的政策和策略作为指导：或延伸产品线，或更新换代产品，或重塑品牌和产品形象，等等。那么，新Corsa的背后隐藏着什么？是什么原因导致了第四代Corsa的推出，或者说Corsa要达到的行销目标是什么？我们先来探个究竟。

(1) 传播目标

2005年对通用汽车来讲是惨淡的一年，年亏损额3.75亿美元，并且6年累计亏损额达到39亿美元。Corsa的销量也处于逐年下降中，从最好的2001年38万台到2005年32万台。此次，第四代Corsa的销售目标是35万～37万台之间，如果目标能顺利实现，Corsa将重返欧洲小型车市场的前5名。

如何来达成这一目标，通用并没有选择惯常的降低成本的办法，而是把目光投向了产品和品牌的提升上。因为2007年的前3季度，Opel的良好表现已经帮助GM在欧洲自1999年来首次实现了盈利，GM CEO Rick Wagoner说这次Corsa的重新设计和发布必将使Opel品牌在整个欧洲处于有利的竞争位置。由此看来，我们明白Corsa的传播目标就是刺激销售并拯救和擦亮其隶属的Opel和Vaxhall品牌。

(2) 传播基调

在超级迷你车型这个市场分区中，35岁以下顾客群是大家奋力争夺的对象，可GM欧洲的数据显示，对比Peugeot 207 30%的购买者低于35岁，Corsa的数据只有15%。而且，Corsa用户的平均年龄达到了45岁。

Corsa曾经靠学生群体和年轻一族的喜爱扬名，如今却失去了对他们的吸引力，这显然是GM不愿看到的。所以，此次新Corsa的推出必将借助创新的设计和时尚醒目的广告重新唤回年轻购买者的目光。基于这个目标，新Corsa确定了传达的基调，也是Corsa这个车系的性格——fun、stylish、simply cool(逗趣、有型和简单的酷)，传播口号——Put the fun back into driving(直指年轻人的心)。

3. 解决问题——策略

目标制订后的执行，一个切实而有效的策略功不可没。鉴于汽车这个产品的独特性，后期的传播不仅仅是品牌理念与故事的传播，更要深层次地挖掘产品的特性以及它与品牌性格之间的联系。因此产品的设计策略和推广策略是密切相关的，这里我们先来探讨一下新Corsa的产品设计策略。

(1) 设计策略

上面对传播目标的分析中，提到了传播的受众群体是35岁以下顾客群，而在实际设计时Corsa又进一步对它进行了具体的描述与分析，也给了第四代Corsa一个明确的定位。运动三门款的用户是积极的、时尚的主流消费者：30岁以下的成年人，没有小孩，中等偏上收入，有明确积极的职业规划，并且认为汽车和网络与移动电话一样是生活中不可或缺的。五门掀背款有两大消费群体：小孩不在身边的家庭用户与30～50岁之间，寻求安全、多功能和物有所值的这部分人群。

了解了这些背景后，就很好理解新 Corsa 的产品设计策略了，那就是考虑目标消费者对外观的预期和品牌产品线的识别要求，同时融入功能创新和新的设计语言。两种车型分别对应不同的受众，外观因此截然不同——三门款时尚耀眼；五门款成熟稳重。

新 Corsa 提供了多达 14 种车身可选颜色以及大量的个性化选件与配置，消费者完全可以依据自身的需要打造一款与众不同、个人专属的 Corsa，这种服务在超级迷你车型中是很难享受到的，也更加符合年轻人的特性和消费习惯。科技与创新是 Corsa 设计的另一亮点，也是打动年轻消费者的重要武器。其他关于空间与内饰方面不一一赘述，总之，最终，在年轻人的眼里，这就是一部时尚、酷飒、耀眼的小车。图 3-15 所示为设计师在设计过程中的情景。

图 3-15 设计师在设计过程中

（图片来源：http://www.carbodydesign.com/archive/2006/09/04-opel-corsa-design/）

（2）传播策略

在前面的章节中，我们探讨了 Corsa 传播的基调和口号以及车的特性和亮点，接下来摆在面前的是用什么样的方式把这些感觉、性格以及 Corsa 的特征传递给大众，并且要引起共鸣，最终产生购买行为。

承担此次工作的是 DLKW(Delaney Lund Knox Warren)广告公司，DLKW 首先对以往 Corsa 的广告进行了回顾与分析。研究发现，现在人们对迷你车型的印象一般是有趣的、紧凑的或者刺激的，以往 Corsa 广告强调的特征和承诺如今很难运用到第四代 Corsa 上。

而要想重新振兴 Corsa 的形象和个性，仅仅靠产品自身又是远远不够的，那不足以使它在竞争对手中脱颖而出。DLKW 仔细地对目标顾客以及驾驶态度与习惯进行了分析，并把从中抽离出来的精神与特质转嫁在 Corsa 上，给予了一个新的定位——The Playtime Car。

找准了定位，如何表现是策略中最重要的一步，也直接影响传播的效果。通常汽车广告是黑白灰的世界，如果把品牌标志拿掉，就产品而言，对消费者来说无太大区别，自然传播的效果也大打折扣。而此次新 Corsa 的广告策略上，GM 又采用了独特的方式。

DLKW 把虚拟偶像 C. M. O. N. S(见图 3-16)运用到了 Corsa 的广告中，意图打破这种沉闷的模式。这种广告的方式，并不是第一次出现，我们可以把它叫做部落忠诚。创造一个招人喜爱的偶像——C. M. O. N. S，喜欢 C. M. O. N. S 的群体形成一个小部落，之后在 C. M. O. N. S 和 Corsa 之间建立联系后，他们会自然地把爱转嫁到新 Corsa 的身上，中国人称之为爱屋及乌。在一些著名的广告运动中，你可以看到类似的案例，比如说

LEVIS 的 Flat-Eric 和 ITV 的 digital monkey。

图 3-16 C. M. O. N. S

（图片来源：http://www.cyber-wear.de/en/clients/cmons/）

(3) C. M. O. N. S 简介

C. M. O. N. S 是由西班牙著名的涂鸦艺术家 Boris Hoppek 设计的 5 个 40 英寸高的小布偶，诞生后迅速在 20～30 岁年轻人中拥有了超高人气和巨大的粉丝群。你能够通过各种途径接触到可爱的 C. M. O. N. S：巴塞罗那街头的墙面涂鸦中，Boris Hoppek 的网站上，甚至 MTV 电视台的音乐打榜中。C. M. O. N. S 还同时拥有了它们的官方网站 www.thecmons.com。

(4) 策略的执行

在具体执行策略的时候，DLKW 采取了两种不同的方式，通过梳理新 Corsa 所有的传播途径，可以看到这两条清晰的脉络。

第一种方式是在推广前期，在 C. M. O. N. S 和 Corsa 之间建立一种微妙的、间接的联系。首先让人们喜欢上玩偶(C. M. O. N. S)，然后慢慢地让人们能在头脑中把玩偶、品牌和产品联系起来。我们称为委婉的、渗入式的广告。例如以下 4 种方式。

① 建立 C. M. O. N. S 官方网站 www.thecmons.com。网站中包括音乐、乐队历史介绍、歌迷商店、街头艺术，更重要的是从网站首页有链接到达 Corsa 的网站。

② MTV 网站。在 MTV 网站中我们可以找到关于 C. M. O. N. S 的音乐、专辑和一分钟小电影。MTV 在这场缓慢推进的广告运动中，给予了 C. M. O. N. S 一个背景故事，使之更打动人，深入人心。除了网站中的介绍，MTV 还举行了一个摇滚风格的秀——MTV Under The Radar，C. M. O. N. S 这个纯虚拟的乐队也有份演出，当然这个活动是由 GM 赞助的，虽然没有打上品牌商的印记，但 C. M. O. N. S 的一切表现和新闻都隐性地与 Corsa 联系在了一起。

③ MySpace。C. M. O. N. S 的每个成员都在 MySpace 建立自己的空间，这是一种青年群体习惯和熟悉的沟通交流方式。在 C. M. O. N. S 的空间里，你可以分享他们的音乐，你可以加入他们的朋友列表中，这样便可以掌握他们的动态，随时关注他们，就像面对一个真实的朋友一样。

④ Youtube。Youtube 是另一个时尚潮流阵地，当然，C. M. O. N. S 的流行单曲以及一些短片包括电视广告都能找到，他们是青年人乐于谈论和分享的。

第二种方式就是强有力的、直白的传统广告了。在联系建立起来之后，在你可以想象到的任何地方，都让玩偶和产品同时出现，让消费者相信这是好的产品，值得购买，最终刺激销售。这种方式包括了以下 3 种内容。

① 引人注目的、时尚的电视广告。一系列或长或短的电视广告帮助人们在 C. M. O. N. S 和 Corsa 之间迅速建立联系，引起共鸣。这些广告不仅仅直白地展现产品和品牌，而且 C. M. O. N. S 和 Corsa 是每个短片的主角，诙谐的故事通常再现的是年轻人的生活与梦想，看后你会情不自禁的喜爱这 5 个小布偶和 Corsa。

② 平面印刷品。

③ Corsa 的网站。Corsa 的网站功能强大，也是 Corsa 集中与顾客交流的场所。这里集合了所有直接和间接的信息，并且前面提到的所有的可选备件和车身颜色你都可以在这里亲自试验，如果不了解 C. M. O. N. S 和 Corsa，或者错过了有趣的广告短片，没关系，在这里你都可以补回来。

4. 传播效果

销售数字是最直接的衡量传播效果的标准，其次还有公众心目中对品牌的印象，后者可能要通过一个长时期的调查来评估。回顾新 Corsa 的两个传播目标，从销量上来说，这次推广运动取得了巨大的成功，在发布前一周，Corsa 的销量已经达到了 73600 台，这个数字接近于全年的销售目标了。而且数据表明，有大量的年轻人浏览了 Corsa 的网站，这对于意欲吸引年轻群体的 Corsa 来说无疑是个好消息。

这是一个很好的用设计和广告来更新品牌形象的案例，GM、DLKW、MTV 都在其中扮演了重要的角色。在整个案例中，我们可以看到清晰的传播目标与基调，设计和推广策略的呼应和配合，传播策略的良好执行，还有绝妙的 idea，所有这些都推动了项目的最后成功。Corsa 广告如图 3-17 所示。

图 3-17 Corsa 广告

(图片来源：http://farisyakob.typepad.com/blog/2006/09/cmon.html)

案例九

飞利浦公司的设计理念和战略

飞利浦是世界上最大的电子公司之一,1891 年成立于荷兰的埃因霍温,主要生产照明、家庭电器与医疗系统。飞利浦现已发展成为一家大型跨国公司,2007 年全球员工已达 128100 人,在 28 个国家设有生产基地,在 150 个国家设有销售机构,拥有 8 万项专利,实力超群。

在企业的发展过程中,由于飞利浦公司始终十分重视设计给企业带来的经营效果,因此飞利浦公司也是世界上最早引入设计的企业之一。飞利浦开始引入设计是在 1925 年,初期的设计活动隶属于广告部门,由广告专家 Louis Kalff 主持和领导飞利浦公司的有关平面、广告等设计业务。到了 1960 年,工业设计对企业的经营作用越加明显,公司董事会对工业设计也有了更深层次的认识。因此,在 1966 年飞利浦公司成立了工业设计中心,由 Knut Yran 任设计总监,直接向董事会负责。

1980 年具有建筑背景的美国人 Blaich 接任了飞利浦公司工业设计的设计总监。由于 Blaich 在任职飞利浦之前就有了丰富的工业设计实践经验,对工业设计的理念也有深刻的理解,因此,Blaich 的到任极大地发挥了飞利浦公司的工业设计在产品设计中的作用,并通过多年的努力,已逐步形成了飞利浦公司的自身的产品特色,为飞利浦在世界电器市场上建立起良好形象起到了重要的作用。

在 Blaich 接任工业设计中心设计总监时,该设计组织仍隶属于企业研发部门,负责全球飞利浦公司所有的产品设计工作。设计工作范围遍及全球 20 多个国家 30 多个地区,雇用设计师约 200 多人。设计中心的设计活动范畴包括:家庭娱乐与信息系统、家用电器、专业用品、信息系统、通信系统、医疗系统、科学与工程、电声学、包装等。设于埃因霍温的工业设计总部则负责设计政策和战略的研究、信息传达、培训设计师及行政管理等工作。

Blaich 退休后,1994 年由 Marzano 接任工业设计中心总监一职。Marzano 为意大利人,获米兰学院建筑博士学位,于 1978 年加入飞利浦的设计团队。随着时代的发展和消费者对产品品质要求的日益提高,飞利浦的设计组织也在不断调整。Marzano 任职后,使设计中心成为独立的组织,其涵盖的工作范围有未来决策与设计、产品设计、软件与数字服务设计、视觉传达设计。

设计中心的专业人员的专业知识结构包括各种设计专业、社会学、心理学、人类学、市场学、管理学等多种学科知识,为满足企业对产品的设计与开发和对未来市场的研究等方面提供技术支持。目前,公司设在全球的设计组织有 22 个,雇用的设计师达 500 名之多。

1980 年前,飞利浦的设计基本上奉行以"产品功能为主"的设计理念。公司的产品设计大多由工程师完成。在他们心目中,产品只要拥有优良的技术指标,在市场上肯定会受到消费者的欢迎。由于这种设计理念的引导,导致了产品的过度工程化、开发周期长、成本高等问题。在 Blaich 接任工业设计中心总监以前,由于公司在设计中一直强调以技术为导向的设计策略,工程师的地位很高。

Blaich 上任以后，首先对设计组织的机构进行了调整，突出了工业设计师在产品设计与开发中的地位与作用。Blaich 委任了 6 位设计经理分别负责专门的产品部门的设计与开发工作，设计经理直接对设计总监负责。

在 Blaich 任职期间，商品市场的竞争越来越激烈，使飞利浦的产品在世界市场上面临巨大的压力和挑战，同时在产品的营销上，由于过多的产品系列与产品组合和广告活动，飞利浦在世界商品市场上给人一种零碎的企业识别。

针对上述的问题，Blaich 通过对设计组织的管理及设计策略上的调整，成功地改善了飞利浦公司的产品品质及企业在消费大众中的形象，也使公司在全球的设计资源优势获得了充分的发挥。飞利浦的设计策略如表 3-3 所列。

表 3-3 飞利浦的设计策略

问　题	策　略	解决方法	结　构
产品面临国际竞争	提高产品设计质量	提升设计品质的评价 提升设计整合 提升设计标准	设计列入管理，发展设计人员技能培训计划
设计资源分散	更新计划 新的设计管理结构	实行设计政策 协调设计活动 设计与产品部门联结	以策略方式规划设计 提升设计组生产力
产品缺乏整体感	协调计划	减少重复 形成清晰的识别 全球化的行销	品质改善 新的市场 识别一致

（表格来源：刘国余. 设计管理. 上海：上海交通大学出版社，2007）

为了提高飞利浦产品在世界商品市场上的竞争能力，Blaich 把提升产品质量作为飞利浦设计策略中的重要内容。他认为，产品是传达企业形象的最关键要素，产品就是形象。为使提升产品质量这一战略落实到实处，Blaich 专门为评判产品设计质量建立了一套高质量的设计评判标准。他认为，一个好的设计应该考虑下列因素。

（1）产品是否满足人机工程学方面的需要。

（2）产品是否具有最大限度的安全性，并能预防可能出现的危险。

（3）产品是否满足了使用者的需要，这种需要不仅指产品本身，同时也要考虑到它被使用的环境。

（4）产品是否通过设计更加有效地利用材料、能源且便于生产。

（5）产品在美学方面，如形态、色彩、质感和平面信息方面是否综合成一个恰当的整体。

在加强和改善企业的视觉识别方面，Blaich 除了强调用高品质的产品树立飞利浦的产品形象外，还主张加强设计管理方面的协调作用，使不同组织下的产品与系统设计部门能在相互统一的设计目标下进行工作，以减少重复和相互矛盾的因素。

设计管理活动由各专业产品经理以及系统标准部门代表所组成的小组负责，由 Blaich 主持协调委员会，其主要的工作重点是在对形成识别的视觉要素方面加以总体控制和协调，内容包括产品的色彩、表面处理、外观形态及与之相关的识别要素、营销理念等，使之在全球内形成新的、统一的企业形象识别。

在 Marzano 任职时期，飞利浦的设计风格与设计理念有了较大的改变。如果说，在 Blaich 时期飞利浦的设计尚处于硬件(Hardware)时代，那么 Marzano 将飞利浦的设计带进了人性化(Humanware)时代。Marzano 主张在设计中重视社会文化并体现个人价值，主张企业通过对社会文化倾向、技术发展倾向和市场经营倾向三者的探索与研究，去创造新的产品和服务形式。

在产品设计方面，Marzano 提出了以下几个原则：考虑产品的绿色生命周期、产品组装与拆卸的便利性、能源与资源的节约性、反映不同地区的文化性、加强舒适性与娱乐性、服务运输的便利性。

从 1998 年飞利浦的设计从硬件的观念转入以人为本的人性化观念以来，经过进一步发展并提出了"Human Focused Approach High Design"的设计理念，即以人为中心的高品质设计。强调设计必须通过对社会文化、科技发展及人类行为模式等趋势的深入研究与分析，并以此来正确把握未来产品的发展动向。

在这一全新的设计策略指导下，飞利浦的产品融合了现代高科技技术和设计师、人类学者、人类工程学者的共同智慧，创造出了一种以关怀人、服务人为宗旨的清新的设计风格和独特的视觉识别。伴随着新的设计理念，飞利浦公司同时推出了"Let's Make Things Better"的产品经营理念。这一理念完全体现了飞利浦以人为中心的高品质设计战略的精神内涵，它既强化了飞利浦公司在消费者心目中的企业形象，也使飞利浦在产品和服务形式方面的设计新主张更加深入人心。飞利浦的人性设计实验室如图 3-18 所示。

图 3-18　飞利浦的人性设计实验室

(图片来源：www.philips.com.cn/about/design/index_local.page)

(案例来源：刘国余.设计管理.上海：上海交通大学出版社，2007)

案例十

苹果公司的设计理念和战略

苹果公司原称苹果电脑公司，是全球第一大手机生产商，也是全球最大的电脑厂商与世界上市值最大的上市公司，其核心业务是电子科技产品。苹果公司(Apple)由乔布斯、斯蒂夫·沃兹尼亚克和罗纳德·韦恩在 1976 年 4 月 1 日创立，总部位于美国加利福尼亚丘珀蒂诺市，处于硅谷的中心地带。

苹果的 Apple Ⅱ于1970年推动了个人电脑革命,其后在 Macintosh 接力的1980年持续发展。最知名的产品是其出品的 Apple Ⅱ、Macintosh 电脑、iPod 音乐播放器、iTunes 商店、iMac 一体机、iPhone 手机和 iPad 平板电脑等。在高科技企业中以创新而闻名。

苹果的产品设计理念主要有专注、创新、简约和细节,这些理念使得其设计出的产品对用户有很强的吸引力。

专注:像苹果这样的大企业多数都比较注重产品线的宽度与深度,但是苹果却较为专注。苹果的专注并不是许多企业所强调的对于行业的专注,而是更为聚焦地对某一产品的专注。倾公司之力,集中精力去做好一件产品,不论是 iPod 的推出还是 iPhone 的推出一直到 iPad 都是如此,这样的专注为精品的打造提供了足够的资源和支持。

创新:早在1980年,苹果电脑仍处于设计研发阶段时,乔布斯就将一个又一个新奇的点子抛给工程师。"一次他在百货店看见一台食品处理机,觉得它的设计好极了,便让苹果的设计师们进行模仿。"乔布斯也甚至一度希望苹果电脑看上去像保时捷跑车。对苹果来说,电脑就应当像跑车或高档厨房家电,因为当时高端人群(能买得起或者渴望买保时捷的人)才是他们的营销对象。这样的设计会让目标客户第一眼就会喜欢上这个产品。

简约:乔布斯主要的一项工作就是驳回一切复杂的设计。每天,会有大量的新产品呈现在乔布斯面前,而他的回答基本上都是"不"。这些设计都有一个致命的缺点,即产品拥有过多的功能。乔布斯拒绝的原因,不仅出于对复杂设计的一贯反感,还有成本考虑。简洁的设计可以用最低的成本为客户提供最好用的产品,充分满足客户需求,让用户乐于购买并且喜欢使用。

细节:苹果的产品对细节非常重视,乔布斯还亲自为 iPhone 的每一个下拉菜单进行设计。做好每一个细节才能让用户无可挑剔,让90%的用户对产品满意。

苹果的一体化产品策略使其设计可以完美地以实物产品的形态呈现在大众眼前。苹果进行了深入的产业链纵向整合,其从芯片到操作系统,从软件到硬件都是自己的。因此无须借助外部力量,从而使得谈判成本降到最低,所以可以达到产品各个组成部分的高度协调与统一。这就是其纵向一体化带来的对产品深度的把控能力,为精品的打造提供了基础。苹果采取封闭运营的策略也同样是为了增加对产品的把控能力,使其不仅可以提供最好的硬件,同时也能够提供最好的软件。苹果的 Macbook Pro 笔记本如图3-19所示。

图 3-19 苹果的 Macbook Pro 笔记本

(案例来源:中金在线. http://news.cnfol.com/)

思考与课堂讨论

(1) 请讨论互联网时代，设计师应该承担哪些社会责任。

(2) 请讨论设计政策和设计战略之间的关系。

(3) 思考如果你是企业的设计管理者，制定企业的设计战略时需要哪些信息。

(4) 请以你熟悉的产品为例，分析企业采用了什么类型的设计战略。

第四章

设计项目中的管理

【学习要点及目标】

1. 了解设计团队中的管理模式。
2. 了解完美团队的特质。
3. 掌握设计程序和流程管理。
4. 熟悉设计项目管理。
5. 了解设计风险控制。
6. 了解设计法规管理。

本章导读

设计项目中的管理是指以设计项目为对象，通过计划、组织、指导和控制等管理手段对设计资源进行合理配置，对设计项目进行高效整合、综合协调及优化的过程。设计项目的管理过程会受到设计团队、流程管理、项目管理、风险控制以及设计法规管理等因素的制约和指导，是具有明确目标的一次性事业。同时，作为对具体设计项目的管理，它具有务实性与可操作性。

虽然设计项目管理的对象是具体的设计项目，但它仍是管理的一部分，所以管理的理论也对之适用。这意味着管理进程中的各个环节都为设计项目服务，它们是设计项目得以顺利执行的必要条件，也是对设计进行科学管理的理论依据。

第一节　设计组织的管理

一、设计创新组织的不同类型

设计组织是为实现设计目标而有效工作、设计和维系的一种职务机构，它就是为了有序、高效地完成设计任务，实现设计产能最大化而建立的。根据它与企业的组织结构之间的关系，设计组织可以分为两个类型：独立的设计组织和企业内部的设计组织。

独立设计组织是由设计师个人逐步发展起来的，其组织结构比较简单，人数也比较少，不隶属于任何企业，通过与企业合作的方式独立开展设计活动。企业内部的设计组织则是依托着企业的基本组织形态、企业组织结构的特性与构成要素决定着企业内部设计组织的特性与构成要素的。

（一）独立的设计组织

小贴士

美国目前约 10000 家的建筑设计事务所，最小的只有 1 人，最大的有 1800 人，其中约 85%的在 6 人以下。其形式可以是合伙人制、私人公司、专业公司、有限责任公司等，而且还可以采用有限—合伙人制公司（如 SOM 公司），其中有限责任性质的公司占大多数，无限责任的合伙制公司很少。

有限—合伙人制公司是近年来开始流行的形式，在 15 年前还不允许有这种性质的企业成立。

——《设计事务所的两种模式》

根据设计组织在商业流通中的从属形式和独立程度，独立的设计组织可以分为：独立设计师、合作工作室、有限责任公司。

1. 独立设计师

任何设计师想获得成功都不应该忽视团队中的每一个角色。而对独立设计师来说，在一个团队中扮演不同的身份，享受角色转换和掌控一切的自由感，是挑战，更是一种莫大的乐趣。

独立设计师一般就是一个人，自己承担从客户、设计、测试到设计执行的各项任务，公司所有的事业部分都由设计师自己一个人决策和执行。

优势：

（1）属于自我雇用的范畴，工作容易开始，也容易结束，公司运作灵活，没有过多条条框框的要求，从而工作效率较高。

（2）设计师拥有所有的决定权，同时也需要掌控所有事情的进度及效果。设计师个人承担所有的经济投入，也拥有所有的商业资产。当然，利润都是个人收入，有绝对的支配权。

不足：

(1) 个人承担所有事情，也负责所有的债务，对个人能力的要求也比较全面，可以说是无限责任。

(2) 由于是自由的设计公司，公司规模较小，对于大的设计项目接受能力较弱，一般比较难得到银行贷款及投资，当然也不会享受大公司所拥有的企业优势。

2. 合作工作室

合作工作室是几个人共同合作以一个团体组织的形式共同开始一桩生意。他们对外共同承担责任和义务，对内却是相对独立的个体，共同协作。合作工作室可能会拥有2～2000个雇员，公司的决定权在所有合伙人之间分享，同样，资产的投入和产出都共同分担。与自由设计师相似，合伙人共同承担无限责任。

优势：

(1) 合作的工作室通常是由有共同爱好的成员组合建立的，相互的适应时间要少得多，更有助于迅速崛起。

(2) 工作室结构小，成员较少，工作运作灵活，行动力比大型的公司要快很多，因此工作进度及效率较高。

(3) 多人共同承担公司的经济投入与支出，共同拥有所有的商业资产，公司业务的拓展和商业工作都有人分担，公司的业务相对于自由设计师更加专业。

(4) 比起一般的小公司更利于公司的成长和壮大。

不足：

(1) 工作室因为是多人合作的方式，故对于公司的内部管理需要有一定的平衡方式。

(2) 由于是自由的设计公司，公司小有规模，跟大设计公司的企业相比还是有很多不足，有时不能系统地服务于要求比较全面的客户。

(3) 由于其运营成本低，有时很难具有承担商业风险的能力，对于业务的拓展也有一定的局限性。

(4) 各行业工作室服务水准的参差不齐，也是一个普遍存在的现象。

案例一

用更好的制度展现更好的设计——早晨设计的合伙人模式探究

2008年7月，由著名设计师魏来创办的"北京早晨设计顾问有限公司"正式更名为"北京早晨品牌策划事务所"(见图4-1)。从公司到事务所，公司完成了运营模式的根本性转变。

在平稳地发展了10年后，正茁壮成长的早晨设计为什么要选择进行改制？魏来说，这是设计企业寻求发展的必然道路，是由设计行业自身的生产力发展要求和生产模式决定的。

图 4-1　早晨设计事务所

（图片来源：http://blog.sina.com.cn/s/blog_576a179c0102e13a.html）

在魏来创办早晨设计之初，国内的设计行业基本只有公司制一种管理模式。但企业发展到一定规模之后，公司制的弊病对于设计行业的发展渐渐显露出来。在传统的公司制企业中，生产力的发展状况来自 3 个方面：机器、原材料和工人，而这一切的前提是资本的投入，所以公司制以注册资本为最重要的生产资料。

但设计属于创意产业，创意产业是一种利用脑力劳动创造财富的行业，每个人输出的是智慧，而催生智慧的却不是资本。在借鉴了国外众多优秀设计公司成功的管理模式之后，合伙人制度成了魏来寻求企业健康发展的最佳选择。合伙制企业是指由两个或两个以上合伙人拥有公司并分享公司利润，合伙人即为公司主人或股东的组织形式。合伙制企业以合伙人为企业的核心竞争力，公司实行议会制管理体系，相比公司制企业而言，合伙制企业是更为民主的组织机构，更易于提高企业核心价值的凝聚力。

世界上比较大型的设计公司，如世界最大的英国福斯特设计事务所，就是一个成功的合伙制企业，公司 10 个合伙人掌管着 2000 人的设计团队。世界最著名的建筑师事务所 SOM 也是成功的合伙制企业。

在公司制企业中，发展到一定规模之后，最大的问题就是公司的激励机制不能够让企业中层管理者担负起应尽的责任，但合伙人制度则有效地规避了这一点，因为合伙制企业的产权属于一个集体，每个合伙人都是公司的主人，都要承担公司的经营成本和风险，而旗下员工通过自身的努力也都能逐渐成为合伙人，这就激发了大家的责任心和工作热情。

当经营模式转变之后，每个人所肩负的责任和义务也就不一样了。公司制时，因为魏来是创始人，很多事情都由他拍板定夺，但合伙人模式下，这一特权将受到制约，真正为企业发展做决策的就不光是他一个人，而是多人组成的合伙人大会。这种平等的、民主的决策制度是使企业良性发展的极好方式。

有这么一则小故事，世界著名建筑设计公司 SOM 建筑设计事务所曾在美国经济危机时面临抉择，到底是裁员以渡过难关，还是维持现状自己贴钱挽留人才？权衡利弊后，公司合伙人决定不裁员，尽最大的努力支撑起公司。在接下来的3年时间里，几位合伙人为维持公司正常运转，耗尽积蓄，甚至借钱支付员工的薪水，艰难却坚定地带领整个团队走出阴霾。经济危机结束后，当别的公司还处于再度招兵买马的恢复期时，SOM就已经步入正轨，凭借危机前就已经建立的完善的运营机制和完整的人才体系，很快就重新回到了世界一流行列。

如果同样的抉择发生在有限责任公司，会是怎么样呢？可能某一个人的决定就影响了整个企业的命运，而合伙人模式正是公平和民主的体现，这种对个人独裁的制约有利于企业的良性发展。在以人为本的创意产业领域就更是如此，将整个企业的生命力寄托于合伙人大会的群策群力而不是某一个人的专制独断，使企业更快更健康地发展下去，这就是魏来改制的根本目的。同时，魏来希望，早晨设计的这次改制能在设计领域起到标杆的作用，为国内设计行业的良性发展做出一个可参照的模式，并被越来越多的设计企业所复制。

当然，在完善制度的同时，更重要的还是人才的发掘和培养。8月初，韩冰、李辉、唐文颖这3名年轻设计师通过申请成为早晨设计新的合伙人助理，这意味着他们向合伙人的目标又前进了一大步。

李辉进入早晨设计刚刚一年，这是她的第一份工作。对于从设计师到合伙人助理的转变，她说："工作内容变化不大，但压力和责任更重了。相对于其他比我更早进入早晨设计的设计师而言，我无疑是幸运的，但仅仅是幸运不足以支撑我走到现在，学习使我不断进步，我很努力，我相信我能做到。"

唐文颖和李辉一样，同属于张喻新负责的第五工作室，在早晨的两年时间里，她同样经历了由学生到助理设计师到设计师的整个过程，工作内容也从最初的协助设计师工作逐渐过渡到如今能够独立完成一个设计项目。与她们相比，韩冰可谓是"元老级"人物，在与早晨设计共同成长的几年里，他积累了丰富的经验，对于设计的不断追求是促使他前进的动力。

在早晨，早已凝聚起了一群充满才华、具有担当的合伙人和志向高远的年轻设计师，每个人都朝气蓬勃，每个人都热情洋溢，每个人都在认真工作，遵循着学徒→设计师→合伙人助理→合伙人的成长道路前行并期待着成为下一位合伙人，用才华和努力完成自己的设计梦想。

（案例来源：http://www.arting365.com/vision/character/2008-08-22/content.1219395923d195352.html）

案例二

有限合伙人制度造就世界知名公司——SOM公司管理制度略记

SOM公司是世界知名的跨国设计公司，成立于1936年，从事城市规划、建筑及园林设计、室内设计、结构工程、设备与市政工程设计等多项业务，在华盛顿、芝加哥、旧金山、纽约、洛杉矶、伦敦、香港、上海设有机构。该公司有850～1000人，分布在世界各地。SOM公司在世界各地设计过许多超高层的标志性建筑，包括在中国设计的北京国贸中心、上海金茂大厦、南京绿地大厦等。

SOM 公司注册在纽约州，该州规定公司的拥有者必须 100%有设计执照（包括建筑师执照、工程师执照等）。该公司由 30 名合伙人拥有，合伙人中建筑师 27 名、结构师 2 名、设备师 1 名。尽管该公司结构设置与国内的大型设计院相似，但却采用了有限合伙人制公司的公司性质。

有限合伙人制公司是采用合伙人和有限责任相结合的一种企业性质，在这种形式下，如果企业出现问题，由图纸上签字的合伙人承担法律（刑事）责任，其他合伙人不承担刑事责任，由公司承担经济责任，全体合伙人按照占有公司的股份的数额来享受收益及分担赔偿金额。

1. 机构设置及管理

SOM 公司中并不是所有合伙人都拥有股份，只有其中的 20 人拥有股份。公司最高领导层是三人决策委员会，从合伙人中选出的 3 人进行决策，包括决定公司投资等经营活动。下设的财务总管、计算机总管、人力资源总管都为聘用。

SOM 公司的职员从一般设计师开始，主要有以下几个层次：一般设计师→管理层或主设计师→副合伙人→合伙人。SOM 公司采用上述管理机制，不同于有的美国建筑设计公司即所有雇员都拥有公司，也不同于有些建筑设计公司即所有雇员都不拥有公司而代表其拥有者工作。

SOM 公司有由另外 3 名合伙人成立的一个办公室，对公司提名的合伙人人选进行考核，及对现有合伙人工作等情况进行考评。合伙人的股份根据其工作量不同而变化。合伙人资格不是终身制，如果有 70%合伙人同意，则可解除某一合伙人的资格。新加入的合伙人，如没有购买公司股份的经济实力，可以不占有股份。

如果有合伙人达到退休年龄（该公司合伙人入伙时约定，65 岁时合伙人退休），不可以再拥有股份，公司会在 5 年内将其股份买回来。另外一些合伙人制公司还有顾问合伙人，顾问合伙人不能代表公司签合同，也不参与分红，是以支付工资形式出现的。

2. 图纸签字和责任管理

SOM 设计图纸上每个专业只有 1 人签字负责，而且并不是公司的注册建筑师、注册工程师都有图纸签字权，该公司只有每个工程的管理合伙人才能签字出图，并承担责任。美国许多州政府对图纸责任都有严格规定，如伊利诺伊州规定管理合伙人签字时要注明，图纸是在他管理监督下制作出来的。设计公司出现法律诉讼时，诉讼对象是建筑设计企业，企业承担经济方面的责任，签字人（或管理合伙人）承担刑事方面的责任。

如果建筑责任是由建筑管理合伙人负责，若结构有问题，则由签字的结构工程师负责，设备的问题由签字的设备工程师负责。一般而言，工程建筑由管理合伙人签字，其他专业都是副合伙人或注册人员签字，并对自己签字的工作负责。

如果因公司内的合伙人个人原因造成质量问题，则公司承担经济责任，SOM 不再追究合伙人的经济责任，但刑事责任要个人承担。公司规定，各专业的合伙人都必须对所属专业审图。目前，该公司只有 30 名合伙人能在该公司的图纸上签字，其他人不能签字。如果有些专业没有合伙人，则由该专业副合伙人签字，合伙人审核。

在美国，法律责任上是先追究管理合伙人，然后再逐级追究责任。美国很多建筑师事务所是只做建筑专业设计，业主与建筑专业事务所签订全部设计合同，建筑专业事务所再与结构、机电等事务所签订分包合同。如果出问题，业主起诉总包的建筑专业事务所，建筑专业事务所再起诉结构、机电事务所。另外，也有业主委托建筑、结构、机电专业事务所并签订合同的，这种情况则建筑、结构、机电专业事务所各负各的责任。

（案例来源：http://hi.baidu.com/yvmxwbszorbmvyq/item/3bd8071d36db460dd1d66d46）

3. 有限责任公司（LC）

有限责任公司是由两个以上50个以下股东共同出资设立，各股东以其出资额为限对公司承担责任，公司以其全部资产对公司的债务承担责任的企业法人。有限责任公司有以下几点法律特征。

（1）股东人数有下限上限的限制。法律规定股东人数必须在两人以上，不超过50人。

（2）只能由各股东出资设立，在公司成立后由公司签发出资证明书。

（3）股东以其出资比例享有权利，承担义务。

（4）股东在公司登记后，不得抽回出资，但股东之间可以相互转让其全部或部分出资。经全体股东半数同意，股东可向股东以外的人转让其出资，在同等条件下，其他股东对该出资有优先购买权。不同意转让的股东应购买该转让的出资，如果不购买，视为同意转让。

优势：

（1）设立程序简便。

（2）便于股东对公司的监控，公司秘密不易泄露。

（3）股权集中，有利于增强股东的责任心。

（4）容易得到投资。

不足：

（1）只有发起人以集资方式筹集资金，且人数有限，不利于资本大量集中。

（2）股东股权的转让受到严格的限制，资本流动性差，不利于用股权转让的方式规避风险。

（二）企业内部的设计组织

企业内设计组织主要有两种基本类型：一种是永久性设计组织，受企业高层管理或附属于某个职能部门；另一种是临时性组织，称为设计专案组或设计项目组，成员来自企业各个不同部门，当项目完成后，成员回到各自部门。如果考虑设计部门在企业管理结构中所处的位置及行政隶属关系，则设计组织又可分为以下4种形态：直属领导型、群体领导型、单一组织型和专案型。

（1）直属领导型（见图4-2），设计部门作为一个单独的部门，与其他部门处于平行位置，直接接受企业高层领导。该形态组织的设计力量较强，受其他干扰少。

（2）群体领导型（见图4-3）。设计部门成员来自企业其他各职能部门，除了受设计经理领导外，还受原来部门的考核。该形态适合大型或复杂的设计开发，设计经理起到与上沟通、与下决策及指导的作用，对设计项目组进行管理与协调。

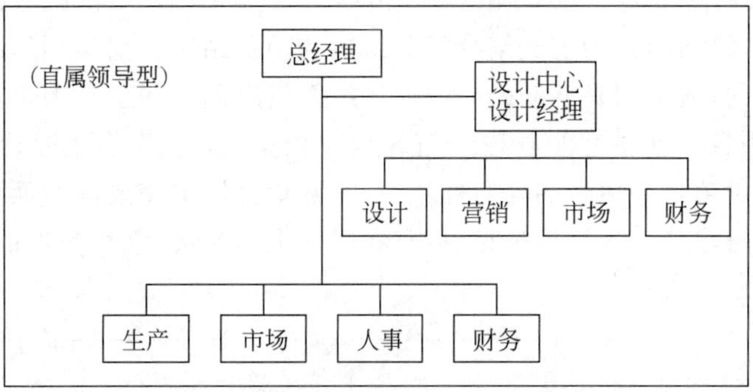

图 4-2　直属领导型设计组织机构示意图

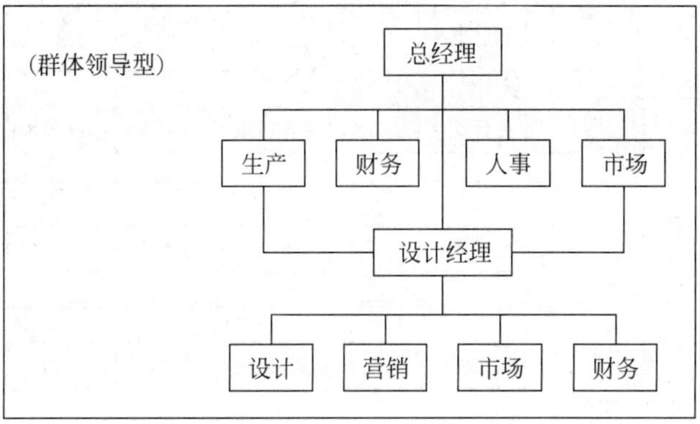

图 4-3　群体领导型设计组织机构示意图

(3) 单一组织型(见图 4-4)。目前为大多数企业所采用,设计组织隶属于某一职能部门,该职能部门与设计开发的关系较密切,或对设计重视程度较高。设计经理由该部门指定,负责同该部门的信息传递与交流,同时协调与管理设计小组内的各项事务。

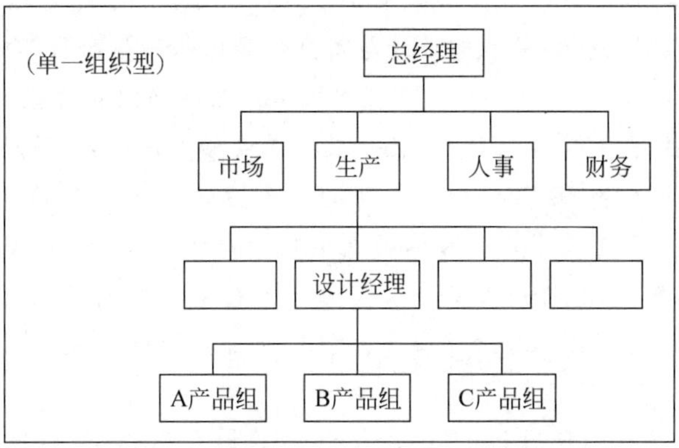

图 4-4　单一组织型设计组织机构示意图

(4) 专案型(见图 4-5)。专案型组织是由纵横两套系统交叉形成的复合型系统,横向的是各职能部门,纵向的是为完成某个任务组成的项目系统。专案型组织最大的特点是组织形式是固定的,人员却是变动的。设计组织内没有固定的设计人员,也没有上下、左右从属关系,在项目的进展过程中,人员还随时会根据项目内容发生变动。

这种组织是以项目为主导的临时性组织,非常适合用来完成涉及面广、临时性、复杂的设计项目。项目经理全权管理项目,拥有专属的全职成员,享有高度的权力,并可分配项目的所有资源。

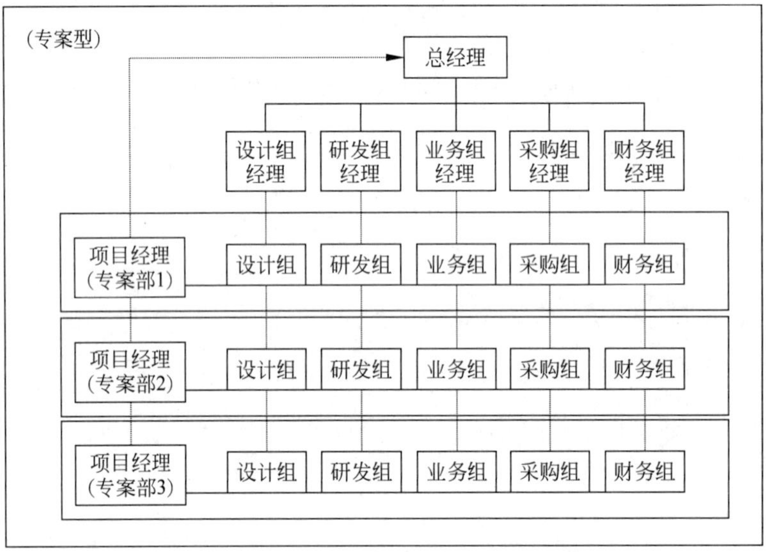

图 4-5 专案型设计组织机构示意图

案例三

联想创新设计中心斩获"红点年度最佳设计团队奖"开创中国设计先河

2013 年 7 月,本年度全球最重要的设计大奖——红点奖颁奖典礼在德国埃森市举行。联想集团副总裁姚映佳率领联想设计与用户体验团队一举摘得"红点年度最佳设计团队奖"的桂冠,作为第一个获此奖项的中国设计团队成为本届红点典礼上最耀眼的明星。

德国红点设计主席及创始人 Peter Zec 教授在致辞中讲道:"联想创造了真正意义上的产品创新设计解决方案,他们拥有一支富有竞争力的自主设计能力团队,并执著追求高质量的设计。"去年获这项殊荣的为德国汽车制造商保时捷,今年联想成为第一个获得该奖项的中国企业,也是近 6 年来唯一入选的亚洲企业。联想的名字将永远篆刻在"红点年度最佳设计团队奖"的 Radius 奖杯上。他们非常自豪地代表中国力量站在了世界一流设计团队的行列。

享有盛誉的"红点奖"(Red Dot Design Award)拥有 50 多年的历史,是世界上最大、最有影响力的设计竞赛之一,以评选标准苛刻著称,素有设计界的"奥斯卡"之美誉。此次盛典上,世界著名设计师 Gordon Bruce 在颁奖词中指出,"联想获奖,实至名归"。"红点年度最佳设计团队奖”只为凭借自身持续的创新业绩而影响全球设计市场的团队所设立，且需要当年有产品获得“红点最佳中的最佳奖”。

联想在过去十几年中，收获了27个红点设计奖项，其产品设计能力得到肯定，而“红点年度最佳设计团队奖”的获得是对联想设计能力和企业实力的认可，更是对中国国家设计创新力量的认可。今年摘得产品设计最高奖项“红点最佳中的最佳奖”的Ideapad U430s，灵感源自动态杂志，并以其打破常规的独特符号获得评审青睐。今年“红点年度最佳设计团队奖”最终由联想设计与用户体验团队夺取，更是业界对联想持续创新的设计能力与企业实力的高度认可。

红点奖每年为获得“红点年度最佳设计团队奖”的得主举行特别展览。今年，联想设计与用户体验团队的展览“Communication＋”上，展出了联想一系列产品，体现出在不断变化的市场需求下，联想产品的创新设计发展历程。

在当今科技行业高速发展的背景下，创新设计作为产品创新主动力，强调结合科技发展、时尚趋势和商业模式创新为一体。联想自1996年率先把工业设计引入IT领域，在17年中积累了丰富的产品设计实践经验和理论素养，已经成为创新设计领域的先行开拓者之一。

目前来自十余个国家，由180余人组成的联想设计与用户体验中心团队，十多个专业、16个创新实验室跨专业、综合性协同，长期致力于创新设计实力的积累及对设计趋势的敏锐把握。面对PC＋领域的竞争，联想有信心也有能力打造PC＋领域的领导品牌，让全世界瞩目来自中国的创新设计力量。图4-6所示为红点奖为2013年“红点年度最佳设计团队奖”的得主联想举办的“Communication＋”展览现场。

图4-6　红点奖为2013年“红点年度最佳设计团队奖”的得主联想举办的“Communication＋”展览现场

（案例来源：http://shijue.me/show_text/5204b8a28ddf87155f000009/）

（三）企业内外部团队间的关系

在公司内部建立起一个专属的设计部门还是邀请外部的设计咨询团队一起合作，在客户运用设计时，决策者经常会面临这个选择。企业实力的差异、对设计价值认识的程度、设计政策与策略的不同等因素都会影响客户最终的选择。

一般而言，实力雄厚的公司，更愿意建立内部的设计团队，这种设计服务更稳定与专注，也能更加贴近公司内的各个经营单元。不过，答案并不是非此即彼的，内部与外部的设计团队也可以同时存在，共同协作为客户服务。

外部团队，因为不受公司内部部门或政策的压力限制，同时他们与多种客户接触的经验赋予他们广阔的视野。公司邀请他们为设计项目提供策略方案，或者以他们的特殊经验与技能对项目进行指引和引导，也是经常发生的事情。外聘的设计顾问与团队可以以针对特定目标的短期独立项目的方式合作，也能以长期的、策略性的顾问身份存在。

使用内部或外部设计团队的利弊分析，如表 4-1 所列。

表 4-1 使用内部或外部设计团队的利弊分析

特点 方式	优　点	缺　点
内部设计团队	设计师是企业内部活跃的利益相关人	易犯褊狭、自满或客观性降低的问题，更倾向于说“是”
	仅服务于一位客户，专注持久	不得不协调牵制障碍、平衡状况
	与其他企业单元有丰富多元的合作，并且能分享对工作目标的共识	或许会与其他企业单元争抢企业资源
	能影响企业的设计文化	
	更易接触到内部决策者与掌权者	
外部设计团队	与多种客户的接触赋予他们广阔的视野经验	可能花费不菲
	客观，无办公政治倾向，更易说“不”	咨询公司能提供新颖的创意，但可能无法操作，无法为真实存在的商业提议
	客户更可能听从他们的建议，能对问题的解决提出挑战性的观点	
	能专注地解决问题，因而能产生紧密相关的确切方案	

（表格来源：[美]凯瑟琳·贝斯特. 美国设计管理高级教程. 上海：上海人民美术出版社，2008）

二、设计团队管理

（一）什么是团队

设计组织中经常可依据不同的设计任务与目标划分为小的群体，我们称之为设计团队。什么是团队呢？团队是指一种为了实现某一目标而由相互协作的员工和管理层组成的一个共同体，它合理利用每一个成员的知识和技能协同工作，解决问题，达到共同的目标。团队有 5 个重要的构成要素，又称为 5P，分别为目标、人、定位、权限与计划。

（1）目标：团队应该有一个既定的目标，为团队成员导航，知道要向何处去，没有目标，这个团队就没有存在的价值。团队的目标必须跟组织的目标一致，此外还可以把大目标分成小目标并具体分到各个团队成员身上，大家合力实现这个共同的目标。同时，目标还应该有效地向大众传播，让团队内外的成员都知道这些目标，以此激励所有的人为这个目标去工作。

(2) 人：3 个(包含 3 个)以上的人就可以构成团队，目标是通过人来实现的，所以人是构成团队最核心的力量。在团队中，每个人的角色各不相同，不同的人通过分工来共同完成团队的目标。

(3) 定位：团队的定位包含两层意思，一是团队的定位，团队在企业中处于什么位置，团队最终应对谁负责；二是个体的定位，每位成员在团队中扮演什么角色。

(4) 权限：指团队当中领导人的权利大小，比方说财务决定权、人事决定权、信息决定权等。权限与团队的规模有关，团队的规模越大，权限越大。权限还与团队的发展阶段相关，一般来说，团队越成熟，领导者所拥有的权利相应越小，在团队发展的初级阶段领导权则比较集中。

(5) 计划：指为完成团队目标而制定的具体工作的程序，因为目标最终的实现需要一系列具体的行动方案。

(二) 团队发展阶段模型理论

一支团队从组建到解散，就像人的生命一样，也有自己的生命周期。在周期的不同阶段，团队表现出不同的发展与行为特征。布鲁斯·塔克曼(Bruce Tuckman)据此提出了一个团队发展阶段(Stages of Team Development)模型，用来辨识团队构建与发展的关键性因素，并对团队的历史发展给予解释。

在这个团队发展阶段模型中，团队发展须经历 5 个阶段：组建阶段(Forming)、激荡阶段(Storming)、规范阶段(Norming)、执行阶段(Performing)和休整阶段(Adjourning)(休整阶段是在 1977 年后加入的)，如图 4-7 所示。根据 Tuckman 的理论，5 个阶段都是必需的、不可逾越的，团队在成长、迎接挑战、处理问题、发现方案、规划、处置结果等一系列经历过程中必然要经过上述 5 个阶段。

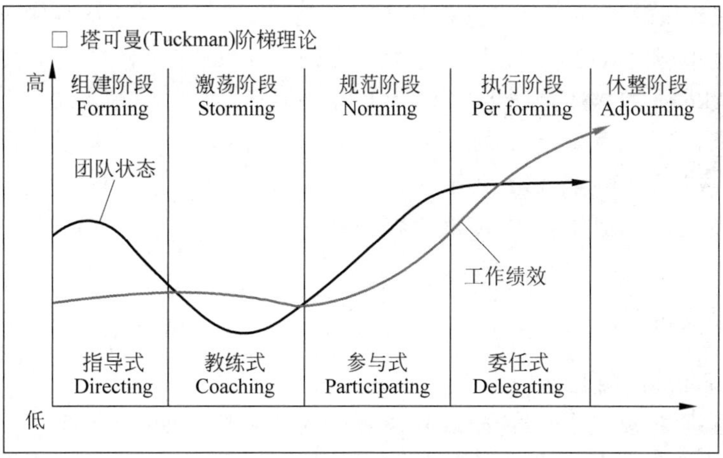

图 4-7 团队发展的五个阶段

(图片来源：http://blog.sina.com.cn/s/blog_45bc46fc0101gon1.html)

(1) 组建阶段(Forming),项目小组启蒙阶段。

团队酝酿,形成测试。测试的目的是辨识团队的人际边界以及任务边界。通过测试,建立起团队成员的相互关系、团队成员与团队领导之间的关系以及各项团队标准等。在这个阶段,团队成员行为具有相当大的独立性。尽管他们有可能被促动,但普遍而言,这一时期他们缺乏团队目的与团队活动的相关信息,部分团队成员还有可能表现出不稳定、忧虑的特征。

团队领导在带领团队的过程中,要确保团队成员之间建立起一种互信的工作关系,与团队成员分享团队发展阶段的概念,达成共识。

(2) 激荡阶段(Storming),形成各种观念激烈竞争与碰撞的局面。

团队获取了团队发展的信心,但是存在人际冲突、分化的问题。团队成员面对其他成员的观点、见解,更想要展现个人性格特征,对于团队目标、期望、角色以及责任的不满和挫折感被表露出来。项目领导需指引项目团队度过激荡转型阶段,强调团队成员的差异,相互包容,表现为"教练式领导"。

(3) 规范阶段(Norming),规则、价值、行为、方法、工具均已建立。

团队效能提高,团队开始形成自己的身份识别。团队成员也开始调适自己的行为,以使得团队发展更加自然、流畅。团队领导允许团队有更大的自治性表现为"参与式领导"。

(4) 执行阶段(Performing),团队角色更为灵活和功能化,团队能量积聚于一体。

项目团队运作如一个整体。工作顺利、高效完成,没有任何冲突,不需要外部监督。团队成员对于任务层面的工作职责有清晰的理解,即便在没有监督的情况下自己也能做出决策,随处可见"我能做"的积极工作态度。项目领导更多的是让团队自己执行必要的决策,表现为"委任式领导"。

(5) 休整阶段(Adjourning),任务完成,团队解散。

有些学者将第 5 阶段描述为"哀痛期",反映了团队成员的一种失落感。团队成员动机水平下降,关于团队未来的不确定性开始回升。

团队发展阶段模型为团队发展提供了阶段指导,但是也有它的局限与不足。首先它是用来描述小型团队的,可能并不适用于大规模团队。另外,实际上团队发展轨迹不一定像 Tuckman 的描述是线形的,而有可能是循环式的。该模型描述的阶段特征也并不完全可靠,因为它主要考量的是人的行为,而当团队从一个阶段跨向另一个阶段的时候,团队成员的行为特征变化并不明显,它们也很有可能会发生交叠。同时,该模型也没有考虑到团队成员的个人角色特征。这至关重要的一点将在下一部分重点提及。

(三) 团队角色理论

1. 贝尔宾团队角色理论

团队角色理论又称为贝尔宾团队角色理论(Belbin Team Roles)。贝尔宾(Dr. Raymond Meredith Belbin)是英国的一位教授,20 世纪 70 年代,贝尔宾博士开始着手与剑桥大学亨利管理学院(Henley Management College)合作,在面向企业领导层的 MBA

课程中引入了一种基于计算机的商业游戏。来自各个不同企业的管理者们被分组成为不同的团队,在开始游戏之前,他们都会接受一系列的心理测试。

心理测试的目标是根据团队角色理论的假设,预测该团队在游戏结束后所能取得的成绩。在游戏的进程中,各团队的每一个成员都将接受来自专家的观察,专家们的观察既包括团队成员对游戏成绩的贡献类型,也包括他们各自不同类型的贡献程度大小。

经过多次管理游戏的实验数据积累,贝尔宾博士以及他的同事们发现:在游戏中团队成员对所在团队的最终成绩的贡献,基本包括了协调团队的努力、明确前进方向、开创新思想、开发资源、评估选择、组织工作、细化工作、支持他人以及提供专业服务等方面。而这些贡献的提供者可以被分为9种角色类型。

在这个研究基础上,1981年,贝尔宾出版了一本书——《团队管理:他们为什么成功或失败》(*Management Teams: Why They Succeed or Fail*),在这本书中他提出了这套团队角色模型,共划分为9种角色类型。贝尔宾团队角色理论的基本思想是:没有完美的个人,只有完美的团队。人无完人,但团队却可以是完美的团队,只要适当地拥有如下各种角色。这9种角色不一定是能力最强的人,但每种角色都有其独创的方法、技巧以及观点。只要投入智慧和精力,辅以恰当的工作方法,每个人都能产生巨大的力量。

对这9种角色类型简要的描述如下。

(1) 协调者(Coordinator,CO)——成熟、自信、可信赖、好主席、能明确目标、能促进决策。可接受的弱点:不一定是最聪明的人。

(2) 智多星(Plant,PL)——有创造力、有想象力、善于打破常规、解决困难问题。可接受的弱点:不善于与普通人交往。

(3) 塑造者(Shaper,SH)——有活力、外向、易激动、爱挑战、爱施压、困难面前寻找各种办法。可接受的弱点:容易发脾气。

(4) 凝聚者(Team Worker,TW)——爱社交、温和、善解人意、乐于助人、倾听、营造力、避免不合。可接受的弱点:在棘手环境下优柔寡断。

(5) 完成者(Complete Finisher,CF)——吃苦耐劳、尽职尽责、严肃、善于发现错误、守时。可接受的弱点:有时过度忧虑、不愿授权他人。

(6) 实干家(Company Worker,CW)——守纪律、可信赖、保守、高效、把想法变为行动。可接受的弱点:有些固执。

(7) 外交家(Resource Investigator,RI)——性格外向、热情、健谈、探索机会。可接受的弱点:一时热情后很快失去兴趣。

(8) 专家(Specialist,SP)——诚实、自我做起、专注、能在急需时带来知识和技能。可接受的弱点:专业领域比较狭窄。

(9) 监督者(Monitor Evaluator,ME)——冷静、有战略眼光、有判断力、看事情全面、善于做出判断。可接受的弱点:缺乏推动和鼓舞他人的能力。

贝尔宾团队角色类型示意图如图4-8所示。

图 4-8 贝尔宾团队角色类型示意图

（图片来源：http://www.asia-learning.com/km/kmdoc/277219107/h/）

案例四

贝尔宾团队角色自测问卷及角色分析

说明：对下列问题的回答，可能在不同程度上描绘了您的行为。每题有八句话，请将总分 10 分分配给每题的 8 个句子。分配的原则是：最体现您行为的句子分最高，以此类推。最极端的情况也可能是 10 分全部分配给其中的某一句话。请根据您的实际情况把分数填入后面的表中。

一、我认为我能为团队作出的贡献是

A. 我能很快地发现并把握住新的机遇。

B. 我能与各种类型的人一起合作共事。

C. 我生来就爱出主意。

D. 我的能力在于，一旦发现某些对实现集体目标很有价值的人，我就及时把他们推荐出来。

E. 我能把事情办成，这主要靠我个人的实力。

F. 如果最终能导致有益的结果，我愿面对暂时的冷遇。

G. 我通常能意识到什么是现实的，什么是可能的。

H. 在选择行动方案时，我能不带倾向性，也不带偏见地提出一个合理的替代方案。

二、在团队中，我可能有的弱点是

A. 如果会议没有得到很好的组织、控制和主持，我会感到不痛快。

B. 我容易对那些有高见而又没有适当地发表出来的人表现得过于宽容。

C. 只要集体在讨论新的观点，我总是说得太多。

D. 我的客观想法，使我很难与同事们打成一片。

E. 在一定要把事情办成的情况下，我有时使人感到特别强硬以致专断。

F. 可能由于我过分重视集体的气氛，我发现自己很难与众不同。

G. 我易于陷入突发的想象之中,而忘了正在进行的事情。

H. 我的同事认为我过分注意细节,总有不必要的担心,怕把事情搞糟。

三、当我与其他人共同进行一项工作时

A. 我有在不施加任何压力的情况下,去影响其他人的能力。

B. 我随时注意防止粗心和工作中的疏忽。

C. 我愿意施加压力以换取行动,确保会议不是在浪费时间或离题太远。

D. 在提出独到见解方面,我是数一数二的。

E. 对于与大家共同利益有关的积极建议我总是乐于支持的。

F. 我热衷寻求最新的思想和新的发展。

G. 我相信我的判断能力有助于做出正确的决策。

H. 我能使人放心的是,对那些最基本的工作,我都能组织得"井井有条"。

四、我在工作团队中的特征是

A. 我有兴趣更多地了解我的同事。

B. 我经常向别人的见解进行挑战或坚持自己的意见。

C. 在辩论中,我通常能找到论据去推翻那些不甚有理的主张。

D. 我认为,只要计划必须开始执行,我有推动工作运转的才能。

E. 我有意避免使自己太突出或出人意料。

F. 对承担的任何工作,我都能做到尽善尽美。

G. 我乐于与工作团队以外的人进行联系。

H. 尽管我对所有的观点都感兴趣,但这并不影响我在必要的时候下决心。

五、在工作中,我得到满足,因为

A. 我喜欢分析情况,权衡所有可能的选择。

B. 我对寻找解决问题的可行方案感兴趣。

C. 我感到,我在促进良好的工作关系。

D. 我能对决策有强烈的影响。

E. 我能适应那些有新意的人。

F. 我能使人们在某项必要的行动上达成一致意见。

G. 我感到我的身上有一种能使我全身心地投入工作中去的气质。

H. 我很高兴能找到一块可以发挥我想象力的天地。

六、如果突然给我一件困难的工作,而且时间有限,人员不熟

A. 在有新方案之前,我宁愿先躲进角落,拟定出一个解脱困境的方案。

B. 我比较愿意与那些表现出积极态度的人一道工作。

C. 我会设想通过用人所长的方法来减轻工作负担。

D. 我天生的紧迫感,将有助于我们不会落在计划后面。

E. 我认为我能保持头脑冷静,富有条理地思考问题。

F. 尽管困难重重,我也能保证目标始终如一。

G. 如果集体工作没有进展,我会采取积极措施去加以推动。

H. 我愿意展开广泛的讨论意在激发新思想,推动工作。

七、对于那些在团队工作中或与周围人共事时所遇到的问题

A. 我很容易对那些阻碍前进的人表现出不耐烦。

B. 别人可能批评我太重分析而缺少直觉。

C. 我有做好工作的愿望,能确保工作的持续进展。

D. 我常常容易产生厌烦感,需要一两个有激情的人使我振作起来。

E. 如果目标不明确,让我起步是很困难的。

F. 对于我遇到的复杂问题,我有时不善于加以解释和澄清。

G. 对于那些我不能做的事,我有意识地求助于他人。

H. 当我与真正的对立面发生冲突时,我没有把握使对方理解我的观点。

表 4-2 所列为贝尔宾团队角色自测评分表。

表 4-2 贝尔宾团队角色自测评分表

大题号		CW		CO		SH		PL		RI		ME		TW		FI
一	G		D		F		C		A		H		B		E	
二	A		B		E		G		C		D		F		H	
三	H		A		C		D		F		G		E		B	
四	D		H		B		E		G		C		A		F	
五	B		F		D		H		E		A		C		G	
六	F		C		G		A		H		E		B		D	
七	E		G		A		F		D		B		H		C	
总计																

(表格来源:http://wiki.mbalib.com/wiki/%E8%B4%9D%E5%B0%94%E5%AE%BE%E5%9B%A2%E9%98%9F%E8%A7%92%E8%89%B2%E7%90%86%E8%AE%BA)

角色分析

√协调者 CO(Coordinator)

典型特征:沉着,自信,有控制局面的能力。

积极特性:对各种有价值的意见不带偏见地兼容并蓄,看问题比较客观。

能容忍的弱点:在智能以及创造力方面并非超常。

在团队中的作用:

时刻想着团队的大目标,明确团队的目标和方向。

选择需要决策的问题,并明确它们的先后顺序。

帮助确定团队中的角色分工、责任和工作界限。

总结团队的感受和成就,综合团队的建议。

√外交家 RI(Resource Investigator)

典型特征:性格外向,开朗,热情,好奇心强,联系广泛,消息灵通,是信息的敏感者。

积极特性:有广泛联系人的能力,不断探索新的事物,勇于迎接新的挑战。

能容忍的弱点:时过境迁,见异思迁,兴趣马上转移。

在团队中的作用:

提出建议，并引入外部信息(一个很好的比喻是：RI 对于团队的作用，就像天线对于电视机，RI 就是团队的天线，就是用来接收外界信号的。注意 RI 和 PL 的区别：PL 的想法大都是原创，RI 则更可能喜欢接受新鲜事物，因此 RI 更擅长整合外界新鲜信息)。

接触持有其他观点的个体或群体。

参加磋商性质的活动。

√ **凝聚者 TW(Team Worker)**

典型特征：擅长人际交往，温和，敏感，是人际关系的敏感者(注意 RI 是外界信息的敏感者)。

积极特性：有适应周围环境以及人的能力，能促进团队的合作，倾听能力最强。

能容忍的弱点：在危急时刻往往优柔寡断，一般很中庸。

在团队中的作用：

给予他人支持，并帮助别人。

打破讨论中的沉默。

采取行动扭转或克服团队中的分歧。

√ **智多星 PL(Plant)**

典型特征：有个性，思想深刻，不拘一格。

积极特性：才华横溢，富有想象力，智慧，知识面广。

能容忍的弱点：高高在上，不重细节，不拘礼仪。

在团队中的作用：

提供建议。

提出批评并有助于引出相反意见。

对已经形成的行动方案提出新的看法。

√ **监督者 ME(Monitor Evaluator)**

典型特征：清醒，理智，谨慎。

积极特性：判断力强，分辨力强，讲求实际。

能容忍的弱点：缺乏鼓动和激发他人的能力，自己也不容易被别人鼓动和激发，缺乏想象力，缺乏热情。

在团队中的作用：

分析问题和情景。

对繁杂的材料予以简化，并澄清模糊不清的问题。

对他人的判断和作用做出评价。

基本上 ME 就是那种特喜欢给别人泼冷水的人。ME 们靠着其强大的分析判断能力，敢于直言不讳地提出和坚持异议。但 ME 对于一个成功的团队是非常必要的，因为 ME 就是团队的守门员。一个没有守门员的球队没法赢。

√ **专家 SP(Specialist)**

专家这种类型是 1988 年新加的一种类型。

专家型的特点：诚实，自我做起，专注，能在急需时带来知识和技能。

可接受的弱点：专业领域比较狭窄，只懂自己擅长的特殊专业领域，对其他事情兴趣不大。

√**塑造者 SH(Shaper)**

典型特征：思维敏捷、坦荡、主动探索。

积极特性：积极，主动，有干劲，随时准备向传统、低效率、自满自足挑战，有紧迫感，视成功为目标，追求高效率。

能容忍的弱点：好激起争端，爱冲动，易急躁，容易给别人压力。说话太直接，虽然SH总是就事论事，却经常伤人不伤己。

在团队中的作用：

寻找和发现团队讨论中可能的方案，SH一旦找到自己认为好的方案或模式，会希望团队跟随这一方案或模式，因此SH会强力地向团队成员推销自己认为好的方案或模式。

使团队内的任务和目标成形。

推动团队达成一致意见，并朝向决策行动。经常自觉不自觉地在团队中扮演一个二领导的角色，即SH可能不是名义上的领导(CO一般是领导)，但SH却给人二老板的感觉。

√**实干家 CW(Company Worker，1988年改称为 Implementer)**

典型特征：保守，顺从，务实可靠。

积极特性：有组织能力与实践经验。工作勤奋，有自我约束力。

能容忍的弱点：缺乏灵活性，应变能力弱，对没有把握的主意不感兴趣。

在团队中的作用：

把谈话与建议转换为实际步骤。

考虑什么是行得通的，什么是行不通的。

整理建议，使之与已经取得一致意见的计划和已有的系统相配合。

实干家就是好的执行者，能够可靠地执行一个既定的计划，但却未必擅长制订一个新的计划。

√**完成者 CF(Complete Finisher)**

典型特征：勤奋有序，认真，有紧迫感。

积极特性：理想主义者，追求完美，持之以恒。

能容忍的弱点：常常拘泥于细节，焦虑感(注意和SH的不同，SH有紧迫感，但FI只有焦虑感)，不洒脱。

在团队中的作用：

强调任务的目标要求和活动日程表。

在方案中寻找并指出错误、遗漏和被忽视的内容。

刺激其他人参加活动，并促使团队成员产生时间紧迫的感觉。

(案例来源：http://wiki.mbalib.com/wiki/%E8%B4%9D%E5%B0%94%E5%AE%BE%E5%9B%A2%E9%98%9F%E8%A7%92%E8%89%B2%E7%90%86%E8%AE%BA)

2. IDEO创新团队的10种角色

如今，设计工作多以团队的形式开展，设计界设计大师的名字出现的几率越来越小，取而代之的是著名的设计团队或设计公司得到大家的认可。设计团队相比一般意义上的团队而言既有共性也有个性。贝尔宾团队角色理论为设计团队的组成提供了指导原则，但是在具体组织与选定设计团队人员的时候还需要根据设计任务来决定人员的构成，在团队工作时，不同专业的人员观念与思维方式的碰撞也需要找到一个合理的沟通渠道与方式。

IDEO在多年的工作中，通过对团队成员任务与行为的观察与归纳，总结出一个优秀的设计创新团队中常见的三类角色，分别是学习型角色、组织型角色和建设型角色。这三类角色又可往下细分为十种角色。这种关于设计创新团队的角色理论相比于贝尔宾的团队角色理论，更加贴合于设计实践，设计师的日常行为以及所面临的设计任务都可以从中找到参照。

案例五

IDEO创新团队的10种角色

我们都有这样的经历：在一次重要会议上，你正提出一个让自己激动不已的新想法或新计划，随后的讨论也朝着有利于你的方向发展。但接着，灾难性时刻来了，忽然某人跳出来说了句致命的话："我来挑点毛病吧……"往你头上猛浇了一盆冷水。

用"魔鬼代言人"这个看似无害的词作掩护，说这种话的人就可以肆意攻击你的想法，把它们全部抹杀。"魔鬼代言人"为何如此可怕？因为他怂恿人们从最负面的角度来看待新想法，往往只看到问题而看不见机会。只要意见的闸门一开，一个新计划很快就被批评淹没了。

"魔鬼代言人"现象为何值得关注？因为创新是各种组织机构的生命线，而"魔鬼代言人"严重阻碍创新，因此绝不可小视。《经济学人》杂志近来也发文声称："在所有现代经济体中，创新已被公认为最重要的元素。"营造推动进步的工作氛围和富有创造力的文化，意味着创立一家360°全方位创新的公司。如果企业致力于创新，就应该提出新观点，扮演新角色。

本文为创新赋予了人性化的面孔，文中的主角是那些在大型机构内部积极地推进创新的团队和个人，因为所有了不起的行动归根结底都是由人来完成的。以下介绍的10种新角色不一定是你见过的能力最强的人，但每种角色都有其独到的方法、技巧以及观点。一定要让你的团队里有这样一位创新型人物，这样你们就可以共同创造出与众不同的事业来。

通过发展这些创新角色，你就不用再惧怕"魔鬼代言人"。当某人用一句"我来挑点毛病吧(做魔鬼代言人)……"来做开场白，要扼杀一个稚嫩的新想法时，就会有人站出来理直气壮地说："我从'人类学家'的角度说说吧，我亲眼看到客户几个月来都在默默忍受着这个痛苦，而刚刚提出的这个新想法很可能会帮助他们解决问题。"设想一下，这句话可能会让一旁的人受到鼓励而发言："我们不妨以'试验家'的方法做做看，拿出一星期的时间对这个想法进行模型试验，看看结果如何。"

那么，到哪里去寻找这些创新性人才呢？其实，在许多公司里原本就有很多这样的人，只是未被发现，也没有充分施展他们的才华。

1. 学习型角色

无论个人还是组织，都需要不断拓展信息来源，扩充知识并进一步成长，所以我们列出的前3个创新性角色都是学习型角色。这些角色由同一个信念所推动：即便是再成功的企业，也不能自满。学习型角色可以使团队的视野扩展至自身之外，对未知的一切保持虚心的心态。扮演学习型角色的人对新观点始终保持着开放的心态。

角色一：人类学家。人类学家跟踪观察人的行为方式，深入了解人与产品、服务、空间的接触过程和情感心理，然后把这些新的发现告诉公司。

一般来说，顾客无法告诉你如何实现突破性创新。然而，不妨试试和他们待上一整天，你一定会有所收获。观察他们如何表示对别家更便宜的价格感兴趣，如何让事物为自己所用——他们的用法常常与事物原本的设想相差万里。

几个波兰商人在当地的火车站进行观察，研究如何向等车的乘客销售更多的饮料。通过观察，他们注意到一个反复发生的现象——列车到站前的几分钟里，月台上的乘客往往会回头看看饮料亭，再瞥一眼手表，然后张望一下快进站的火车。这些人类学家们制作了一个饮料展示柜，上面带着巨大的时间显示，使乘客们能同时看到时钟和饮料。结果呢？这些车站的冷饮销量立即飙升。看到时钟，乘客们就感到放心，能抽时间来买一瓶冷饮了。

任何一个工程师、设计师都能提出一大堆简单的解决方案，但前提是必须有人肯花时间去发现这个问题。耐心地观察，把你的点子迅速建模成型，没准儿就会给你带来惊喜。

角色二：试验家。试验家所做的就是对新构想不停地进行模型试验，从错误中不断学习改进。试验家的战术就是"在实战中试验"，他们的成功必然伴随着一定的风险。

宝马公司在一次新车宣传中，大胆弃用所有传统广告渠道，转而在公司网站放映几部影院水准的短片。当时没有人知道这次试验能否成功，但是这个短片给该网站带来大量的流量——共有5000万人在线观看了该片。这种巨大的反响就是对试验家最好的褒奖。

试验家帮助企业与时俱进，并且在明知有风险的情况下仍乐于一试。不要等在起跑线上筹划如何去跑完全程，而是要跑起来，开始尝试。跑着跑着，你可能就会发现取胜的新路。

角色三：嫁接能手。嫁接能力的使命是不断向各个行业、各种文化学习，并加以研究，将其中值得借鉴的部分为自己公司所用。

有人抱怨其行业再也没有什么新鲜的了，这些人最好坐上飞机去观察世界吧。经常旅行，到处走走，是成为优秀嫁接能手的最有效的方式之一。

一位思维活跃的、名叫小池和子的日本女商人，为了创立一个新品牌，到处寻求启发，旅程总计达5000英里，最后在大洋彼岸终于找到了给她带来好运的商业概念。她在美国偶然走进一家超市，发现了简装的"无牌子"啤酒。她把这种概念带回日本，用于开发西友上。西友的制衣和家居用品都是“无牌商品”，这种“无印良品”的品牌取得了巨大成功。今天，西友拥有近 300 家店，销售收入近 10 亿美元。

2. 组织型角色

以下 3 个角色均为组织型角色，他们是一群精明能干的人，他们对新想法在实践过程中可能遭受到的挫折一清二楚。他们懂得，即便是最出色的创意，也需要有人主动争取时间，争取关注，争取资源。

角色四：跨栏运动员。跨栏运动员很清楚，创新成功之路布满荆棘，因此他们熟谙克服各种障碍的诀窍。他们扮演冒险家的角色，对事务的处理方式非常灵活，常常能跳出常规。

数十年前，一位 3M 公司的员工发明了透明胶带，起初根本不受重视，但他没有选择放弃。他只有每次 100 美元的预算调用额度，为了尽快生产出第一批透明胶带，这个家伙甚至签了一大堆 99 美元的订单来凑足购买核心设备的钱。他的坚持没有付诸流水，这位“跨栏运动员”的意志令规则低头，最终给 3M 公司带来了数以亿计的利润。

好好培养团队里的“跨栏运动员”吧，要珍惜他们的羽翼。“跨栏运动员”有时可能显得有些固执，但这并不是坏事。有了跨栏运动员的帮助，说不定你面前的困难反而能为你开启另一扇门。

角色五：协调员。协调员的作用是凝聚团队，并利用现有的资源建构新的组合，提出有效的跨学科的解决方案。

不久前，卡夫食品公司(Kraft Foods)和塞夫韦超市连锁公司(Safeway)之间还只是普通的生产商与零售商的关系。也就是说，还有大量的改进空间。卡夫公司的供应链经理沃尔普(Ron Volpe)提出了一项创新。他和塞夫韦负责相关事务的诺格伦(Linda Norgren)合作，将卡夫的“零售商存货管理系统”与塞夫韦公司连接起来。这项合作为两家公司节省了成本，年收入也因此直线上升，增长了 167%。

近期，针对跨学科团队的重要性出现了大量讨论，但从所有团队中各抽一人的简单做法是不够的。我们还需要某种黏合剂，需要协调员，需要有人耐心巧妙地劝人们跨出自己的领地。

角色六：导演。导演不仅负责召集演员和制作班底，同时还需要激发剧组的创造力。

美国著名玩具商美泰公司(Mattel)的某位主管组建了一个绰号“鸭嘴兽”的特别团队，在 3 个月时间内完成了一个年度销售业绩过亿的玩具产品平台。该主管的业绩在任何地方都堪称导演型创新人物的样板。

确保你的团队拥有创新导演，像催化剂一样使团队常年保持创新。如果拥有几个这样的创新导演，那就价值连城了。

3. 建设型角色

最后 4 种角色属于建设型角色，他们从组织型角色那里得到充分的授权，从学习型角色那里吸纳有价值的观点和发现，然后投入创新实践。这样的人很容易分辨——他们往往活跃在行动的核心部分。

角色七：用户体验设计师。用户体验设计师所设计的用户体验往往超越了“满足用户需求”，而变为“创造用户需求”。

通过产品、服务、计算机虚拟互动、空间以及各种事件，优秀的体验设计师利用各种各样的办法搭建起与客户公司进行正面接触的渠道。他们不会让你掉到商品世界中去，在那里价格是唯一的衡量尺度。

结束平庸状态，是你开始变得不平庸的第一步，体验设计师正是来提醒你企业注意到这一点的最合适人选。击败竞争对手，赢得市场，超越常规，为此你必须为客户、合作伙伴和员工创造出非凡的体验。如果体验设计师可以帮你做到这一点，那么很快会有人说：你的团队颇有些与众不同之处。

角色八：布景师。布景师负责搭建让团队成员充分施展的舞台，通过物理环境的变换影响人的行为和态度。布景师这一角色已经深入IDEO团队的骨髓之中。我们始终坚信，一间有意思的办公室就如同一座精心搭建的舞台或摄影棚，会为整场演出添彩。布景师们不断调整着办公室的布局和设计，这不仅是在支持同事的工作，而且也是在维护公司文化。

皮克斯动画公司(Pixar)和工业光魔公司(Industrial Light & Magic)认识到舒适的办公环境有助于培养和保持富有创造力的文化氛围。一个商业团队在重新布置的工作空间里业绩翻了一番，某运动队在新体育场内再次找到了自己的感觉，这两个例子都体现出了布景师的价值。那些善于发挥布景师才能的公司很快就能发现，业绩的增长要远远高于改善环境的投入。

千万不要让办公空间成为事业中的薄弱环节。好好利用布景师的力量，使办公环境和办公室成为用途最广、威力最大的工具。良好的办公环境将提升士气，吸引人才，甚至提高工作质量。

角色九：照料者。照料者的概念来自医护业，对于顾客的关怀已经超过了一般的服务。一个优秀的大夫会给病人留下美好的印象：既提供专业的治疗，又给予亲人般的照看。

好的照料者能够提前感知客户的需求并做好准备。当你看到一项成功的服务时，其中往往会有一个照料者。

“最佳酒窖”葡萄酒商店(Best Cellars)使消费者步入该店时心情更加放松，使他们对于自己的选择更加充满自信。它如同一家总是欢迎新会员的俱乐部，这也是照料者角色的真谛所在。

角色十：故事家。故事家能以极富说服力的方式来阐述基本价值观或文化特质，以此鼓舞士气并扩大外部认同。深谙品牌价值的现代商业组织是讲故事的高手，其总是将故事娓娓道来，讲得引人入胜，以此激起人们的无限遐思。与文字报告相比，用故事的形式讲道理更有独到之处，因为故事能够建立起情感的纽带。

戴尔(Dell)、星巴克(Starbucks)这样的公司都有很多传奇可讲，既是对品牌的支撑，又在团队内部建立情感联系。美敦力公司(Medtronic)以产品创新和持续的高增长而闻名，病人们现身说法，讲述该公司产品如何改变自己的生活甚至挽救生命，这种方式有力地巩固了公司文化。

不论你的故事讲的是什么内容，请牢记故事家的第一要律：故事一定要真实可信，生动有趣，引起共鸣。你的故事要让人争相传诵。

(案例来源：汤姆·凯利.创新的10个面孔.刘金海，等，译.北京：水利水电出版社，2007)

（四）高效能的设计团队

小贴士

组织（团队）的目的，在于促使平凡的人，可以做出不平凡的事。

——杜拉克

团队不是随便一群人的简单组合，之所以能够起到 1＋1＞2 的效果，是因为每个成员都能为了共同的目标齐心协力、同舟共济。团队强调整体的利益和目标，强调组织的凝聚力，团队中的每一个人围绕着共同的目标发挥最大潜能，而领导者的任务主要是为队员创造积极、高效的工作环境，并帮助他（她）们获得成功。

据统计，在所有诺贝尔获奖项目中，因协作而取得成功的占三分之二以上。在诺贝尔奖设立的头 25 年中，因合作而获奖的占 41％，而现在则上升到 80％。

高效能的团队都有一些共性，譬如说拥有共同的目标、合理的分工与协作、高度的凝聚力、团队成员间相互信任、有效的沟通以及强有力的团队领导人。“完美的个体”是不存在的，但建设一支“完美的团队”却是完全可能的。组建优秀团队并保持其高效运作，可采取以下一些建议。

（1）团队的多元性。团队中应包括不同个性和不同才能的人，这样可以充分利用员工各自的特点进行优势互补，从不同角度保证目标的实现。寻找合适的、个性相容的、技能互补的成员，组成一个能够在最短时间内创造出最好成果的工作团队，是一个相当重要的挑战。

（2）合理的目标。目标为团队指明方向，应能代表团队的意志，并能获得团队中大多数成员的认可。

（3）为团队掌好舵。团队领导者为团队提供指导，其最重要的职责之一就是在保持组织活力的同时，确保团队始终朝着一个方向发展，始终不偏离目标。领导者还需做出正确的决策，在客户期望与团队能力之间进行协调。

（4）允许团队成员犯错，并立即予以纠正。没有人永远不犯错，关键是要让团队所有成员从错误中获得教训，使之成为一笔财富。

（5）充分利用个人魅力。领导者应充分尊重团队成员的个体差异，包括他（她）们的性格、信仰、成长背景、家庭背景、价值观及需求。领导者应有宽广的胸怀，能够坦然接受成员的意见和建议，切忌居高临下，任何时候都不要摆出一副不可侵犯的面孔。

（6）给成员更多参与的机会与想象空间。作为团队领导者，应该严格控制自己的个人主义行为，尽量让其他成员有更多的参与机会和想象空间。不必担心员工会将事情弄砸，他（她）们根本不像我们想象的那样脆弱和无能。每个人都很有潜力，如果给他（她）们机会，你会逐步发现他（她）们往往干得比我们期望的还要好。

（7）和所有成员分享关键信息和成果。这有助于增强团队的向心力和他（她）们的主动性，避免不必要的猜忌，而且还可使他（她）们感受到自己在团队中的重要性，增强其自信心。

(8) 培养团队精神。团队是依靠凝聚力和协作来完成目标的,强调的是整体性。身为团队领导者,应该努力使全体团队成员为实现共同的目标而全力以赴。如果团队中员工个人英雄主义过于强烈,即使能力再强,也未必能为共同目标作出较大的贡献。

第二节 设计程序与流程管理

小贴士

确切地知道你要别人去干什么,并使他用最好的方法去干。

——科学管理之父 泰勒

一、设计流程的概念

在激烈的市场竞争中,设计管理已经涉及从生产到销售,从实体到形象,从组织管理、市场开发到企业形象设计等多个领域。运用设计流程,可以对这些内容进行科学、合理的管理。首先,它可以让设计师清晰地了解自己的工作内容,细化工作项目,帮助设计师快速进入工作状态,引导和规范设计步骤。其次,设计师在流程的引领之下,可以兼顾品牌特质和发挥设计师个性这两方面,在利用流程规范设计的同时,也让设计师最大限度地发挥创造性思维。

制定流程就是把工作的每个阶段逐步细化,这样使得每位流程的制定者和执行者都对流程内容更加了解,更加清楚,可减少工作中细节上的失误,为设计工作的规范奠定基础。设计流程也是一个标杆,它的建立强化了设计人员内心的规划意识,能为整个品牌的发展形成一种无形的管理因素。

(一) 流程的概念

流程是企业以输入各种资源和顾客需求为起点到企业创造出对顾客有价值的产品或服务为终点的一系列活动及其之间相互关联的关系。有人把流程比喻成机场的塔台管制,流程控制就是负责监控工作进度、时间表和交件期限,流程扮演的角色就像熟知各项任务并能够合理安排各项设计工作的一个协调调度者,协调创意部、制作部与业务部等各个部门之间的合作关系,使各项工作在规定的期限内顺利进行。

在设计管理中,学者一般把设计流程理解为设计程序,但在管理学中的"流程"和"程序"是两个互相关联但绝不等同的概念。"程序"可以体现出一件工作中,若干个作业项目哪个在前、哪个在后,即先做什么、后做什么。"流程"除了可以体现出先做什么、后做什么之外,还可以表示出每一项具体任务由谁来做,即甲项工作由谁负责,乙项工作由谁负责。如此一来,若干个作业环节,以及它们的责任人和责任人之间的相互工作关系便一目了然地表述出来,而程序无法做到这点。

在企业中强化"流程"的观念,用务实、有效的方法来贯彻执行流程,已经成为企业的核心竞争能力之一。企业所有工作都是运行于流程之中,而流程的具体内容会因企业业务性质和经营方式的不同有所区别，如流程中的程序安排、工作任务分配、责任人归属、绩效指标、时间安排及相关资源利用等。

（二）流程设计中最基本的流程处理技巧

(1) 纵向压缩：主要是尽量减少部门内部的活动承接，而转向许多活动由同一个人去完成，进而提高内部完成的效率，同样也提高流程运行的质量。

(2) 活动的归属：达到的绩效对哪个部门或岗位有最大的影响，则这些流程活动就应该归属于哪个部门或岗位，这样一来，也方便企业的绩效责任考核，提高流程界限的划分依据。

(3) 并行工程：改变活动前后承接的观念，而转向许多活动同时开始操作，就如同电路中的并联，以并联为主，结合串联来提高耦合的效率。并行工程理论的出现，对流程改进也提供了很好的理论基础，这样一来，流程的效率就大大改进了。

(4) 单点接触顾客：体现"一对一"的管理原则，面对流程客户的时候，最好是一个部门或一个岗位，而不是许多部门或岗位同时面对同一个流程客户，这样可以提高客户接受产品、服务、信息的唯一性。

(5) 过程多样化：流程只是界定了一种工作方法，但在操作细节上很难标准化，所以在流程运行过程中，很多过程活动还需要尽量罗列和说明清楚，以便操作者能够不脱离流程要求。也即尽力考虑更多的操作环节，即使用不上，或者某些活动没太多的要求，也尽力达到流程的标准化程度。

(6) 减少控制环节：很多流程都体现了活动的决策环节，从而降低了流程的运行效率，因为决策或拍板需要其他人做出。这一方向只适用于企业管理水平比较成熟的企业，对于从"创业期"向"发展期"转型的企业来说，更要增加控制环节，而不是减少控制环节。但是，要加强控制的标准化，并提高控制的效率。

(7) IT技术的应用：主要通过引进先进操作系统来规范业务和管理活动，或者是通过IT技术的开发来优化业务和管理活动，以提高企业正常的运转效率。在这里需要特别强调IT技术与流程管理的对接。例如：目前中国大部分企业在ERP系统引进上照搬别人的东西，忽视了自身流程的特点，从而导致了ERP引进的失败。

（三）设计流程

由于企业性质和规模、产品性质和类型、所利用的技术、目标市场、所需资金和时间要求等因素的不同，设计流程也相异，有各种不同的提法，但都或多或少地归纳为若干个阶段。

如英国标准局的"BS 7000：1989"手册，将产品创新程序规定为动机需求（动机—产品企划—可行性研究）、创造（设计—发展—生产）、操作（分销—使用）、废弃（废弃与回收）4个阶段；日本国际设计交流协会为亚洲地区制作的设计手册将设计行为分为调查（调查、分析、综合）、构思（战略、企划、构想）、表现（发想、效果图、模型）、制作（工程设计、生产、管理）、传达（广告、销售、评价）5个阶段。

不管如何划分，都应该根据企业的实际情况做出详细的说明，针对具体情况实施不同的设计项目的流程管理。

二、产品设计流程中的管理与协调

（一）产品设计流程

产品设计流程一直是工业设计界所讨论的问题。从系统的角度看，产品设计是一种由多重相关要素构成的方法系统，同时也是一个由多种方法构成的过程系统。在整个产品生命周期（从产品诞生到消亡）中，产品设计活动仅仅是一个子系统，如果从企业的宏观策略上看，产品设计只能是大系统中的一个关键要素，如图 4-9 所示。

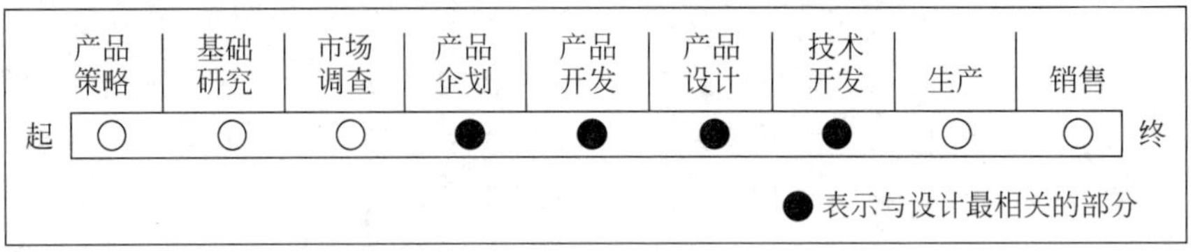

图 4-9　产品开发设计过程

（图片来源：凯文·福斯伯格，哈尔·穆益，霍德华·科特盛. 可视化项目管理. 北京：电子工业出版社，2002）

这是产品开发设计的完整过程，展示了从制定产品战略到市场营销的全过程。在实践中，设计过程是一个动态变化的过程，受外部条件影响很大。因此，设计系统的构成变化多端。如果将产品设计本身看作一个系统，那么一个产品的设计开发流程通常可分为产品规划、方案设计、深入设计、施工设计和市场开发等。图 4-10 所示是从功能论角度出发的产品设计流程。

一般对设计流程的界定，大多以任务的选择为起点，进而进行造型设计、机械设计、模型制作等。上面两个流程图均是从产品设计角度出发偏重于设计方法的理论图示，下面介绍的是石川弘提出的一般情况下的工业设计流程图（见图 4-11），它是从项目管理的角度出发，偏重于项目操作的设计流程。这个图示以设计项目的工作流程为着眼点，涉及设计项目周期内从计划、组织到监督、控制的过程，重点展示产品从计划到投产的详细过程。

在实际设计中，这些过程的某些环节要素会变化和调整，从而构成不同的设计系统。由于项目委托人的要求不同，不同产品种类的不同设计项目也有不同的设计程序，以上所列举的也并不是必须经历的过程。一辆汽车的外观造型设计流程与一个玻璃杯的造型设计流程是不同的，同为日用品，太阳镜与手表的设计流程也是不同的。

对于设计公司，可能客户会一早策划好要开发产品的大致方向和要求，也相应确定了产品投放市场的时间表，并不要求设计公司做设计策略，也可能其设计交付物仅为图纸或模型而不涉及结构设计、试制等。但无论如何变化，基本原理是一定的。

产品的设计流程一般具体表现为设计流程与业务流程两个方面。

1. 设计流程

市场调研：包括消费者调研，品牌知名度、忠诚度调研，竞争者调研，产品价格调研，整体表现调研等。

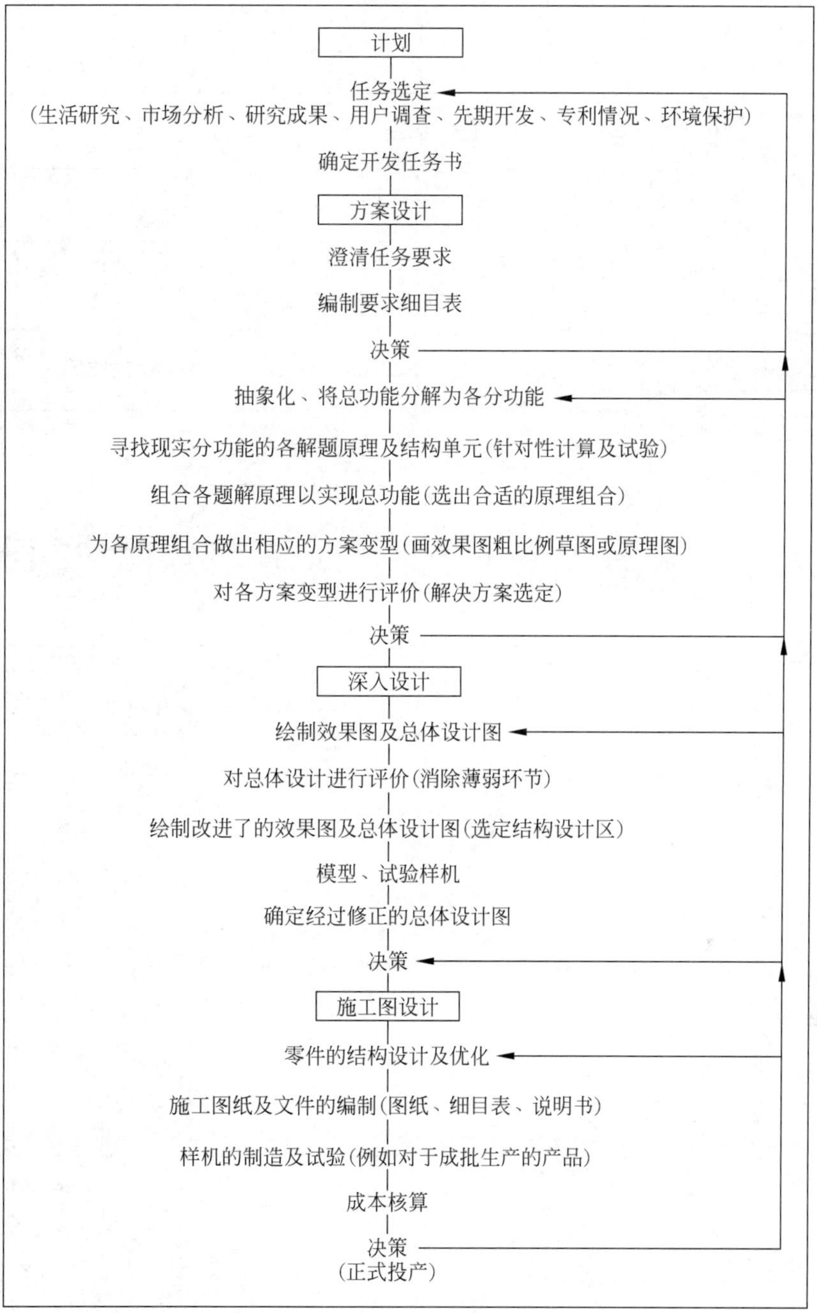

图 4-10 产品设计流程

(图片来源：简召全. 工业设计方法学. 北京：北京理工大学出版社，2000)

产品设计：以文化、艺术、社会、生活为背景，以市场为目标，消费者心理为导向，选择不同的表现方式及具体有效的策略。它包括产品设计思路、产品设计风格以及预算等。

形象表现：从策略出发来确定产品的设计表现方式，提交给客户不同创意风格的方案，为企业寻找产品设计成品的最佳表现方式(材质、大小及印刷工艺等)。

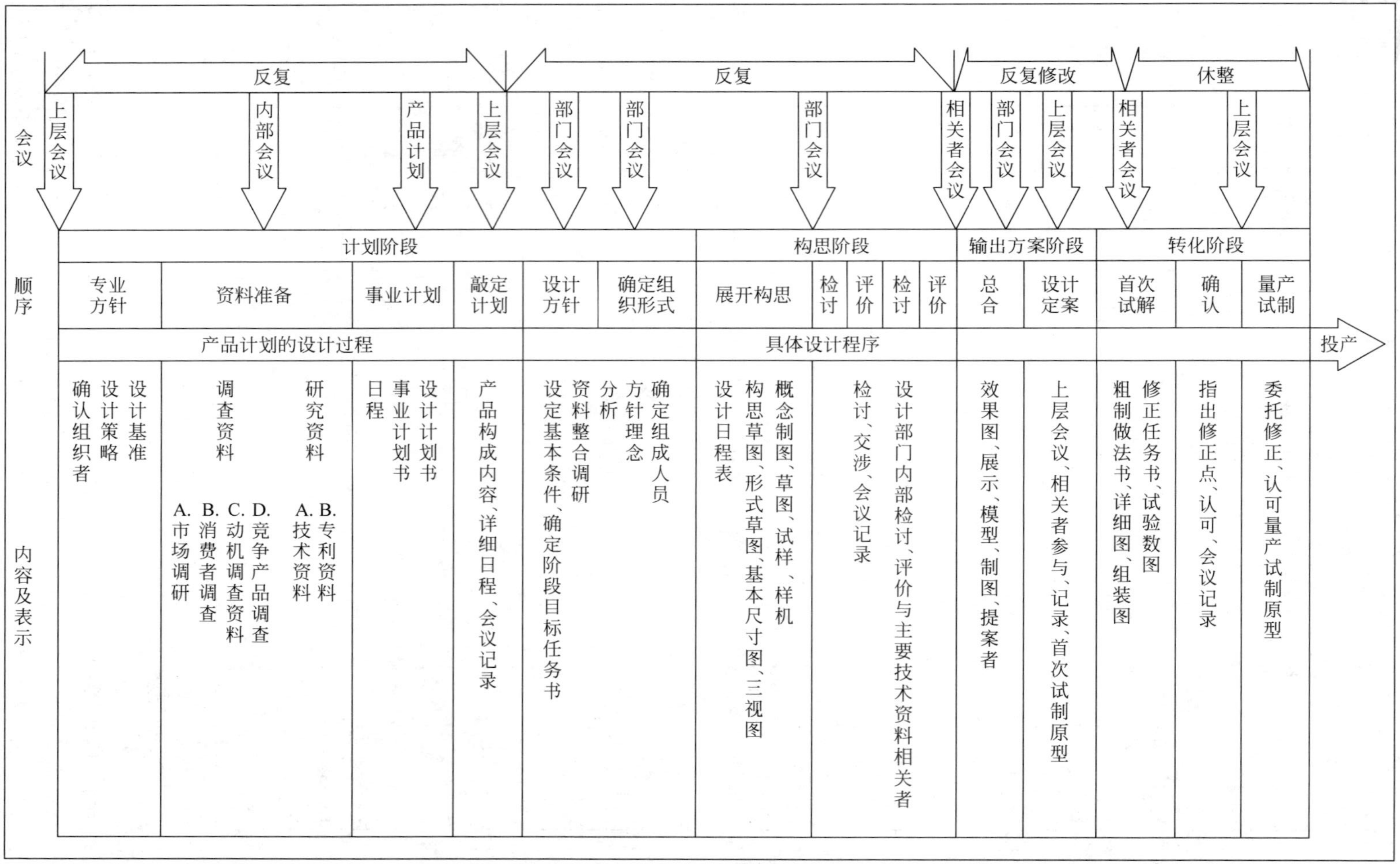

图 4-11　工业设计流程图

（图片来源：整理自石川弘. 总体设计——传达信息的商品研究）

形象推广：经过市场分析研究、产品设计并最终确认表现方式后，进行品牌具体的推广操作。如媒体计划、广告投放等。

效果评估：从市场收集样本客户反映等信息进行分析，评估产品设计效果，进一步了解客户及产品的需要，以便今后制订出更合理的计划。

2. 业务流程

前期准备阶段：客户需求分析，了解自己所需要的设计资源，清楚设计细节要求，在尊重设计专家的原则下，清楚设计问题，列出重要的设计限制，达成初步合作意向后，收集整理资料，通过沟通、倾听和体会了解企业包括它的产品特色、市场和行业背景，清晰地了解企业到底要做什么，设计方可以提供怎样的服务；制定整体方案策划，明确客户具体需求，明确项目目标、工作内容、项目实现方式、项目费用、合作双方详细资料等；完成设计初稿。

签订项目合同阶段：初稿认定后与客户再次深度沟通确认工作内容、程序、时间、组织、成果及费用等项目组成要素，双方达成合作意向签订项目正式作业合同。

项目作业：专职项目经理和设计人员完成全部设计，出样稿；客户一校确认文字无误通过后签字出片打样，打样送客户签字；出货验收项目完成。

（二）产品设计流程中的质量管理

产品设计流程中的质量管理能使提出的产品设计方案达到预期的目标并在生产阶段达到产品设计所要求的质量。这要求，产品设计各阶段各环节严格依照明确的产品设计程序，并在产品设计过程的每一阶段都进行质量评估。

各阶段的检查与评估不仅起到监督与控制的作用，其间的讨论还能发挥集思广益的作用，有利于产品设计质量的保证与提高。产品设计成果转入生产阶段后的管理对确保产品设计的实现至关重要。

在生产过程中产品设计部门应当与生产部门密切合作，通过一定的方法对生产过程及最终产品实施监督。

（三）产品设计流程中的成本管理

一个企业所具有的优势或劣势，最终取决于企业最小的成本和最大的收入。低成本是衡量企业是否具有竞争优势的两个重要标准之一。加强成本管理，更有效地降低成本，在企业经营战略中已处于极其重要的核心地位，它从根本上决定着企业竞争力的强弱。

成本管理的目标不再由利润最大化这一短期性的直接动因决定，而是定位在更具广度和深度的战略层面上。从广度上看，已从企业内部的成本管理，发展到供应链成本管理；从深度上看，已从传统的成本管理，发展到系统成本管理。成本管理的重点主要放在产品开发阶段，并将其看成企业竞争成败的关键。良好的方法可以使流程成本大幅度下降，其幅度会远远超出传统削减成本的做法。

成本规划工作贯穿产品开发的全过程，大体上遵循以下的程序。

确定新产品开发任务的同时规定新产品开发成本。目标成本是按照市场预测的销售价格、企业中长期计划目标利润应用售价减法公式来确定的，目标成本按照产品结构分解落实到产品的各个总成本和零件上。

在产品开发的每个阶段均对目标成本实际达到的水平进行预测和对比分析，根据分析对比中发现的问题，通过价值分析方法，研究和采用降低成本措施，保证不突破目标成本。

（四）产品设计流程中的设计事务管理

中国台湾的邓连成教授认为产品设计流程中的设计事务管理比较重要的部分是设计行政事务管理、工作室管理与时间管理。

设计行政事务管理一般包括 3 个阶段。第一阶段是接收项目，要做简单的分析报告，把客户资料建档，设计费用报价，多次协商签订协议书。第二阶段是执行设计，先安排设计工作，准备初期设计提案，并送出发票请款，最后工作画面完成并监督生产，持续性请款。第三阶段是工作结案报告，最终请款，重要记录归档。

工作室管理主要包括对平常与时常所需要且应做之事养成即时处理的习惯。邓连成教授提出的黄金教条就是“对工作室的琐事应给予经常性处理的片段时间，而不是要等到事务堆积成山时，才放下所有事务，以大量时间去清理此些杂务”。也就是要时时提醒自己，定期去处理工作室的琐事与杂务，每天至少拨出一小时。

时间管理主要是根据事情的轻重缓急进行分类，根据事项的优先度对时间进行管理，可以用储存盒、储存卡或吊式夹等用品处理日常文件，把所有事务进行分类：①需要立即处理的；②可延期再处理的；③未决定而处理中的；④仅需要阅读知晓的事项、事务亦须加以归档以利日后参考的。有突发紧急情况就做危机处理，按照紧要程度对时间进行管理。

（五）设计流程管理系统需注意的 6 个问题

（1）设计流程的定义和表达。设计流程有其自身的特点，用什么样的数学模型来描述设计流程并确保其完整性和灵活性，用什么样的形式在计算机上表现是设计流程管理系统首先要解决的问题。

（2）设计流程的控制和约束。如何确保一个实例化的设计流程在规则的约束下有序地运转，在正确的时间将正确的任务发送到正确的承担者的桌面，需要有一个严密、灵活的约束和控制机制，它既能保证设计流程的规范性，又能适应各种不同的设计流程类型。

（3）设计流程中权限控制。保证任务的不同承担者只能完成其权限内的相应操作，确保数据的安全性和流程管理的可信度。

（4）设计流程中的协调通信机制。在确保关键流程环节有序进行的同时，应为设计人员提供以网络为支持的通信、交流和沟通的手段，实现贯穿在主流程中的有效的协调机制。

（5）设计流程中的统计和报表。该功能将为项目管理者提供方便的数据收集、项目统计能力，并用图表或报表等方式表示，实现对项目的跟踪和管理。

（6）流程管理中的“推”技术。为了使设计流程有效地流转，需要流程管理系统将“任务”和“项目信息”在正确的时间推到任务承担者的桌面，而不是设计人员去服务器中取任务，从而推动整个项目按预定的计划进度进行，这种“推”的技术将有效地缩短项目周期。

三、设计项目流程

(一) 设计项目管理的基本概念

科学、合理的设计流程管理,是让各项设计工作有条不紊进行、按时实现目标的关键。设计项目管理是一种以设计项目为对象的系统管理方法,为实现设计项目利益相关者的需求和期望,通过建立临时性的专门设计团队,对设计项目进行高效的计划、组织、指导和控制,合理配置设计资源,协调和优化设计目标,实现对设计项目全过程的动态管理。所以从本质上讲,设计项目的管理实际上就是对设计运作中的流程进行管理。

(二) 设计项目流程管理

设计项目流程管理是设计管理者为了实现在设计规划书中对设计的质量、成本及日期所规定的目标所做出的控制性作业。实质上就是管理者对具体的设计项目在执行时所做的全面管理工作。这些工作包括设计日程管理、设计与品质管理、设计与成本管理等。与此同时,设计评估必须同时进行,它是设计过程中不可或缺的一个重要环节,也是设计项目管理中的重点。

所谓评估,是对某种事物价值的评判与界定。设计评估是指在设计过程中,通过系统的设计检查来确保设计项目最终达到设计目标的有效方法。其最主要的功能是能及时排除设计中存在的问题,确保设计质量和最大限度地降低产品开发风险。怎样的作品才算好？这就涉及设计的评价标准。

产品设计师多半是固执的,这种固执表现在对产品设计的执著上,也表现在自我认定上。例如"自己的就是最好的"。可以理解产品设计师的自信,但是,充斥意气的做法是危险的,特别对商业产品设计而言。评价标准建立的关键就在于针对具体某个项目,定下各个分项的"满分值"或"及格值",从而以此来衡量评价最终结果。而这个因地制宜的"分项标准"如何制订呢？这就需要对具体项目的具体问题具体分析,通过实事求是的分析来找出评价标准的侧重项。

事实上,这种制订评价标准体系的过程,与其说在项目完成后进行,用来评价,不如说更应该在产品设计之前就开始着手,通过对项目的"产品设计前研究",提出问题、制定方向、有的放矢,做出让客户和自己满意的作品。

1. 设计项目流程概念

设计项目流程是指一个设计项目从开始到结束的全过程中所包含的各阶段的工作步骤。

2. 设计项目流程分类

(1) 串行设计流程(见图 4-12)

串行设计流程可以确保每一开发步骤都得到执行,过程相对简单,开发风险比较小,成本、过程和结果都比较容易,因此适合于开发能力较低、对于开发成本比较敏感,或者对抗产品市场风险能力较弱的公司。

(2) 并行设计流程(见图 4-13)

并行设计流程通过各职能人员的协作,使设计流程中的某些阶段尽可能同时进行。

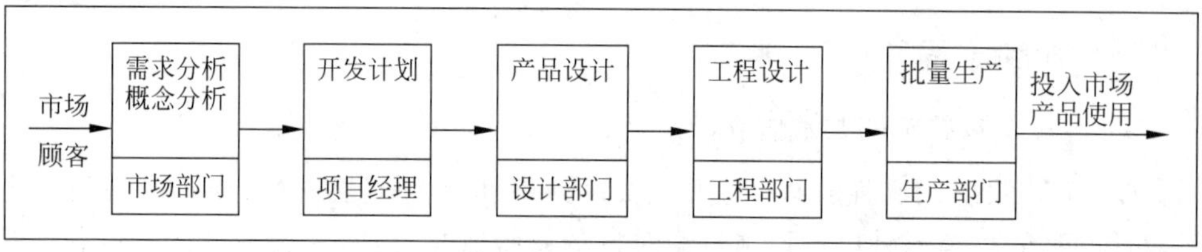

图 4-12 串行设计流程

（图片来源：http://articles. e-works. net. cn/pdm. article47079-1. htm）

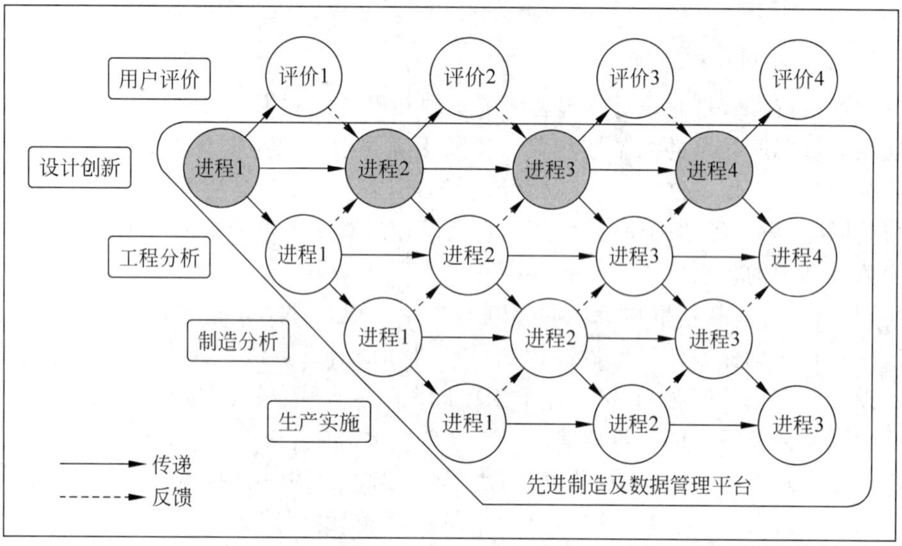

图 4-13 并行设计流程

（图片来源：http://articles. e-works. net. cn/pdm. article47079-1. htm）

这样大大缩短了产品设计的开发周期，降低了产品成本，缩短了产品上市时间，从而提高了产品的竞争力。并行设计流程与串行设计流程对比图如图 4-14 所示。

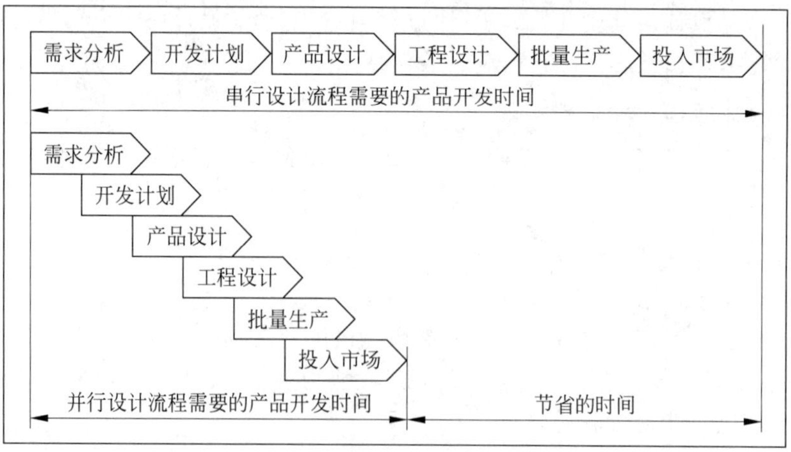

图 4-14 并行设计流程与串行设计流程对比图

（图片来源：http://articles. e-works. net. cn/pdm. article47079-1. htm）

并行设计将产品整个生命周期中的各种因素(包括质量、成本、进度和用户需求等)考虑到设计活动中去,更具有可靠性。设计小组能够实现市场、技术和生产等信息与技术的共享,能够进行跨职能的决策。它强调功能和流程的集成,能够实现多学科领域专家的群体协同工作。但是,由于并行流程中包括多个子程序,各个子程序又有各自的目标,它们相互作用、相互制约,随时可能发生冲突。

这需要通过合理协调设计任务规划,充分共享信息资源,进行全面细致的设计考虑来减少和避免冲突问题。如果不能有效解决,要采取人工协调加以解决。在并行式设计过程中,还存在管理难度大、小组人员的责任不明确、各种信息的收集和传递方面需要大量的调整工作等方面的缺陷。

案例六

宜家设计项目管理与设计组织

宜家(IKEA)设计政策及设计战略的确立决定了企业的发展方向,并通过有效的设计管理让整个企业的设计运作都服从这个最高决策。宜家的设计指导政策是低价、系列丰富、设计优良、环保。所有其他的设计决策都以它为指导。

1. 宜家的设计政策

(1) 宜家的企业文化

宜家的企业文化有两个要素。一个是北欧文化。宜家产自北欧瑞典,北欧设计的发源地之一,宜家很自然地秉承了这种地域设计文化。而北欧设计的“简约、清新、自然”还体现在其为解决问题而设计,不矫揉造作,风格朴实,这种地域性的设计风格也自然成为宜家的企业文化背景之一。

另外一个是家族文化。迄今为止,它还属于坎普拉德和他的儿子们的家族企业。自创建初期,“家”就是这个白手起家的家族企业的核心字眼,因为在宜家的初期发展阶段,正是坎普拉德的家人给予了他最直接、最有力的支持,坎普拉德也因此把公司看成自己的家,公司的员工就是坎普拉德自己的家庭成员,这为宜家的企业文化奠定了非常重要的基础。也正是这种对家依恋的感情让坎普拉德在将来的事业中将家具卖场提升为家居卖场,他希望实现一种亲切氛围、一种家的感觉。这很好地传达了宜家的居家生活的理念——家的精神。坎普拉德将这种精神在自己创建的企业中发扬光大并使之成为新时代全球著名成功企业的一个新理念,它形成了企业文化中非常重要的一点——节俭意识。宜家正是以这样的企业文化为基础逐渐发展起来的。

(2) 宜家的品牌理念

企业之间的竞争发展到今天,已经进入了品牌竞争的时代。美国广告研究专家莱利·莱特曾有一句名言:拥有市场将会比拥有工厂更重要,拥有市场的唯一办法是拥有市场主导地位的品牌。宜家的品牌理念在企业文化的基础上,随着时代的进步也在不断地充实和完善,主要体现在两个方面:大众家居和绿色家居。

(3) 品牌文化下的宜家设计政策

设计政策是企业在总体经营策略下为使设计渗入各项工作而确立的设计总体方针与范围。从其中的“渗入各项工作”可以看出,设计在企业中的作用其实是相当重要的,它深入企业的各个部门、各项工作、各种生产环节中。而设计管理所要覆盖的范围其实也是非常庞大的，设计政策正是为这样复杂的设计管理工作提供一个总的指导信息。

宜家是一个典型的设计导向型企业，它的成功经营取决于它的成功设计。因为在宜家，设计政策真的做到了将设计渗入各个工作领域与环节。在各部门的具体工作之上，总体的设计指导在起作用，这从宜家的产品中可见一斑。根据宜家的品牌定位，宜家的产品拥有众所周知的几个特点：设计精美且实用；足够低的销售价格；丰富的产品线；产品的环保性。从这几个特点中可以归纳出宜家的企业设计政策：在环保和低价格的前提下，保证产品的设计优良且类型广泛。

2. 宜家物流链的成本控制

成本包括花费在输入、转换过程和将输出送到市场上的金钱。原材料、设备、资本、制造、营销、送货和人工只是需要仔细管理的成本中的一部分。所谓成本管理是指对企业生产经营活动中所发生的成本和费用有组织有系统地进行预测、计划、控制、核算、考核和分析等一系列科学管理的总称。它的主要内容包括成本预测、成本计划、成本控制、成本核算、成本考核与成本分析等。

宜家将节省成本的任务分配给物流链上的各个环节(见图 4-15)，做到每个环节成本最低化，从而节省产品的最终成本，实现物流链成本控制的目的。图 4-15 是宜家实行成本控制的过程。

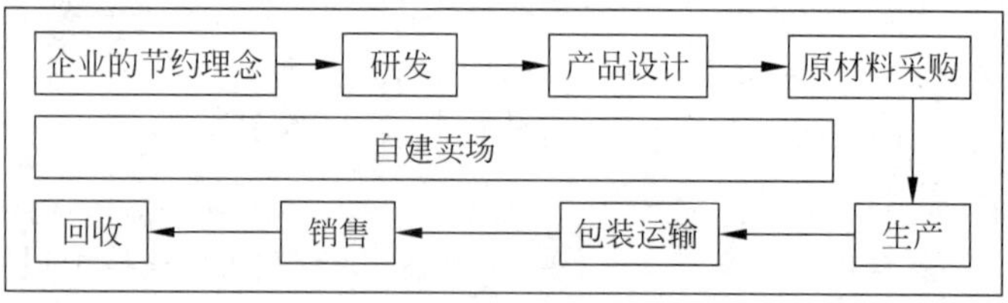

图 4-15 宜家成本控制的过程

(图片来源：http://wenku. baidu. com/view/d5bd8d6248d7c1c708a145d8. html)

面对同样的价签，谁的设计成本更低，就采用谁的设计方案。这是宜家产品设计阶段的原则之一。因此，设计师在设计中的竞争焦点常常集中在是否少用一个螺丝或能否更经济地利用一根铁棍上。这样不仅能有效地降低成本，同时，杰出的创意也往往因此产生。

最典型的例子是宜家的邦格(Bang)杯子，它最初的定价是 5 瑞典克朗，这在 1995 年是一个超低价格。设计师在设计、材料、工艺方面的每一个细节都仔细考虑，甚至颜色的选择也影响到成本，为此，邦格杯子的颜色定在了蓝、黄、白和绿色，因为这几个颜色的成本要低于其他颜色。

为保证产品以绝对低的价格生产，宜家在研发阶段还必须为要开发的产品制定价格，这正是宜家解决低价格的手段之一——先制定价格再设计产品。因此，在产品设计前的研发阶段，宜家就拥有一套自己的定价体系。

首先，宜家的“产品战略委员会”下达指令给产品的开发者。“产品战略委员会”是宜家一个跟踪全球消费者趋势并建立宜家产品线优先等级的委员会。该委员会就像某种神经中枢：它感觉到外部市场环境的变化，并向下传递。比如，由委员会传达下来的一个问题就是：在世界范围内，厨房将慢慢地替代起居室，作为家庭的社交和娱乐中心。

接着，产品的开发者也就是不同产品系列的开发部门经理开始策划下一步的具体开发项目。他针对“产品战略委员会”的指令得出这样的结论：这意味着厨房不仅要对客人显示干净与舒适，还要显示主人的热情。舒适在亚洲可能被表现为一种较小、惬意的家具与空间，而北美消费者热衷于大玻璃和巨大的冰箱。因此，指令被具体化为“适合小空间的家具”和“多考虑大的和立方的家具”。

然后，将所有宜家的带有价格标签的厨房标准件放入“矩阵”中来确定宜家产品线上的漏洞，发现空白点。就如厨房产品开发经理发现宜家有很多高价格的独立厨房岛，但遗忘了适合小空间使用的较为低廉的厨房单元。最后，产品开发经理调查竞争者，以计算出这种新产品的价格。目标是比对手的价格低30％～50％。

3. 宜家的产品设计开发过程

宜家的产品设计通过设计管理而有了明确的目标和意义，同时它作为宜家的关键性部门，也遵循着适合自己的运作规律，通过设计项目管理保持与宜家其他部门的协调性。

(1) 市场开发

善于发现市场的空白。1997年宜家开始着重开发儿童产品，通过调查显示儿童产品领域发展前景广阔且竞争并不激烈，致使儿童产品成为宜家商品中最重要的门类之一。

同时，宜家对产品的开发非常注重前期研究，开发与设计人员积极地寻找与配合各个领域的专家学者，旨在开发出真正合理优秀的、服务于消费者的产品。2002年，为了在宜家著名的IKEA PS(IKEA Post Scriptum，IKEA最新的现代设计)产品系列中开发儿童产品系列，宜家寻求了许多在儿童玩耍方面很有经验的老师和心理学专家，甚至是孩子来共同研究、试验，提出了“玩乐家居”的儿童家居概念，倡导了新的儿童生活理念。

(2) 设计组织

宜家由强大的产品研发团队与设计团队组成。研发小组负责市场的调查、开发产品系列以及研究新的材料与生产技术；设计团队则接受新的设计任务，同时配合研发小组将新技术、新材料运用到产品设计中，创造出功能强大、设计优良的新产品。他们之间密切配合，共同创造新产品。

宜家拥有12名专职的产品设计师，但并非所有产品都来自他们，大约有80名企业外部设计师在为宜家做着兼职的设计工作。针对不同产品的开发设计，宜家的研发机构会邀请不同专长的外部设计师来共同参与设计工作，采用内外设计师相互竞争的管理机制来共同完成设计任务。

当设计工作还处于绘图设计阶段时，每个设计师的设计作品就要接受关于功能、质量、物流配送、环保、价格等决定性因素的分析评估。与此同时，设计团队中的其他人员则配合进行设计工作。因为宜家的设计与物流链上的其他环节有着密切关系，成本、消费者诉求以及环保都是设计过程中的导向因素。因此，与设计师密切配合的还有产品研发人员、采购人员以及市场人员等，甚至还需要与供应商进行直接沟通。就如采购人员与世界范围的供应商之间保持良好的联系，他们很了解哪个供应商能够在适当的时间以适当的价格并保证高质量地完成生产工作，这对于设计师的设计成果的可行性具有高价值的评估作用。

很多时候，设计师本身对供应商的生产能力的了解或者是事先与他们的充分沟通也能激发设计师的创造灵感，带来更好的想法。就如宜家设计师 Niels 设计的 MOMENT（莫门特）沙发："当我们选择生产这种沙发的生产商时，我们去了一家生产超市里用的手推车的工厂，手推车必须坚固耐用，我们正好想利用它们的这一优势。以此作为出发点，我们创造出了新颖、舒适、低价位同时又具有现代感的沙发。我们于 1987 年设计了与之配套的咖啡桌获得了瑞典优秀设计奖。"

（3）设计流程

宜家使用逆向思维方式产生了一个与众不同的设计流程，就是先定将要开发的产品的价格。为宜家工作的设计师并不只以优良的设计理念作为优秀设计的标准，更重要的标准是他们的设计是否能以规定的价格生产出来并卖到顾客手中。

只有以成本为导向的设计才能产生这样成功的逆向行动。与此同时要确定生产这个设计的供应商。只有设计成果与生产条件匹配时才能使宜家产品的品质有所保障。这也是针对宜家的设计思路产生的一种必要过程。

（案例来源：http://book.hzu.edu.cn/262736.html）

第三节　设计项目管理

一、设计项目管理概述

（一）项目工作的特点

项目一词最早于 20 世纪 50 年代在汉语中出现，现在已成为人们生活中耳熟能详的词汇。安排一场宴会、设计一款新手机、汽车新款发布、策划一场婚礼、对品牌形象进行更新、主持一次会议等，这些在我们日常生活中经常发生的事情都可以称为项目。所以我们可以来这样简单理解项目：项目是一件事情、一项独一无二的任务，也可以是在一定的时间和一定的预算内所要达到的预期目的。

美国项目管理协会 PMI 对项目这样定义：项目是一系列特殊的将被完成的任务，是在一定条件（时间、成本、质量、范围）限制下，满足特定目标的多项相关工作的总称。

项目具备的以下的一些特点使它与日常的工作区别开来。

1. 一次性

这是项目与日常运作的最大区别。项目有明确的开始时间和结束时间，它是临时性的、一次性的有限任务，必须有始有终，而日常运作是无休止或重复的活动。例如绘图就不能称为项目。

2. 目标的明确性

项目都有一个特定的目标，并有为实现这个目标而制订的周密计划，且最终能产生一个独特的产品或服务。正因为如此，每个项目都有自己的独特性，每个项目都不同于其他的项目。

3. 组织的临时性和开放性

项目的执行需要通过项目小组来完成，项目小组在项目开始时建立，完成时解散，并且组织中的成员及其职能在项目的执行过程中也会不断地变化。项目组织没有严格的边界，在大而复杂的项目中，往往需要多个单位共同协作，它们通过合同、协议以及其他的社会联系组合在一起。

4. 周期性

每个项目在时间上都有其寿命周期，它的过程是渐进的，通常要经历几个阶段。

5. 约束性

项目通常受到时间、资金、资源等许多条件的约束。

（二）设计项目

1. 设计咨询与服务多以项目的形式展开

从上述项目的定义与特征，我们可以得出，设计项目是广义的项目中的具体而特殊的一种形式。一方面，它仍具有项目的特征——一次性、目标的明确性、周期性、约束性等。现在，设计各个分支专业之间的界限正在消弭，设计与其他学科间的交叉与联系越来越紧密也加强了这种项目化的趋势。

当代设计与手工艺时代的单打独斗已不可同日而语，它更应该被描述为一种多元文化背景下，多学科交叉的团队行为。譬如网站设计、小区规划、酒店空间设计、服装设计、公园视觉导向设计、产品设计等，任意选取一个设计任务，多是以项目的形式展开。它表现为在统一的策略指导下，甲乙双方共同协作，在设定的时间期限内，对各类设计以及相关资源予以合理配置，促使创新概念的生成，并在执行过程中控制监督，以保障良好效果的实现。

另一方面，设计项目又有自身的特点与规律。由于设计与一般的人类活动相比，带有强烈的感性因素，创意、概念、色彩、形状等都无法去量化衡量，所以设计项目的一些要素，比如团队组建、概念评估、成本回报等都无法套用一般的项目管理理论，而需要结合具体情况具体分析。

2. 设计项目的生命周期

上述提到项目有着周期性的特征，每个设计项目在时间上也都有其寿命周期，通常称为设计项目的生命周期。设计项目的生命周期是渐进的，通常要经历几个阶段。每一个阶段并非以串联的形式进行，而是更多地采用了并行设计的概念，不同的阶段可能出现重叠或并列进行。

对设计项目阶段的划分没有固定的形式，学者们一般将其分为定义阶段、计划阶段、实施阶段与结束阶段。在每一个阶段内，项目任务都各不相同，设计项目管理人员要不断地进行沟通，合理配置设计资源，协调好时间、质量及成本等约束条件，不断地做出科学的决策，从而使项目处于最佳的运行状态。图 4-16 概括地描述了项目生命周期内各工作阶段的工作量。

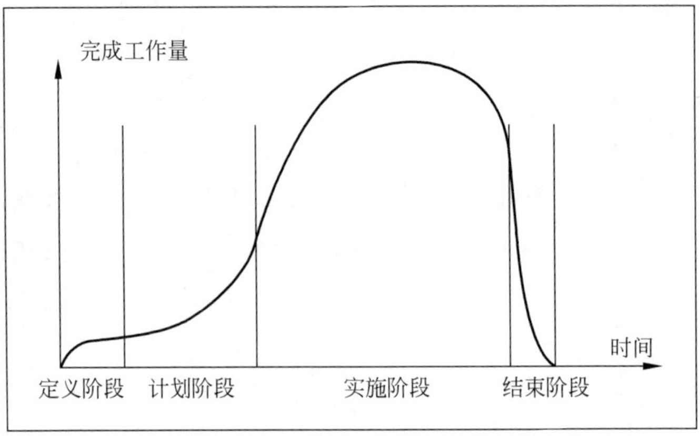

图 4-16 设计项目的生命周期曲线

（图片来源：李艳．设计管理与设计创新．北京：化学工业出版社，2009.）

（三）设计项目管理

1．项目管理的基本理论与方法

项目管理是“管理科学与工程”学科下的一个分支，它是处于自然科学与社会科学之间的一门边缘学科。从根本上讲，项目管理并不神秘，人类数千年来进行的组织工作和团队活动，都可以视为项目管理行为。将项目管理发展、提炼成一种具有普遍科学规律的理论模式，也只是近年来的事。

项目管理(Project Management)最初的名称来源于美国的曼哈顿计划，后于20世纪50年代引入中国，20世纪70年代至20世纪末是项目管理发展的黄金时期。随着各类项目日益复杂、规模也日趋庞大，项目管理从最初在军事与航天上的运用拓展到建筑、工程、电子、通信、计算机、金融、投资、制造、咨询、服务等各个领域，成为国家与企业日常管理的重要工具。

项目管理是指项目的管理者，在有限的资源约束下，运用系统的观点、方法和理论，对项目涉及的全部工作进行有效的管理。即从项目的投资决策开始到项目结束的全过程进行计划、组织、指挥、协调、控制和评价，以实现项目的目标。

美国项目管理协会PMI(Project Management Institute)是项目管理的权威机构，也是全球领先的项目管理行业的倡导者。1987年PMI推出了《项目管理知识体系》，简称PMBOK，目前PMBOK已经成为全球公认的标准。PMBOK中系统地归纳了项目管理的9大知识领域，如图4-17所示，9个方面从不同的管理职能的角度，说明了现代项目管理所需要的专业知识和技能。

(1) 项目整体管理(Project Integration Management)是指为确保项目各项工作能够有机地协调与配合而开展的综合性和全局性的项目管理工作与过程。它包括项目计划的制订、项目计划的实施、项目变动的总体控制等。

(2) 项目范围管理(Project Scope Management)是为了实现项目的目标，对项目从立项到完成的整个生命周期内的工作内容进行控制的管理过程。它包括范围的界定、范围的规划、范围的调整等。

(3) 项目时间管理(Project Time Management)是为了确保项目最终按时完成的一系列管理过程,又称为项目工期管理或项目进度管理。它包括具体活动的界定,如活动排序、时间估计、进度安排及时间控制等多项工作。

(4) 项目成本管理(Project Cost Management)是为了保证完成项目的实际成本、费用不超过预算成本、费用的管理过程。它包括资源的配置、项目成本估算、项目预算编制和预算控制等方面。

(5) 项目质量管理(Project Quality Management)是为了保证项目能够满足原来设定的各种要求而开展的项目管理活动。它包括质量规划、质量控制和质量保证等方面。

(6) 项目人力资源管理(Project Human Resource Management)是为了保证所有项目关系人的能力和积极性都得到最有效的发挥和利用所做的一系列管理措施。它包括组织的规划、团队的建设、人员的选聘和项目的班子建设等一系列工作。

(7) 项目沟通管理(Project Communication Management)是为了保证项目信息及时、准确地提取、收集、传播、存储以及最终进行处置所需要实施的一系列措施。它包括沟通规划、信息传输和进度报告等。

(8) 项目风险管理(Project Risk Management)是合理使用各种风险应对措施、管理方法、技术和手段对项目的风险实行有效的控制,妥善处理风险事故造成的不利结果,以最少的成本,保障项目总体目标实现的管理工作。它包括风险识别、风险量化、制定对策和风险控制等。

(9) 项目采购管理(Project Procurement Management)是为了从项目实施组织之外获得所需资源或服务所采取的一系列管理措施。它包括采购计划、采购与征购、资源的选择以及合同的管理等项目工作。

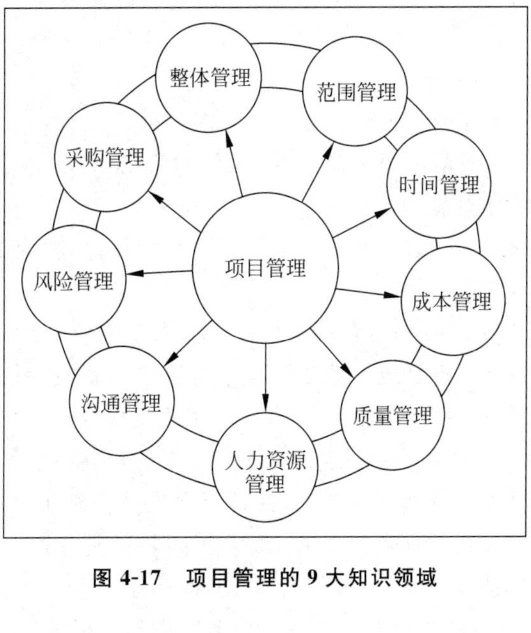

图 4-17　项目管理的 9 大知识领域

PMBOK 将项目管理过程划分为启动、计划、执行、控制和结束 5 大类，共 39 个管理过程，各个过程通过各自的输入和输出相互联系，构成整个项目管理活动。细分的 39 个管理过程按时间逻辑分为以上 5 类，按所属知识领域又归属为上述的 9 类知识领域，PMBOK 还从过程输入、输出以及采用的工具和技术的角度给出了项目管理过程的详细描述。

2. 设计项目管理

设计项目管理即对设计项目的管理，它本质上仍属于项目管理的范畴，因而前面提到的项目管理的基本原理、管理内容、方法也同样适用于设计项目管理。Peter Grob 曾这样理解设计管理——“项目经理为了实现共同目标，对现有的可利用的设计资源进行有效的调用”，可以看出，他的这种理解是仅仅从项目管理的角度、从日常操作的层面上来看设计管理的，这也从另一侧面反映出设计项目管理在整个设计管理中是较低层次的实务性管理。

(1) 设计项目管理的目标

设计项目管理的目标是通过合理配置设计所需的资源，整合设计项目的全过程，对设计项目进行高效率的计划、组织、监督和控制，以期在有限的资源限定条件下，实现或超过设定的设计目标。

(2) 设计项目管理的任务

设计项目管理的任务也就是设计项目管理的日常活动，它围绕着计划、组织、监督和控制 4 个方面展开。

① 设计项目计划：为项目撰写项目纲要并将其分解成各个管理阶段；对项目进行前期调查、收集整理相关资料，制作初步的项目可行性研究报告；建立设计项目，确立项目目标与设计目标，拟定设计策略；撰写项目规范。

② 设计项目组织：包括组建设计团队、确定组织结构、制作设计简报、制订项目执行和控制的基本计划、建立项目管理的信息系统。

③ 设计项目监督：主要是指设计评估，包括确立评估标准与方法、界定与分析设计问题、概念评估等。

④ 设计项目控制：从时间、成本及质量 3 方面来控制设计活动的进程，包括项目进程控制，跟踪和分析成本、管理项目中的问题、风险和变化等。

(3) 设计项目管理的特点

设计项目因为其成果——设计概念、设计文件的特殊性，相应的设计项目管理运作也有着自己的特点。

① 设计阶段的相对性。我们通常将项目的生命周期划分为几个阶段来管理，但是由于设计活动本身是一种创造性活动，它的发展过程是弹性而灵活的，所以阶段之间的分界十分模糊，这种阶段的划分是相对的，各阶段之间相互联结又互为渗透。

② 组织的特殊性。设计项目组织都是柔性、可变的，包括设计师在内的各类参与人员的组合会随着设计过程的发展不断调整，并且组织也是临时性的。

③ 设计经理负责制。设计项目管理是一种基于团队管理的个人负责制，设计经理是一个关键的角色，扮演着创造者、指导者、组织者、协助者、整合者、传达沟通者与媒介者的角色。

④ 目标管理。设计项目的管理方式是一种多层次的目标管理，设计的专业范围十分

广泛，管理者须协调好各类约束性条件，在较短的时间内达到设计目标。

二、设计项目的阶段管理

图 4-18 是一个完整的项目工作流程，可以看到从设计项目的建立到结束，可以大致分为 3 个阶段，分别是项目建立与规划阶段、项目执行阶段及项目评估与反馈阶段。设计管理在每个阶段的目标与任务各不相同，下面将分阶段进一步地阐述。

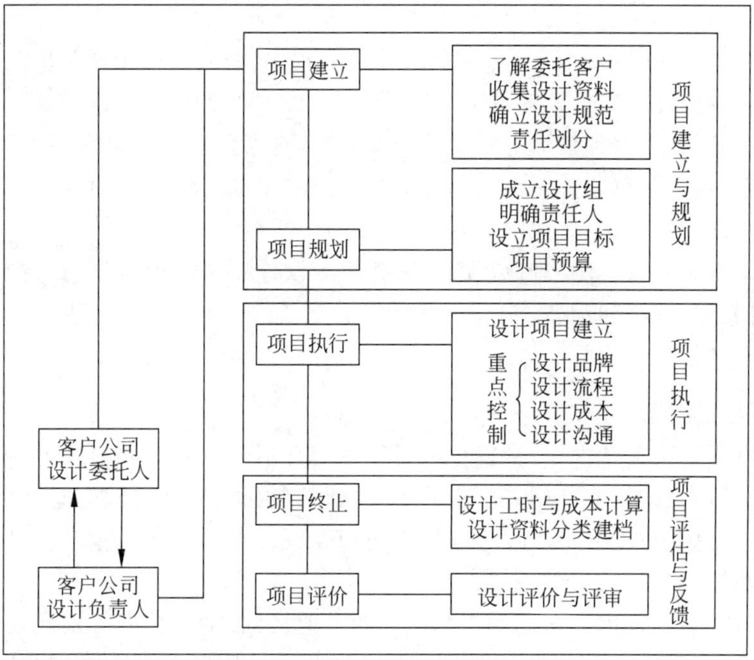

图 4-18　项目工作流程与阶段划分

（一）设计项目的建立与规划阶段

1. 设计项目建立

一个新的设计项目的提出与建立，意味着有对设计的需求存在。虽然越来越多的对设计的需求是由市场驱动的，但我们不能忽视的是商业战略和技术创新同样是新设计项目建立的重要原因。提供一款差异化的商品、发布新品牌、提升设计的领导力或者将一项新技术产品化，这些商业目标的实现都需要设计参与其中。表 4-3 表达了各类由商业目标驱动的设计需求。

表 4-3　商业目标与设计需求的关系

商 业 目 标	设 计 需 求
创立一个新公司	标志
成为设计的领导者	全面设计
发布一个新产品或商铺	概念开发和新产品开发
发布新品牌	品牌名称和平面设计

续表

商业目标	设计需求
增加市场份额	网页和包装设计
重新获取市场份额	再设计
进入新市场	产品设计或品牌扩展
改进研发政策	概念开发

（表格来源：Brigitte Borja de Mozota. Design Management. Allworth Press，2003）

Brigitte Borja de Mozota认为，设计需求一旦提出，就必须做出两项决定。一是谁将负责企业内部的设计工作；二是如何在公司内部应用项目的设计管理工具。

问题一的解答，牵涉到任命一名设计的发起人，它需要具备董事会层面的权力，不过在另一些企业，这一角色或许是由市场部的主管或研发部的负责人担当。促进设计与企业不同层面的融合参与，是此人的职责。

问题二的答案，是设计经理（或发起人）将成为设计项目管理工具的监护人。包括设计政策、设计策略、议程和纲要、简报、书籍、行业杂志及网站在内的这些设计管理工具用于在企业内部传播设计思想。

2. 项目小组组建

由于现代设计的复杂性，一个设计项目往往会有不同专业学科的技术人员和管理人员参与进来，所涉及的企业部门跨度也非常大，通常包括销售、设计、制造、财务、法务、售后、研发等。对这些参与项目的人员，我们可以从两个关键的角度来进行区分——“客户”和“设计师”。

一个设计项目的动因直接来源于“客户”的商业目标，“客户”更多地代表设计项目的商业层面，不论是设计一个新的logo还是位于繁华商业圈的新店面，“客户”关心的主要还是资金经济回报的要求、利润的最大化、营销的目标、经营的效率、服务的改善这样一系列问题。而“设计师”虽然也关心前面提到的这些商业的混合目标，但是他们参与项目的直接动机还是更多地被归咎于“创造的需要”。

他们拥有创造性的、艺术的、分析的技能，通过运用这些技巧与能力，在设计过程中寻求创意，解决问题。这两方面所代表的不同的目标、能力共存于一个设计项目中，设计项目在“客户”和“设计师”之间形成了一个暂时的统一。这一暂时的统一有着项目共同的目标与条件，也保留了各自独特的目标与条件。

除了考虑到“客户”与“设计师”不同的目标与需求，在项目成立之初还有一个重要的问题被提出来：使用外部还是内部的设计团队？它的答案直接影响到项目小组的组建。表4-1比较了两种团队的优势和劣势，设计项目可以根据自身的情况灵活选择。

企业内部的设计团队在企业同时有较多设计项目时开发成本较少，并且他们熟悉企业内的生产加工等技术，信息传递快，在技术方面也容易与企业中的其他部门协调。然而他们往往创造性不强，缺乏新想法，与外部的技术开发容易失去联系。采用内部设计团队的项目小组通常表现为如下的团队构成，如图4-19所示。

越来越多的公司也倾向于雇用外部的设计公司或设计师来保证创意水平和解决方

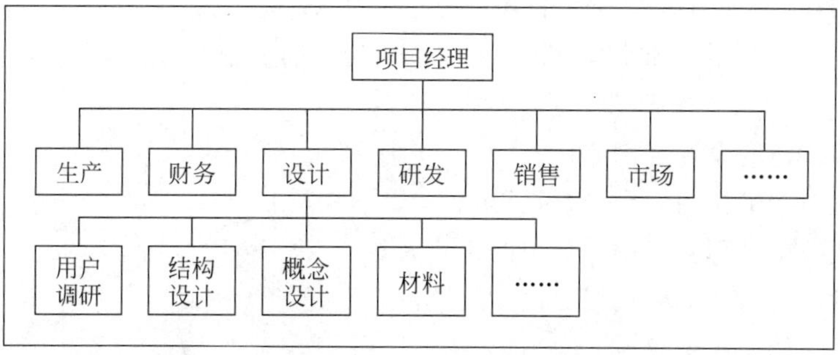

图 4-19　采用内部设计团队的项目小组构成

案的高质量。把设计外包可以推动设计在更高层次上的整合，更为灵活，且能够受设计经理的监督以及更好地控制项目成本。但外部设计团队也有沟通、保密与关系的控制性与连续性等问题。如果采用外部设计团队，那么项目小组的团队构成会表现为如图 4-20 表现的形式。

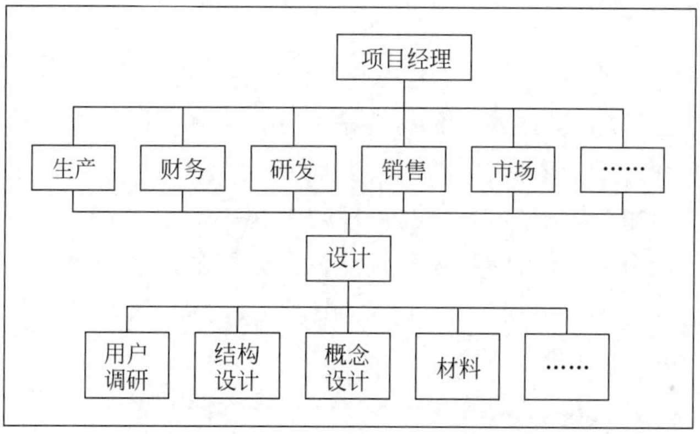

图 4-20　采用外部设计团队的项目小组构成

有没有一种方法能结合两者的优劣势呢？有人建议选择一个与内部团队紧密联系的外部设计顾问或设计团队来增加设计附加值。外聘顾问可以以短期独立项目的方式合作，也能以长期性的、策略性的顾问身份存在。外部的设计团队也能对特定的项目进行指导与引导，提供特殊的技能和经验，以新鲜的视野协助内部设计团队。

3. 设计顾问的选择与任命

一旦决定使用外部设计团队或设计顾问，就势必牵涉到企业如何引入咨询公司以及如何选择咨询公司的问题。通常企业会初步选定一些设计咨询公司，将其列入名单，与一份简报一起发布，进行招标。随后列表上的咨询公司会向企业展示它们的方案，企业由此了解每一家设计咨询公司的工作方式、对企业需求的理解以及它们应对挑战的思想价值。

从咨询公司的角度来讲，可能会认为这样的方式等于免费的设计服务，而不愿在概念方案中花费精力，故仅仅谈论自身的能力与过往的案例。可这也使得企业最感兴趣的问题得不到答案，从而可能与合适的咨询公司失之交臂。目前来看，PPT 陈述与演示仍然是企业选定最合适的咨询公司、商定工作范畴与咨询费用的有效手段。

Griff Boyle 给出了推荐的程序步骤如下。

(1) 确定合适的设计咨询公司。

(2) 企业内部最初的一个选拔过程。

(3) 企业组织管理会议中对名单的正式通过。

(4) 项目简报对咨询公司提出设计问题。

(5) 非正式的简短会议。

(6) 正式面试。

(7) 正式的设计概念评估费用建议书。

(8) 成功的设计咨询的任命。

对企业的设计经理人来说，为特定的项目找寻合适的设计咨询公司是至关重要的，可以从业内口碑、现存的营销和促销材料、以往相关工作的经验方面来选拔合适的人。设计协会、行业刊物、设计大奖的获得者甚至竞争对手的合作公司也都是帮助做出决定的资源。

设计定价是选择设计咨询公司时无法回避的问题，从企业的角度来说，设计项目的经济利益不易评估，所以为设计确定价格并非易事。一般而言，对设计的定价仍遵从设计行业的既定规则。对设计咨询公司而言，设计的价格包括成本(员工工资与可能产生的外包费用)、管理费用、其他相关开销与合理的利润。

收费的方式一般根据小时计费，根据设计咨询公司的经验以及市场需求，会有差别。收费的时间就是为客户工作的时间，但行政、市场、撰写提案、向客户演示等工作内容一般不包括在内，为非报价时间。

4. 简报

项目小组成立后，在正式地开展设计工作之前，需要完成的一个重要文件就是简报。简报一定是一个书面文件，简报中明确并深入地解释了需要被简报人综合运用各学科知识来解决的问题；如果一个项目小组聘请了外部的设计团队(这是通常的一种情况)，那么在整个项目的运行过程中会有 3 种形式的简报出现，分别是项目简报、设计简报与创意简报。

项目简报是由项目经理撰写，对所有项目组成员及其他相关利益人简要阐明项目目标、资源、限制条件等重要问题的文件，是项目的一个纲领性的文件。而创意简报则是设计团队内的创意人员在策略方向上的说明。它通常包括设计向谁沟通，需要达到什么样的目标，传达给消费者最单纯的信息是什么，如何让消费者相信此信息，如何为创意工作提供更为完善的思考点，制作执行的注意事项等信息。

一般设计公司/团队内的客户经理或者客户总监负责撰写创意简报，策略总监、业务总监、媒体总监、创意总监、总经理以及与此个案有关的创意及工作成员都需要详细阅读创意简报。

这里需要强调的是设计简报，一份优秀而精准的设计简报能很好地沟通商业与设计双方，使得需求与问题得到满足和解决，并且既可保证设计沿着正确的方向前行，又可给予创意合适的宽松度。以上这 3 种简报的关系示意图，如图 4-21 所示。

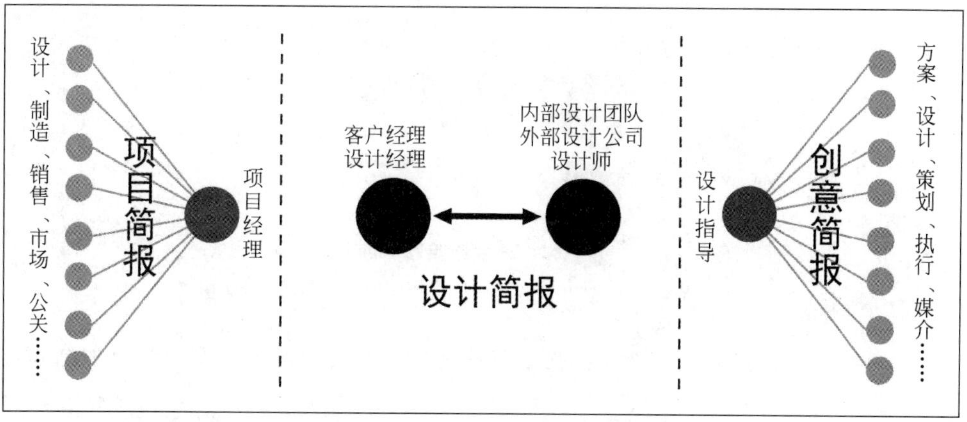

图 4-21　3 种简报关系示意图

设计简报在通过设计解决问题的能力方面发挥着重要的作用。设计与艺术的重要区别就在于艺术只关乎美与艺术家的自我表达，而设计除了美感之外还重点关注问题的解决，如果说艺术是主观的，那么设计就是客观的。考虑到设计的这一重要特征，一个好的设计就必定要从精准地理解需要通过设计创意而解决的商业问题开始。这也是设计简报的目标。需要融合各设计学科的力量而得到解决的问题在设计简报中要深入阐述，讨论的话题集中在设计项目的商业目标和设计需要达到的成果(量化的数据)而不是设计本身。所以这些话题与审美形式无关，数据是它们表达的语言，例如：市场份额的增长、提高消费者的满意度、提升总利润率等。

详尽的设计简报需要包括以下要素：商业背景、需求陈述与操作方面的信息(时间表、预算、期望的结果等)。通常，一个切实有用的简报需要由两个人来完成，一个代表需要设计的商业方面，一个代表从事设计工作的设计方面。最终形成的简报也需要提交给设计项目的众多利益相关人——销售、市场、法律、分销渠道、生产制造、材料、结构工程师、平面、产品、公关、媒体等。对这些利益相关人员来说，设计简报说明了商业目标与设计策略，它就像整个项目流程的路线图，是对整个设计项目的整体阐述。

案例七

白兰氏广告设计简报

1. 公司理念

积极研发，创新产品，为顾客服务，提供健康资讯，为消费者，更为我们的社会，创造健康全发展的价值。

2. 品牌愿景

要成为所有人一辈子的健康伙伴。从幼年、成年到老年，满足每一个人人生不同阶段的健康需求，让大家完成更多，表现更好，享受更美的人生。

3. 产品介绍

白兰氏鸡精(见图 4-22)系列产品：白兰氏鸡精、儿童鸡精、汉方鸡精(冬虫夏草、四物)。

图 4-22 白兰氏鸡精 logo

(图片来源：http://www.brandsworld.com.cn/About-Us)

白兰氏"健康一锭"系列：鸡精强化葡萄子、钙加异黄酮、铁加 B 群、固锭(葡萄糖胺)。

白兰氏鸡精：

(1) 100%CAS 鲜鸡炖煮，符合 GAP 及 ISO 9002 标准规定，不含脂肪、胆固醇、防腐剂等人工添加物，浓度比自制鸡汤高出 3～4 倍。

(2) 伦敦大学皇家医学院验证，白兰氏鸡精具抗疲劳效能，能提高人体新陈代谢率达 16%。

4. 白兰氏"健康一锭"

白兰氏"健康一锭"系列是结合专业生产技术、科学研究及对消费市场的认知，研发成功的新型健康补充锭。以先进的"螯合科技"，制成方便食用的锭剂。提供消费者日常食用，满足现代繁忙生活营养补充的需求。在骨质、关节、抗氧化及血液健康的营养素补充方面有所助益。

在制造过程中所使用的"螯合科技"，即利用先进的工程技术，将不同物理化学特性的天然营养素、活性成分与鸡精结合在一起，确保丰富的营养补充，促进健康。

5. 主要竞争者

统一鸡精——进口浓缩原汁冲泡，其直营通路优势，以低价促销抢攻市场。

大成长城鸡精——为新进入市场品牌，标榜由有机饲养之土鸡所制成，但其制作工厂不明。

6. 商品定位

白兰氏让您有健康的身体，选择您想要的人生。

7. 广告目的

维持品牌高知名度与消费者的品牌认知。

增加消费者使用频率、试用率及再购率(特别是针对儿童鸡精、汉方鸡精及"健康一锭"系列)。

"健康一锭"部分用以凸显品牌资产、鸡精强化特色，以及完整配方概念。

8. 广告目标对象

白兰氏鸡精——25～49 岁之间的消费者，注重自己及家人健康的消费者。

白兰氏"健康一锭"——35 岁以上对预留健康有概念的消费者。

9. 使用方式/场合/时机

任何时候皆可食用，让自己及家人有健康的身体，表现更好，完成更多，实现更美的人生，作为日常保健补充品，养成定期使用习惯，每天为自己储存健康。

10. 品牌形象/个性

专业而友善，善解人意，积极关怀。在人生的每一阶段，照顾人们身心的健康需求，成为所有人一辈子的健康伙伴。

11. 必要列入事项

(1) 品牌、产品照/logo

(2) 网址：www. brands. corn. tw

（二）设计项目执行阶段

项目成立后的执行阶段是整个设计项目的主体阶段，设计流程慢慢展开，资源逐渐投入，各部门的各类专业人员也依次参与进来。从设计管理的角度来看，这一阶段的项目管理有着如下几方面的任务：对资源的合理配置，对设计目标和设计策略的管理，对设计流程的管理，对设计团队的管理，对客户关系的维护，与各部门之间关系的协调等。众多的任务中，有以下两方面值得重点关注。

1. 推进设计过程

简报过后，设计过程接着展开。设计过程本身就是为了解决问题而不断尝试和检验各种可能性的行为的集合。它既严格与理性，又充满了创造性。在这一过程中，设计者或设计团队应用各种方法定义问题，不断加深对问题的理解，将问题概念化，将设计方案细节化，最后检验并完成设计方案。这一过程不是单一线性的，它可能需要反复与循环，不断调整与改进。设计项目的基本工作流程示意图如图 4-23 所示。

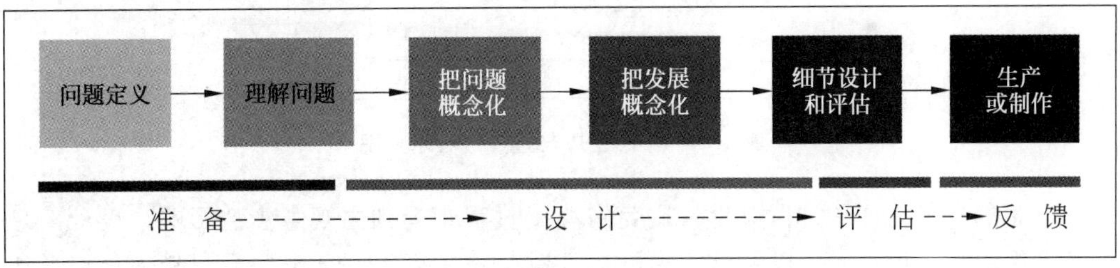

图 4-23 设计项目的基本工作流程示意图

在设计项目的执行阶段，设计过程的成功与顺利往往依赖于对设计问题中所发现的限制与矛盾的理解，以及对各类信息、调研、判断的把握。因为设计过程的反复性会导致预先制订好的计划在实际操作中随时发生变化，并且项目进行过程中，客户方可能又遇到了新的亟待解决的问题，设计团队内部在探讨客户需求与设计问题时也常常会有新的发现，所以说为应对这些状况，团队的领导者——设计经理或项目经理的经验与良好的判断力变得至关重要。

设计经理或项目经理领导和支持着整个设计过程，他们作为设计项目与设计过程的推进者，在多方面都扮演着关键性的角色。设计经理需要能倾听及理解不同部门的文化及办事的流程，他们要对客户有非常清晰的了解，并且能帮助设计团队理解客户的意图。

了解客户的每一个细小的变化，协调并促进两方面通畅清晰的沟通也是设计经理的重要职责之一。在设计团队内部，他们要能够创造出合作的文化与适合创作的工作环境，维护设计的创作过程，保护设计团队不受无关的外界评论的影响。同时还要能够合理地计划和安排各类工作事项，确保项目的顺利进行，完成任务。

在项目的推进过程中，关于设计概念或方案的评估与选择值得重点关注。

设计研发过程的前期充斥着各种天马行空的创意和奇特的思想，这给问题的解决带来了多种思路。然而，如何把一组概念逐渐缩减，选择概念也需要经过重重考量。虽然选择概念是一种收敛的过程，但经常会出现反复，并且可能一时无法马上就得出一个主导概念，选择出来的概念，设计团队也会一直持续地评估，产生更多可供选择的概念，这是一种反复进行的过程。

保罗·罗杰斯这样描述这个过程：一大组概念通常可以很快地缩减成一组更明确聚焦的概念，但这些概念可能需要加以组合、改良，然后又在考量下，暂时让这组概念变大，反复几次之后，最后就会出现一个主导概念。图 4-24 大致描述了这一过程。

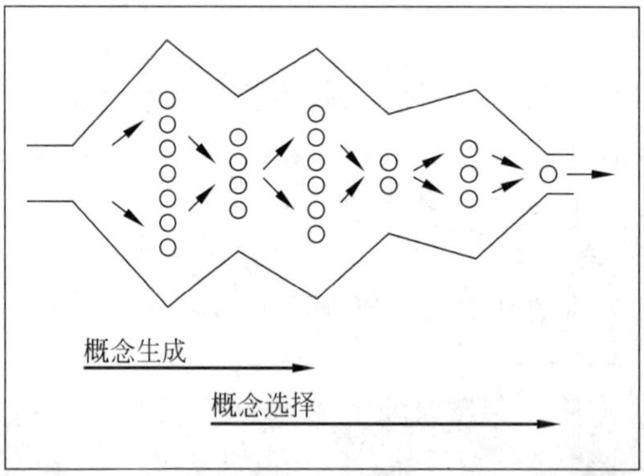

图 4-24　概念生成与选择过程示意图

概念的选择与评估过程应尽量避免在决策过程中受到主观意志的影响。设计经理一般会组织整个设计团队以及设计的相关利益人（包括工程师、制造商、行销人员以及团队外的使用者、客户等）加入进来，让他们协助以用各种不同的观点来评估这些设计概念。

评估选择的标准在评估前甚至当设计项目与团队成立之初就应该明确下来，选择的方法因人和设计团队而异，保罗·罗杰斯列出了常见的评估与选择方法，效果各有千秋，实际的设计项目中可能会用到其中的一种也可能是几种方法的组合。

（1）核对清单：用来协助定义设计的众多细节，以及确认使用者需求。

（2）外部决策：把概念呈现给客户或用户，由他们决定选择哪个设计。

（3）访问预期或实际的使用者：用来确认使用者需求，并根据这些需求测试设计。

（4）直觉：根据对概念的感觉来选择概念，设计师凭借的是隐性的知识，而非明确的准则。

(5) 实物模型的评估：在使用者参与的情况下，评估产品。

(6) 多重投票：设计研发团队的每个成员针对数个概念来投票，拥有票数最多的概念获选。

(7) 设计冠军：设计团队中最有影响力的成员来选择概念，决定设计的方向。

(8) 优点和缺点：设计团队将每个概念的优缺点罗列出来，一起对比分析，做出决定。

(9) 协议分析：用来评估设计方案并且了解用户对方案的想法，测试过程必须录音或摄像，以促进更深的了解。

(10) 原型和测试：设计团队为每个概念建造原型加以测试，根据测试情况和预设标准来做出选择。

(11) 矩阵评估：一种定量分析的方法，根据预设的标准将设计方案分出等级。

对方案的选择与评估在整个设计过程中会多次出现，每一次评估的对象、标准及方法可能都不相同，参与到评估中的评审者的身份与角色也会发生变化。以某产品的设计过程(见图 4-25)为例，从设计任务的开始到结束会有 4 次大的评估，分别是计划评估、概念评估、细节评估与测试评估。

	开始	计划	概念	发展	生产	结束
流程	设计任务	产品设计计划 结构工程计划 用户和市场调研	2D、3D概念 细节概念 概念选择 外观样品 用户调研	3D工程设计 试制生产 质量标准	模具设计 加工测试 工程测试	报告
		★计划评估	★概念评估	★细节设计评估	★测试通过	
专业	项目管理	用户调研 产品设计 结构设计 项目管理	产品设计 结构设计 用户调研 机电工程 交互设计 材料工程 项目管理	产品设计 结构设计 用户调研 机电工程 交互设计 材料工程 仿真 试制生产 冲模 项目管理	冲模 平面设计 产品设计 结构设计 材料工程 项目管理	项目管理

图 4-25 产品设计过程的评估管理示意图

除此之外，每一个小的阶段、每一次有关设计的细小的决定实际上都是一次评估与选择的过程。计划评估是针对设计任务的各项计划的可行性评估，设计师一般不参与其中，而主要由设计经理以及其他相关利益部门的负责人来商定。而细节评估牵涉的范围就非常广泛，我们能从图中看到，产品设计、结构设计、用户调研、机电工程、交互设计、材料工程、仿真、试制生产等设计细节关系到的专业人员都要参与其中，对细节一一进行评估与确认。

2. 设计协调与信息管理

前面曾提到，协调工作是设计经理或项目经理主要肩负的职责之一，在设计项目的执行过程中，客户与设计师、设计团队双方，客户的内部各部门间，设计团队各功能小组之间随时会出现各种矛盾和沟通上的问题。Hollins & Hollins 曾做过调查，结果显示，在一些大公司里，来自不同职业背景的员工之间普遍缺乏沟通，人们不了解别人完成工作都需要哪些信息，而为什么某些人的决策又会影响到别人的工作。

产生这些问题的原因可以归咎于不同业务部门和组织文化的差异，但其根本的原因是不同专业专注和利益交叠的结果。Griff Boyle 曾用这个图示来解释项目的利益交叠问题，如图 4-26 所示。特别是类似于室内设计项目，既涉及技术方面的问题，又与利润、人因等因素挂钩，客户介入设计团队带来的密切互动，无疑更加深了这种利益与责任的交叠，对设计经理或项目经理来说，任何项目所涉及的领域都比单独的业务面临的领域大 3～4 倍。

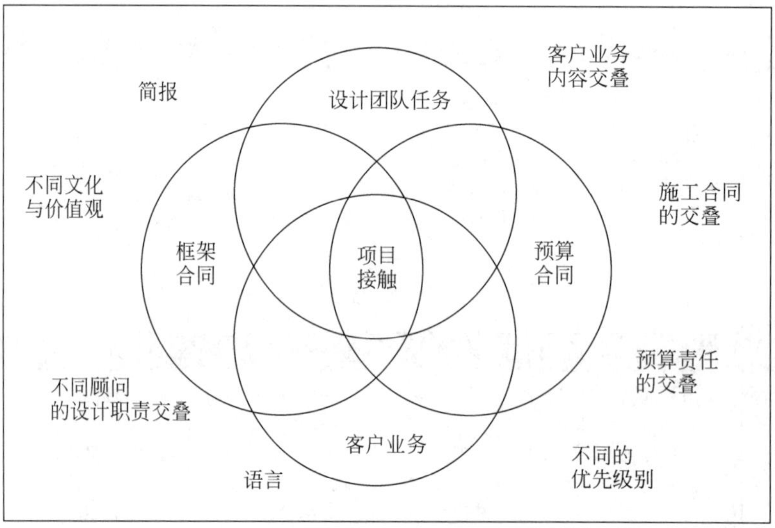

图 4-26 设计项目中的利益交叠

（图片来源：Griff Boyle. 设计项目管理. 北京：清华大学出版社，2009）

填补沟通的空白，让信息的流通更通畅，也就是设计协调与设计信息管理，是设计管理在项目执行阶段的重要任务。设计过程中的例行回顾可能是解决以上问题的一个方法之一。设计回顾，就是对设计标准及关键阶段的评估，会在设计过程中定期进行。格罗斯曼在谈到上述问题时曾以苹果公司为例。

在苹果公司创造性的工作过程中，设计回顾是普遍存在的。苹果的员工会定期地讨论如何更好地深入合作与团队协作。本质上，这意味着产品不是简单地从一个团队移交给另一个团队，也不是一个谨小慎微的、阶段性的发展方式。相反，苹果的设计过程是同步的、有机的。产品是由所有的部门，包括设计部、硬件部、软件部，通过跨学科的持续进行的设计回顾同时研发出来的。

如何进行设计回顾，Hollins & Hollins 在 1991 年提出了设计环的应用。凯瑟琳·贝斯特对其整理如下。设计环就是指把贯穿整个企业的各个群体组织起来，进行设计回顾，来缓和因缺乏沟通导致的问题。设计环一般最多由 9 个人组成，成员因设计的特定阶段或者不同的目标需求，会相应地进行改变。它的主要作用就是把贯穿整个组织的各个部分有机地结合起来，增强沟通，共同进行设计决策的制定。

设计环可以在设计的各个阶段使用，对于一些大的项目，主设计任务下会分解为小的子任务，在主设计环的周围也会对应地增加一些副设计环，如图 4-27 所示。设计经理应该为主设计环内的常驻人员，并要提供反馈信息给那些和设计主题相关但又不在主设计环内的团队人员。

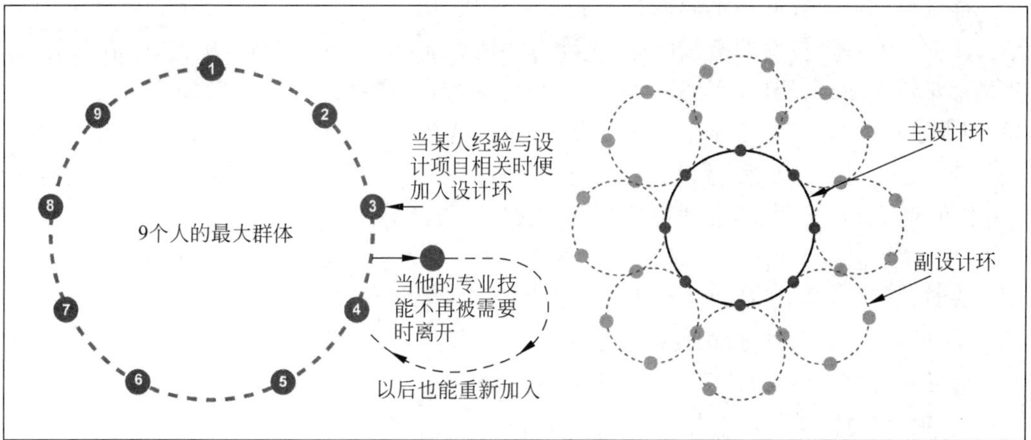

图 4-27　设计环的应用

（图片来源：[美]凯瑟琳·贝斯特. 美国设计管理高级教程. 上海：上海人民美术出版社，2008）

（三）设计项目评估与反馈阶段

设计项目大体完成后，就进入了反馈和项目后期评估过程。设计的后期评估、账目结算以及项目报告的撰写和发布是这一阶段设计管理的主要任务。

1. 设计评估

虽然客户和设计咨询公司双方可能都会开展他们各自的项目后期分析并保存各自的记录，但是，从项目总的角度评估最终结果和项目的进程，对双方也是很有利的。无论是独立地进行还是一起进行，都能通过分享信息达到"持续性的学习"的目的，并让双方了解需要改进的地方，从过去的项目中吸取经验。

项目后评估的内容不仅包括项目的成功与否，还包括设计简报是否准确可行、项目管理过程、双方在项目中的表现、客户与设计公司之间的关系等方面。通过评估，设计公司加深了对客户组织的了解，增加了未来继续合作的机会，客户通过与设计公司深层次的沟通，也能成为更有效的设计的使用者。可以说，项目后期设计评审是双方学习与提高，并加深合作关系的机会。

（1）设计评审

衡量设计的成败是设计评审的主要内容。对于一个设计策略或方案是否成功，不同的人持有不同的角度和标准。但是设计简报中所列出的商业目标、项目目标、设计目标及衡量设计成败的标准应作为基本的准则。评审的过程包括这些重要的方面。

① 列出设计简报的目标，包括最重要的商业目标和设计目标，以及一些次要的相关问题。

② 区分这些目标的优先秩序。

③ 目标是否已经达到？

④ 这些目标在项目的进行过程中是否被修改过？如果有，为什么？何时？由谁修改？

⑤ 这些修订过的目标是否达到？

衡量设计成败有许多不同的标准：商业价值、情感与品牌价值、文化或政治上的成果。商业上一些计量性的衡量标准，也称为硬性标准，例如开发成本、利润率、销售量，这些是很难用于衡量设计带给企业的附加值收益的。一些软性标准，例如企业形象的改观、服务过程的改善度，可能会更加适合。现在，越来越多的企业把可持续发展放在企业经营的中心位置，所以，衡量设计收益也要坚持"三底线"原则，即商业行为所要遵循的3种价值观：经济价值、环境的可持续发展及社会责任感。

（2）设计简报评审

设计简报评审需要从以下的方面做出评估。

① 最初的简报反映组织的需求了吗？

② 简报在商业目标和优先顺序上是否清晰？

③ 项目简报、设计简报与创意简报是否一致？

④ 简报信息及时提供了吗？

⑤ 在过程中，简报的关键目标有变化吗？如有，为什么变化？

⑥ 简报在提出时可能进一步完善吗？

⑦ 如果需要，未来的设计简报和设计过程应该做出什么改变？

（3）项目管理评审

对项目管理过程的许多方面都应该进行评审，结果会显示促使项目顺利完成的管理优势的关键领域，也会揭示导致问题出现的管理薄弱环节，两方面都对之后的项目团队提供有用的信息与经验。

项目管理评审一般采用打分制，对项目管理的各个方面进行评估，SWOT分析法也可以引入进来，以得到综合的分析结果。

（4）对设计服务的评审

企业或客户方对设计咨询公司或团队的雇用，就是获取设计服务的过程。对企业或客户方来讲，引入外部的咨询服务，一方面是因为有一个需要实现的战略目标或设计目标；另一方面也因为设计服务带来的间接收益。譬如设计顾问的聘用，可以为企业内部团队带来新的创造力、新鲜的视野与能量，企业可能因为有了一个客观的长期规划而受益，但设计顾问的这种行为却很难被量化。所以在进行对设计服务的评审或者对设计团队表现进行评审时考虑到这些方面是十分必要的，在项目开始的时候就有必要建立一个“成功的标准”。

某些大型工程可能会将一些任务外包，对承包人的评审也可以以相似的方式即通过列出评审事项打分来进行评估。

2. 项目报告的撰写与发布

设计项目结算完成后，设计项目小组的最后一项任务就是项目报告的撰写。设计项目报告应该尽量准确并全面地描述项目情况，并且最重要的是在发布报告最终版本之前，应该对所有项目成员寻求确认和建议，若存在不同的意见，则应该在最终报告里加以注释。项目报告发布后应确保送达给决策层与其他相关利益人，为未来进一步的行动争取理解与支持。

一般设计项目报告的格式如下。

(1) 预备文本，预备文本应该告诉读者写报告的原因、它的计划成果、方法论和它的主要结论和建议，文字必须保持清晰和精确。

① 引文或摘要。

② 主要的结论或总结。

(2) 正文，正文具体介绍设计项目本身，对每一次设计回顾以及结论、与结论相关的行动建议应重点说明。对项目的详细的建议还需给出精确的时间表，并在分析结果上标上“需要行动”的字样。

① 背景介绍。

② 信息分析。

③ 详细总结(关键内容)。

④ 建议(关键内容)。

(3) 参考和附录。

① 项目通讯录。

② 管理和表现回顾。

③ 设计图纸。

④ 其他支持信息与数据。

⑤ 必要的参考书目。

案例八

某空调产品研发项目管理

1. 项目背景

空调公司的研发人员，为了提高产品的竞争力，建立了空调研发项目小组。

目标：开发新一代的空调产品(具体型号略)。

人员：研发经理1人，研发工程师2人，制图2人，其余工作由各部门协作完成。

时间：一年。

2. 项目进程及详情

初期，一切都进行得很顺利，团队成员斗志也很高，做了很多准备工作，包括收集市场信息和竞争对手情报、比较现有产品等。所以在设计的初期，设计团队很快地拿出了不少可行的方案，并且进行了比较选择，最终完成了设计。

可是当项目组把初步设计提交给各个职能部门时，问题出现了：项目组收到了很多不同的反馈意见。为了使方案得到批准，项目组不得不对设计进行进一步的修改(虽然他们并不一定赞同)。这些更改的直接结果就是导致了产品开发的延期，更可惜的是有些更改在最后被证明是不可行的。

另外，在最后的样机性能试验中也出现了一些没有估计到的困难，比如试验场地没有档期，更严重的是发现要完成预定的测试项目，人员紧缺，从而致使试验没有充分完成。最终，整个项目完成的时间比计划晚了大半年。

3. 案例分析

通过这个项目，项目组成员深深地感受到实际操作一个项目的不容易。回顾全过程，整理出了以下经验可供借鉴。

(1) 在设计开发的初期，设计人员就应该和各个部门进行充分沟通，了解他们的意见和要求。项目组虽然确实做了很多准备工作(包括市场调研和竞争对手分析等)，但是唯独没有和公司内的各个部门沟通，导致闭门造车。在设计初步完成时，才收到来自不同部门的各种意见，造成不应有的返工，延误了项目的进度。

(2) 应该坚持设计人员的权威性，毕竟其他部门的同事并不是专业人士，设计师要对收到的各种意见进行客观的分析，认真研究它们的可行性。对不合理或不可行的意见，应该坚持自己的观点，坚决杜绝，避免不必要的资源和时间的浪费。

(3) 由于试验人员设备和场地并不由项目组绝对控制，故应该充分估计试验实际操作中的困难，提前对试验进行充分必要的准备，避免影响项目进度。

(4) 详细和切实可行的计划是项目成功的保证，其中最重要的是对人力资源的需求和运用。只有做到完全了解项目的工作内容和工作量，才能提出详细的人力资源计划来支持项目的顺利完成，避免在项目进行中对人员进行临时调整和补充。

另外，项目管理最离不开的就是人。它与企业管理的不同在于，管理更直接，常常是面对面的。所以人的管理成为很重要的议题。尤其像是一些研发公司，技术人员的需求不同于其他。他们具有较高的素质和文化，需求也相对更丰富，企业文化就显得尤为重要。这种短期的团队文化的体现，使项目经理成为较为重要的角色。

作为一名技术人员，技术上的难题基本上都是有办法解决的，但是情绪和心理上的问题将直接影响积极性和行动力。不论在多么艰难的情况下，都要表现出坚忍和不屈不挠，这种品质才能影响到下属，使他们鼓起勇气，争取机会，抵抗到有援兵相助。当然这些不是盲目的，要更多地靠数据的分析和理论的指导。

4. 理论分析

“项目管理”给人的一个直观概念就是“对项目进行的管理”，这也是其最原始的定义，它说明了两个方面的内涵，即项目管理属于管理的大范畴，项目管理的对象是项目。“项目管理”一词是指一种管理活动，即一种有意识地按照项目的特点和规律，对项目进行组织管理的活动。项目管理的5个过程——启动、计划、实施、控制与收尾,贯穿于项目的整个生命周期。

(1) 项目的启动过程。项目的启动过程就是一个新项目识别与开始的过程。这是决定是否投资,以及投资什么项目的关键阶段,此时的决策失误可能造成巨大的损失。重视项目启动过程,是保证项目成功的首要步骤。启动阶段涉及项目范围的知识领域,其输出结果有项目章程、任命项目经理、确定约束条件与创设条件等。启动过程的最主要内容是进行项目的可行性研究与分析,这项活动要以商业目标为核心,而不是以技术为核心。无论是领导关注,还是项目宗旨,都应围绕明确的商业目标,以实现商业预期利润分析为重点,并要提供科学合理的评价方法,以便未来能对其进行评估。

应该说,此项目在启动工程中并不存在很多问题,项目的目标和分析都很准确。

(2) 项目的计划过程。项目的计划过程是项目实施过程中非常重要的一个过程。通过对项目的范围、任务分解、资源分析等制订一个计划,使项目团队的工作有序地开展。有了计划,我们在实施过程中,才能有一个参照,并通过对计划的不断修订与完善,使后面的计划更符合实际,更能准确地指导项目工作。在项目的不同知识领域有不同的计划,应根据实际项目情况,编制不同的计划,其中项目计划、范围说明书、工作分解结构、活动清单、网络图、进度计划、资源计划、成本估计、质量计划、风险计划、沟通计划及采购计划等,是项目计划过程常见的输出,应重点把握与运用。

很明显,此项目没有进行详尽的计划,在做计划前也没有进行综合的调查,对困难估计不足,导致计划不具有可行性。另外,对项目的范围,没有进行明确的定义,也没有和其他部门沟通,从而造成后来不必要的返工。还有,项目没有进行详尽的任务分解和资源分析,造成后面试验延迟。

(3) 项目的实施过程。项目的实施一般指项目主体内容的执行过程,但实施包括项目的前期工作,因此不光要在具体实施过程中注意范围变更、记录项目信息、鼓励项目组成员努力完成项目,还要在开头与收尾过程中,强调实施的重点内容,如正式验收项目范围等。在项目实施中,重要的内容就是项目信息的沟通,即及时提交项目进展信息。以项目报告的方式定期监控项目进度,有利开展项目控制,对质量保证提供手段。

在此项目中,项目组没有进行很好的项目信息沟通、及时提交项目进展信息给各个部门,造成了后面工作的开展不利。

(4) 项目的控制过程。项目管理的过程控制,是保证项目朝目标方向前进的重要过程,要及时发现偏差并采取纠正措施,使项目进展朝向目标方向。控制可以使实际进展符合计划,也可以修改计划使之更切合日前的现状。修改计划的前提是项目符合期望的目标。控制的重点有这么几个方面:范围变更、质量标准、状态报告及风险应对。

在发现问题后,项目组确实做了最大的努力,力图对项目进行控制,纠正所发生的错误,做到了使损失降到最小。

(5) 项目的收尾过程。一个项目通过一个正式而有效的收尾过程,不仅是对当前项目产生完整文档,对项目利益相关方的交代,更是以后项目工作的重要财富。项目收尾包括对最终产品进行验收,形成项目档案,吸取的教训等。

5. 结语

尽管在这一项目中，出现了不少问题，拖后了项目完成时间。但是凭借全体开发人员的努力，项目组还是提交了优秀的产品设计。我们也能从这一延时的设计项目中看到设计管理的重要，尤其是项目管理在新产品开发设计执行中的重要作用。

（案例来源：http://www.leadge.com/yc/140.html）

三、项目管理三要素的控制

小贴士

影响创造力的两大重要因素是时间和金钱。项目经理需要很小心地分配这些资源，分配合适的任务给合适的员工。决定分配多少时间和资金给一个团队或一个项目是一个复杂的判断，它可能激发团队的创造力，也可能扼杀大家的创造力。

——Teresa M. Amabile

本章第三节中曾提到，美国 PMI 定义了项目管理的 9 大职能，其中有 3 个方面分别是项目时间管理、项目成本管理与项目质量管理，这 3 个要素也被称为项目管理三要素，其在很大程度上决定了一个项目的成功。

质量是项目成功的必需与保证，质量管理包含质量计划、质量保证与质量控制。

时间管理（又称进度管理）是保证项目能够按期完成所需的过程，主要是指合理分配工作量，利用进度安排的有效分析方法来严密监控项目的进展情况，以使项目的进度不被拖延。

成本管理是保证项目在批准的预算范围内完成的过程，包括资源计划的编制、成本估算、成本预算与成本控制。

一个设计项目的管理也就是把设计战略和设计过程转化成设计成果，为了达到这一目标，就必须平衡时间、质量与成本这 3 个对项目影响巨大的指标。时间、质量与成本三者之间的关系，如图 4-28 所示，它们各占据三角的一角，三者之间相互联系并互相制约。

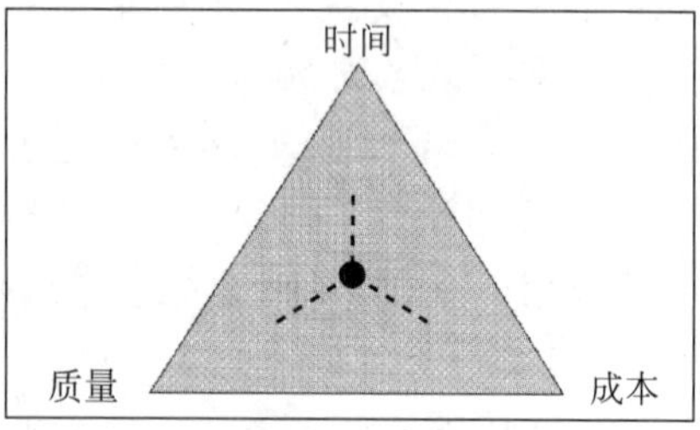

图 4-28 设计项目中的三点平衡

例如，如果想又快又好地完成一个项目，则肯定要在成本上增加投入；又快又能花较少的投入，则质量必定有所牺牲。能不增加投入，达到高质量，时间上就要比较宽松，即所谓慢工出细活。由此可见，任何项目、任何人都无法在 3 方面做到极致，所以，对设计项目的时间控制、质量控制与进度控制需要在一个大的背景下综合统筹考量，以便在三者之间找到一个最佳的平衡点。

对项目经理来说，为平衡这 3 个要素，领导力、良好的判断力与决策能力是必需的。因为设计是一个复杂的过程，在过程中又会出现不同的项目利益人与投资人之间相互冲突的需求，还会出现各种可能的难题。所以能够权衡各种问题，做出正确的决策，才能保证项目在规定的时间和预算之内完成，否则管理的混乱就会导致交货期的延迟和成本的增加。

对时间、成本与质量这 3 方面的衡量可以参考以下剑桥大学制造与管理学院提出的要素明细表(见表 4-4)。

表 4-4　三要素的衡量

时间衡量	成本衡量	质量衡量
工作周期	制造成本	性能
交货期	附加值	特点
交货频率	销售价格	品质认知度/名誉
	营运成本	可靠性
	服务成本	一致性
	利润	持久性
		审美性
		投资效益

(一) 设计进度控制

在项目管理中，进度管理指的是在规定的时间内，拟定出合理并经济的进度计划(包括多级管理的子计划)，在执行该计划的过程中，经常检查实际进度是否按计划要求进行，若出现偏差，便要及时找出原因，采取必要的补救措施和调整，修改原计划，直至项目完成。项目计划是进行进度管理通常采取的方式，但是由于设计行业的特殊性，建立一个能确保顺利进行的时间表并不容易。

凯瑟琳总结了制订项目执行计划的 5 个步骤如下。

第一步，设计经理或项目经理将团队成员认可的项目纲要分解成易于管理的各个项目阶段。项目经理必须确保设计方法、过程、开发和执行阶段都按部就班、循序渐进地被制定出来。

第二步，设计经理或项目经理将每个项目阶段里该完成的事情分解成单个的任务和活动，然后为任务排定主次顺序，厘清各项任务之间的关系，并预估完成每个任务所需的时间。

第三步，设计经理或项目经理确保成员明确自己的职责范围，确保每个阶段所预估的时间、每个任务所设定的期限是现实的。

第四步，一些关键性的阶段，如最后期限、项目回顾期、项目展示期等也要被确定下来。

第五步，设计经理或项目经理需要建立一个项目文档，以确保团队成员能了解信息流动系统、文档编制系统及档案保存管理系统。

甘特图表就是按照以上步骤制订的一个理想状态下的项目执行计划表。如图 4-29 所示，它按照任务完成的顺序，列出了每一个阶段以及本阶段需要完成的任务。从甘特图表中，我们可以得到一系列的信息，包括项目开始和结束的时间、每一个任务或环节的间隔时间、任务的关联性、关键的项目里程碑、任务的责任人等。

依据甘特图表，设计经理或项目经理可以预先考虑如何整合资源、最大限度地减少麻烦的产生并降低交货延迟的可能。但由于项目在执行过程中会遇到各种情况，所以甘特图表并不能完全反映项目的实际执行情况，从图 4-29 中就可看出理想的时间线与现实的时间线的区别。

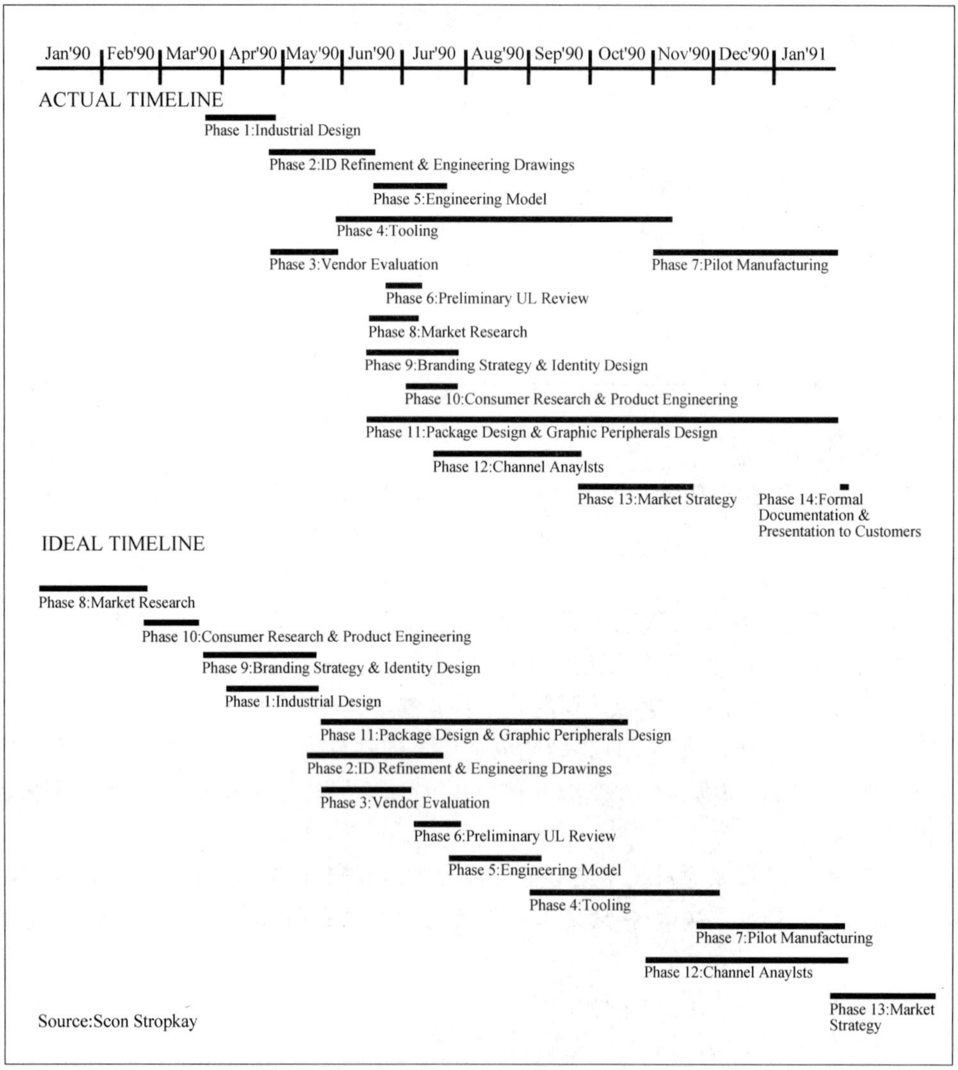

图 4-29 甘特图表，现实的时间线与理想的时间线

（图片来源：Great British Kettles，case study，DMI）

还有许多工具可以帮助设计经理或项目经理监督和追踪工作，科技的发展已经使得时间管理手段得到空前的丰富，例如 Manage Simple PM、Gantt Project、Microsoft Project 这样的项目管理软件，还有美国 Orange Loft 开发的专门用于建筑师时间管理的软件 Archi Office。

对于设计师或学习设计的学生来讲，时间管理应该是最应该掌握的“非专业”能力，时间问题也是设计师常常遇到的问题。经常能看到设计师接到设计任务后悠闲镇定，而临交图的前一天却手忙脚乱。如果把总的任务时间看成一条时间轴，实际上每一天是一样长度的单元，一种合理的状态应该是任务的分配和繁忙的程度都是循序渐进、均匀分布的，如图 4-30 所示，将对比过于明显的色彩差异调整到一个合理的状态，在接到设计任务的第一天就尽快进入状态，将会极大地改善后期的被动局面。

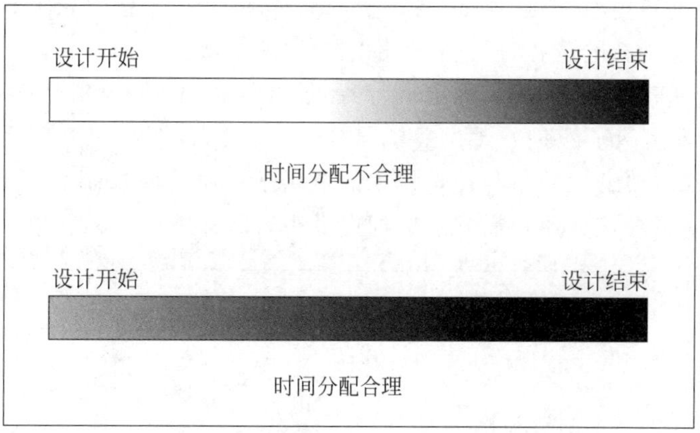

图 4-30　设计项目的时间分配

在个人的日常时间管理上，有这样一些方法与原则可供参考。

时间“四象限”法。著名管理学家科维提出了一个时间管理的理论，即把工作按照重要和紧急两个不同的程度进行划分，基本上可以分为 4 个“象限”：既紧急又重要、重要但不紧急、紧急但不重要、既不紧急也不重要。时间管理理论的一个重要观念是应该有重点地把主要的精力和时间集中地放在处理那些重要但不紧急的工作上，这样可以做到未雨绸缪，防患于未然。

时间 abc 分类法。用于确定优先事件。将工作按轻重缓急分为：a（紧急、重要）、b（次要）、c（一般）3 类；安排各项工作优先顺序，粗略估计各项工作的时间和占用百分比；在工作中记载实际耗用时间；每日计划时间安排与耗用时间对比，分析时间运用效率；重新调整自己的时间安排，更有效地工作。

采取小型步骤的计划管理。完成设计任务的过程可以看成一个多层次的步骤推进，一个长期的设计计划通常包括“调研、一草、二草、正图”这样 3～4 个大的步骤，褚冬竹认为过于长期的步骤很难对整体的工作状态提出有价值的要求，需要在大步骤下再划分次一级步骤，例如在 2～3 个星期的阶段里面再划分出以三四天为单位的小型步骤。这样会极大地规范时间，使每一分钟都发挥出它的价值。小型步骤的划分也要注意尺度问题，过于细小的步骤反而会使计划丧失灵活性，从而束缚创造力的产生。

（二）设计质量控制

说起质量一词，通常会让人联想到两方面的概念范畴，其一为重量单位；其二为“一组固有特性满足要求的程度”，我们老百姓常说的“质量”通常取意于后者。无论是官方还是民间，系统的还是自发的，人们对质量的追求与管理似乎从未停止过，并且在不断的实践与摸索中，人们还总结出了一系列的管理手段与工具。

在现代西方的项目管理理论中，质量也作为三要素之一，被放到了与时间管理和成本管理同等重要的位置。而自从 20 世纪中叶以来，数十年间，随着设计在商品社会竞争中扮演越来越重要的角色，它也自然而然地被赋予了商品的某些属性，设计项目、设计质量从而也成为被考察和管理的对象。在对设计项目质量控制的理论探索方面，工业化程度较高的西方行动得更早一点，例如，英国标准局早在 1989 年就发布了 BS 7000 标准，用来指导和规范设计创新的流程，以期获得稳定的设计质量。

什么是设计质量？如图 4-31 所示，以产品设计为例，质量包括从设计、技术与市场 3 方面考虑的要素。除了我们熟悉的美学、影响力、产品形象外，人机工程、核心技术、生产质量、精度等都需要纳入质量与质量控制的范畴。对质量的控制与评估也不仅仅局限在设计过程中，而贯穿了从用户需求反馈到提供售后服务整个产品的生命周期。

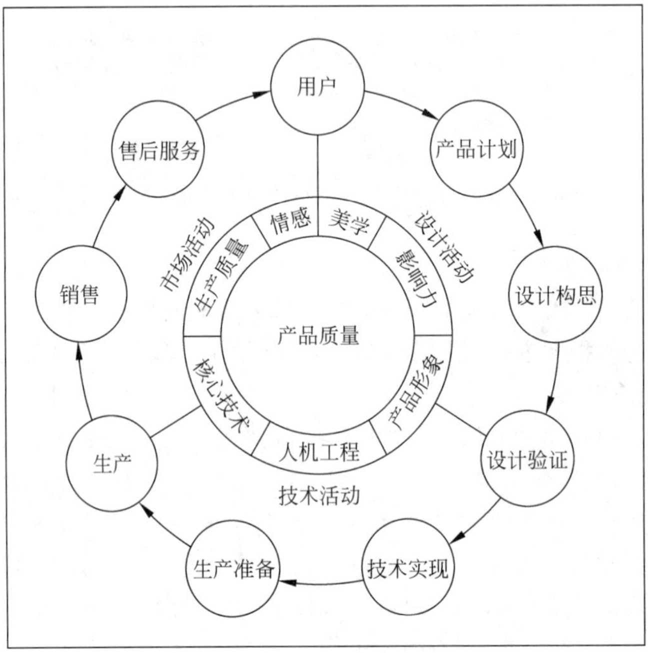

图 4-31 产品的质量链模式

什么会影响设计质量呢？设计是一个连续的、动态的过程，它与一般商品的制造相比又具有偶然性与不确定性的特征，在人们的印象中，设计创意通常来自不经意间的灵光一现，那么对质量的控制从哪儿下手呢？实际上，一个设计的最终成功绝不仅仅依靠一个好的想法，往往被我们忽略的前期细致深入的调研、科学的策略制定、和谐的团队作业、对流程的管理，包括风险控制、质量评估与反馈等都影响着最终设计的成功与否。

通过考察一般的设计流程，我们可以得出这样一个简单的图示来表明设计项目的运作过程——设计师与客户沟通后，分析需求，得出设计成果，并提交给客户，从而完成一个设计项目。

通过图 4-32 分析，在这一过程中，共有 A 到 F 6 个因素会影响到设计质量，分别是 A——设计师、设计团队的素质；B——设计成果的质量；C——客户的要求与视野；D——对设计流程与过程的管理；E——设计团队与客户的沟通；F——客户对设计的评估标准。一般而言，在设计项目的执行过程中，我们都会过分关注 A 与 B，对其他的因素则相对忽略。

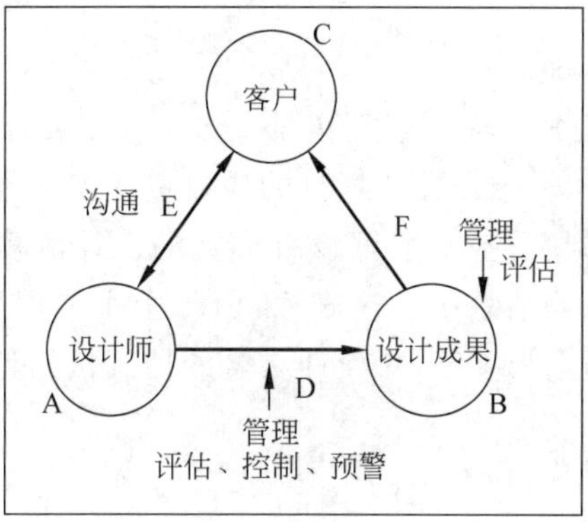

图 4-32 设计质量影响因素示意图

一项对中小型设计公司设计项目质量管理调研的结果显示，被调查的公司认为设计质量会影响到项目中标与否、产品的形象、设计的声誉、客户的满意度、认可度以及公司的业绩。进而对影响因素比重的分析上，6 个因素中，排在前 3 位的分别是设计师自身的素质、对设计团队的管理与对设计流程的控制，如图 4-33 所示。

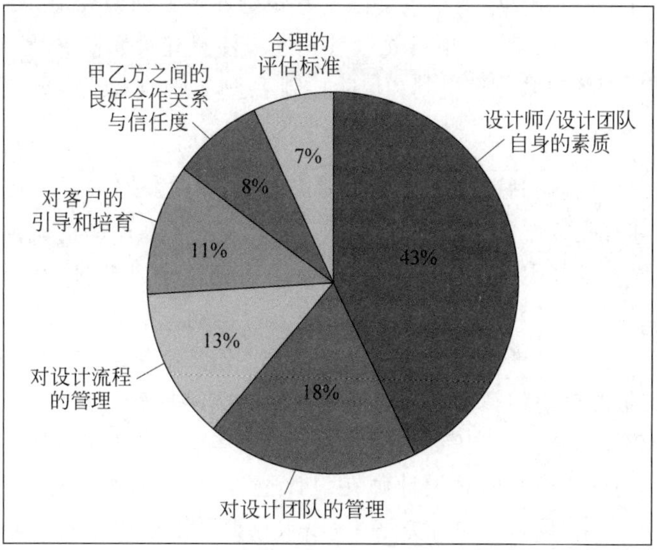

图 4-33 对设计质量影响因素的调查结果示意图

值得注意的是，其中排在首位的设计师自身的素质占据了绝大的份额，这反映了设计与其他行业性质的不同，也从另一个侧面说明了对其他要素的相对忽视以及管理的难度。设计团队成员的素质是影响设计质量的关键因素，并且在项目管理不差、客户决策顺畅的情况下，往往已经决定了设计质量。

设计项目进行中，就如何控制设计质量这一问题，各个被调查者方式各异。

(1) 质量管理权限下放到部门。

(2) 在项目进行中，对设计质量多重把关：总经理→业务负责人→项目经理→设计总监→设计指导→设计师。

(3) 阶段性地与客户沟通。

(4) 结合会议＋美指把控＋客户经理意见3方面控制设计质量。

很难讲，哪种方式更好，需结合具体执行的项目进一步考察。但是被调查的公司中，只有一小部分执行工作单制度，基本上都没有成文的设计流程，没有风险预警机制和风险控制手段，没有设计表现评估系统。这表明，由于中小型设计公司规模和管理费用有限，加之对设计流程管理的重视不够，对设计质量的控制仍然处于相对随意的状态，故稳定的设计质量难以保证。

被调查的公司普遍认识到对客户的引导、培育与沟通会影响设计的成功，客户在对设计质量的控制上都扮演了比较关键的角色，但是客户对设计质量的评估标准与设计团队的评估标准通常会有偏差，在越低级别的设计团队中偏差越大。所以设计质量已经成为项目管理中必须考察的方面，它直接影响到一个设计项目的收益、客户满意度以及公司的声誉。只是在实际的操作中，还需要引入科学与系统的管理手段，例如：流程管理、风险控制、对客户的引导等方面。

设计质量的6个影响要素中，设计流程管理、与客户的沟通、客户的要求与视野是控制设计质量的薄弱环节，需要得到重视。除了常规的通过加强设计师/团队素质来提升设计质量以外，一个比较完善的设计项目质量管理还应注重建设团队文化、科学地控制设计流程的每一个环节、引入风险预警机制和风险控制手段，同时合理地引导、管理好客户。

(三) 设计成本控制

成本又分为设计成本、制造成本与总的销售成本，如图4-34所示，能看到各部分的构成。设计成本是具有决定性的成本，以产品设计为例，一般在产品的研发与设计阶段，所有的材料与人工成本也基本确定，所以虽然设计只占据了总成本的5%，但却决定了总产品成本的80%。所以在设计阶段的成本控制对客户来说具有重要的意义，这也是在设计过程中，财务管理要参与进来的原因。佳能公司CEO就坦言，利润率提高的秘诀就在于从研发、设计到生产销售的整个过程进行了严格的成本控制。

丰田公司2000年后提出了“CCC21”(21世纪成本竞争力建设计划)，将成本控制延伸到了汽车的设计阶段，汽车的总设计师在设计过程中，就必须考虑到制造、零件采购、市场销售等方面的需求，反映在设计方案中，以求获得联手互动的最优化效果。

李艳总结了产品设计成本控制的相关对策如下。

(1) 引进目标成本的概念，加强新产品开发成本分析是成本控制的基础。目标成本是目标价格与目标利润的差值，也是新产品在设计开发过程中，为实现目标利润所必须达到的成本。

(2) 创建材料价格、工时定额等动态成本信息库是成本控制的依托。

(3) 减少产品设计的迭代,缩短产品开发周期是成本控制的根本。

(4) 制订合理工艺方案、改进生产工艺是成本控制的关键。

(5) 搞好设计阶段的标准化、系列化、模块化工作是成本控制的重要途径。

对设计公司或者设计项目来讲,对成本的管理与控制主要围绕着 3 个方面:付款方式、项目预算成本以及如何评估成本收益。付款方式有许多种:固定的收费、按小时收费、按设计的复杂程度收费等。在做项目预算时,设计公司会精确地定义服务的内容,对预算做出有效地判断。长期合作的公司,在确定预算时,一般也要在合作伙伴间建立信任的费用,并将了解客户所带来的一些间接费用也计算进去。图 4-34 所示为成本构成示意图。

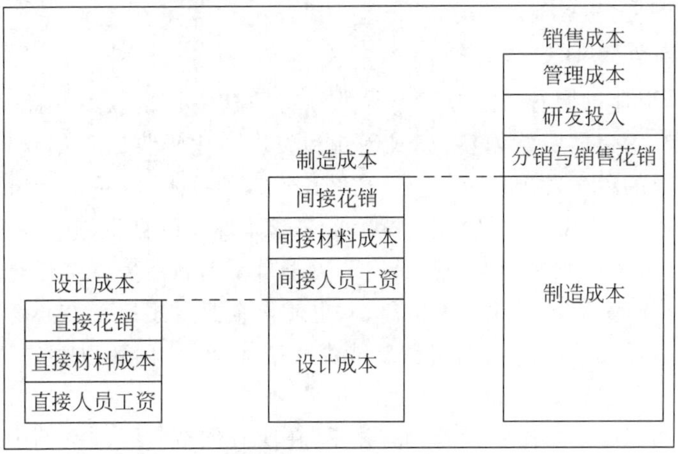

图 4-34　成本构成示意图

第四节　设计风险控制

小贴士

任何行动都会有成本和风险,但什么都不做则要付出更大的代价,承担更大的风险。

——John F. Kennedy

一、设计创新与风险

(一) 风险释义

风险是指在某一特定环境下,在某一特定时间段内,某种损失发生的可能性。换句话说,是指在某一个特定时间段里,人们所期望达到的目标与实际出现的结果之间产生的距离。

"风险"一词的由来,最为普遍的一种说法是,在远古时期,以打鱼为生的渔民们,每次出海前都要祈祷,祈求神灵保佑自己在出海时能够风平浪静、满载而归。他们在长期的捕捞实践中，深深地体会到"风"给他们带来的无法预测、无法确定的危险，在他们看来，出海打鱼的生活中，"风"即意味着"险"，因此有了"风险"一词的由来。而另一种源出说称，风险(RISK)一词是舶来品，来源于意大利语的"RISQUE"一词。

在早期的运用中，风险也是被理解为类似于航海遇到礁石、风暴等客观的危险，19 世纪后，主要是用于与保险有关的事情上。现代意义上的风险一词，已经大大超越了"遇到危险"的狭义含义，经过两百多年的演义，风险一词越来越被概念化，并被赋予了从哲学、经济学、社会学、统计学甚至文化艺术领域的更广泛更深层次的含义，且与人类的决策和行为后果联系得越来越紧密。Webster 字典中，风险的释义是可能造成伤害、损失和遗失的可能性。因此，说一个人处于"风险"中意思是指他自觉或不自觉地处于可能造成伤害、损失和遗失的情境之中。

(二) 自主创新与风险

自主创新是指通过拥有自主知识产权的独特的核心技术以及在此基础上实现新产品的价值的过程，它包括原始创新、集成创新和引进消化吸收后再创新。自主创新的成果，一般体现为新的科学发现以及拥有自主知识产权的技术、产品、品牌等。

当今世界科技迅猛发展，国家间的竞争越来越体现在以自主创新为核心的科技实力的竞争上，经济竞争力、文化影响力都最终取决于自主创新能力。全球化的市场格局、越来越激烈的竞争环境、不断变化的消费需求，也使得企业要想培育核心竞争力，在竞争中胜出，就必定要有过硬的产品研发与创新能力。毫无疑问，创新以及创新的产品和服务是通向成功的必经之路。

然而，创新与风险如影随形。有调查显示，在所有创新实践的案例中，真正获得成功的不足 20%，有 96%的项目在创新产品和服务上的投资实际利润未达到公司的预定目标。创新中存在许多风险与障碍，缺乏经验的企业，在创新的道路上坎坎坷坷，甚至以惨痛的失败告终。设计创新是自主创新的一个方面，因为设计本身就是为了实现目标而综合考虑、评估各种可能性的过程，它通过创造与现状不同的新形式、新结果来体现价值。因此，设计行为具有创造性，也具有不确定性。在设计活动中，特别是新产品的开发更是面临着重重风险。

以新产品开发为例，从产生概念到商品上市，涉及营销、设计、研发、制造、管理、商业战略、财务等活动，可能遇到的风险至少包括技术风险、市场风险、财务风险、政策风险、生产风险和管理风险，每一种风险又分为许多风险因素，新产品开发程序中的风险类型如表 4-5 所示。

表 4-5　新产品开发程序中的风险类型

风险分类	主要风险因素
技术风险	(1)技术开发难度大，关键技术预料不足；(2)技术无法获得；(3)关键技术难于突破；(4)存在技术障碍和技术壁垒；(5)实验基地、设备和工具缺乏
市场风险	(1)新产品由于性能、稳定性或消费者惯性等因素一时难以被市场接受；(2)市场需要开拓且难度较大；(3)因价格等原因市场需求不旺或增长不快；(4)市场定位不准，营销策略、营销组合失误；(5)新产品寿命短或开拓的市场被更新的产品代替

续表

风险分类	主要风险因素
财务风险	(1)技术创新资金不足；(2)融资渠道不畅
政策风险	(1)不符合国家或地方的环保政策、能源政策、科技政策和外贸政策；(2)无法获得产品、原辅材料、设备、技术的进口许可证
生产风险	(1)难以实现大批量生产；(2)工艺不合理或现有工艺不适应；(3)生产周期过长或生产成本过高；(4)原材料供应无法解决；(5)检测手段落后、产品质量难以保证、可靠性差
管理风险	(1)组织协调不力，其他部门配合不好；(2)高层领导关注不够；(3)调研不充分、市场信息失真；(4)创新主体的领导人做出错误的决策；(5)风险决策机构机制不健全、研发过程不协调

（表格来源：http://wiki.mbalib.com/wiki/技术创新风险）

（三）风险的管理

自人类意识到风险的存在后，便开始采用各种方法来应对风险：有人通过直接的观察，有人通过应用数学模型计算，还有人做动物实验进行数据结果推理。风险管理作为企业的一种管理活动，起源于20世纪50年代的美国。通用汽车公司遭遇的一场损失严重的大火以及其他的偶发事件，推动了美国风险管理活动的兴起。20世纪90年代之后，风险管理开始在世界范围内发展，商学院里首先出现了一门涉及如何对企业的人员、财产、责任、财务资源等进行保护的新型管理学科，这就是风险管理。

风险管理的基本程序包括风险识别、风险估测、风险评价、风险控制和风险管理效果评价等环节。风险识别主要是指对所面临的以及潜在的风险加以判断、归类整理，并对风险的性质进行鉴定的过程。然后在风险识别的基础上，通过对所收集的大量详细的损失资料加以分析，运用概率论和数理统计，估计和预测风险发生的概率和损失程度。

风险控制是风险管理的主要内容，是指采取各种措施和方法，消灭或减少风险事件发生的各种可能性，或者减少风险事件发生时造成的损失。风险控制的4种基本方法是风险回避、损失控制、风险转移和风险保留。最后的风险管理效果评价则是分析、比较已实施的风险管理方法的结果与预期目标的契合程度，以此来评判管理方案的科学性、适应性和收益性。

二、设计风险的应对方法

正是出于对设计可能导致的不确定后果的忧虑，20世纪60年代以后，设计管理概念提出，目的在于提高设计活动效率，最大限度地实现设计目标。美国设计管理协会提出18种定义表示，设计管理可以通过从目标管理到过程管理的各个层面和角度来实现设计效益的最大化，其中也包括对设计过程以及后果中风险的管理。

单独讨论设计过程中的风险，我们首先要思考一个问题：关于广义风险的理论能否应用于创新与设计？已有的研究表明，现有的风险分析方法，无论是定性还是定量分析，对改良性产品可能有效，但是对一个创新性的新产品开发项目来说是不够的。设计过程中除了一些能够从管理学的角度分析的风险外，还充斥着各种灵光一现的决策时刻。

叶芳从3个方面来认识设计风险的本质。她指出设计风险主要来源于概念发展过程中的种种不确定性、创新所带来的高成本以及知识产权方面的侵害。邓俊则在产品创新中的设计风险研究中表明了创新设计的风险观，他指出了创新设计的6种风险类型，分别是战略风险、目标风险、流程风险、系统风险、质量风险与知识产权风险。

英国设计委员会为了总结发现设计过程中的风险以及应对方法，在2002年与伯明翰艺术设计学院合作，主导了一项设计与风险的调查。调查的对象是中小型公司的新产品开发过程，通过对12个公司深度访谈最后锁定其中的6家，再详细考察产品开发设计的流程与一些关键的决策点，发现并分析其面临的风险类型以及可以用于降低风险的方法。

研究指出，创造力和风险如影随形、紧密相伴，而在公司构架内设计师所扮演的角色并不十分突出，因此设计师对于设计所产生的风险没有足够认知。当一项带有风险的设计内容传递到决策环节时，由于决策者对于设计缺乏专业的评判，从而做出错误的决策，因此设计的风险得以延续并最终转化为新产品开发的失败。研究的结果表明任何一家公司，无论是定量或定性的风险管理办法都不能完全地规避新产品开发的不确定性，并且在新产品开发的过程中，风险经常被管理者用个人的经验与常识来描述。但是如果做决定的人了解他行为的潜在结果，风险就能够比较好地被管理。

总结出的风险的类型如表4-6所列，财务风险是大家最主要的关注方向；接下来是个人风险。设计风险主要与技术、安全因素以及专利版权联系在一起，有趣的是有相当多的公司会面临产品上市后供不应求、生产能力跟不上的风险。

表4-6 设计风险的类型

风险类型	描　述
财务	亏损的风险
个人	声誉 个人资产损失(例如：存款、房产等) 处境(例如：家庭的责难)
设计	设计的完整性、安全、材料选择、专利、技术
销售	销售渠道、达不到预想的销售额、供不应求

(表格来源：整理自 Sandra Horne-Martin，[英]Bob Jerrard. Risk in Innovation. Birmingham：Birmingham Institute of Art and Design，2002)

这个案例分析同样总结了在新产品开发中，可以用于减少或降低风险的方法，一些是基于被调查者过去的经验，一些是来源于产品创新中的必要的要求与定律，如表4-7所列。

表4-7 降低设计风险的方法

降低设计风险的办法	描　述
可行性分析	包括对市场研究以及技术因素的可行性分析
市场营销手段	确保产品市场营销的充足的预算——不要在产品开发阶段花光预算
技术测试	技术与安全测试规避将来可能出现的诉讼风险
试制生产	确保生产工艺与流程能够支持批量生产

续表

降低设计风险的办法	描　　述
分担风险	与分销商分担风险
逐步发展扩大	确保公司不过快增长，在发展中不断调整与改进
市场测试	在大规模生产前测试市场反应
时间	产品开发的时间规划合理——一般而言都会延迟

（表格来源：整理自 Sandra Horne-Martin，[英]Bob Jerrard. Risk in Innovation. Birmingham：Birmingham Institute of Art and Design，2002）

案例九

我国汽车行业面临的知识产权风险

我国的汽车企业随着改革开放而发展迅猛，中国汽车工业协会 2011 年 1 月 10 日发布的统计数据显示，2010 年中国汽车产销量分别为 1826.47 万辆和 1806.19 万辆，同比分别增长 32.44%和 32.37%，超过了美国历史上最高 1700 万辆左右的销量纪录，创全球历史新高。但综观全球汽车业界，我国汽车企业仍处于发展的初级阶段。从国内市场来看，销量排名靠前的是企业规模大、实力雄厚、与国外品牌较早展开合作的汽车厂商，如 2010 年销量前 3 名的汽车厂商分别是上汽、东风、一汽，销量排名靠前的车型也以合资品牌为主，如 2011 年 2 月轿车销量前 3 名的分别是上海大众-朗逸、上海通用-科鲁兹、北京现代-悦动。

从国际市场来看，中国汽车工业协会发布的数据显示，2010 年我国汽车出口量仅有 54.49 万辆，不足总产量的 3%，而产量不如中国的德国，其 2010 年汽车的出口比例达到 76.29%，日本的出口量则超过 450 万辆。由此可见，自主品牌在国内汽车市场还未建立起明显的竞争优势，在国际市场上同样缺乏品牌号召力，竞争优势主要体现在销售价格上。

由于国内汽车企业和设计公司的整车研发设计能力不强、经验不足，尤其是对于中小规模的国内汽车企业来说，模仿市场上的成功车型成为它们事业起步的主要方式，主要体现在模仿成功车型的外观设计上。某媒体曾历数近年来我国存在明显外观设计抄袭行为的车型就达 9 款之多，其中又以河北双环汽车在 2007 年推出的两款车型争议最大，该企业遭到德国宝马汽车公司的起诉，一时间我国自主品牌汽车企业成为舆论关注的焦点，车辆外观造型设计的知识产权问题又一次被推向台前。

2007 年 9 月，法兰克福车展的首日，德国影响最大的汽车类专业报纸《汽车周报》刊登文章透露，宝马集团已在慕尼黑当地法院起诉中国双环汽车及德国经销商，与此同时，双环 SCEO 车型正在法兰克福车展展出。宝马集团认为双环汽车推出的 SCEO 车型外观效仿宝马推出的城市越野车 X5 车型，并以低廉的售价对宝马 X5 车型产生了市场冲击，侵犯了宝马公司的知识产权，要求慕尼黑法院做出相关裁决。2008 年 6 月，德国慕尼黑法院做出裁决，判定双环汽车构成侵权，并禁止德国汽车经销商进口外形酷似宝马 X5 的双环 SCEO 车型。

无独有偶，双环汽车在 2007 年推出的另外一款车型——“小贵族”，因为车辆尺寸和外观造型的主体元素与奔驰汽车旗下的 Smart Fortwo 车型过于接近，首度在国内公开亮相的“小贵族”就遭遇到奔驰汽车(北京)方面的投诉和抗议。随后德国宝马和戴姆勒-奔驰汽车公司公开表示，若双环汽车将其“抄袭”版本车型在任何国际车展上展出，宝马、戴姆勒-奔驰将采用法律手段，以保障自己的知识产权。

2007 年 8 月 28 日来华访问的德国总理默克尔在中国科学院演讲时表示了对这一事件的不满，认为中国汽车企业的“抄袭”行为不仅损害了德国企业的合法权益，同时对于中国汽车行业的发展也极为不利。

尽管双环汽车公司并不承认其推出的车型存在抄袭，并举出了大量例证来辩驳德国方面的指责，但德国两大汽车巨头坚持认为双环“SCEO”越野车与宝马 X5、双环“小贵族”和奔驰公司的 Smart Fortwo 存在“显而易见的相似”，而这种观点更为业界所普遍认同，并成为国外品牌打压我国自主汽车品牌的口实。

以奔驰公司推出的 Smart Fortwo 车型为例，凭借其品牌价值和优秀的产品设计所形成的独特优势成为该公司最具特色的车型之一，甚至成为全球高端微型车市场的代表，作为奔驰公司自然格外重视此款车型的市场价值，必然会体现在通过取得专利来保护其知识产权上。

值得注意的是，在国内某知名购物网站上有出售 Smart Fortwo 车标套件的商家，而这种车标套件正是为“小贵族”量身定制的，车主只需要花费几十元人民币就能让自己的“小贵族”拥有奔驰车的“身份”，此举让人啼笑皆非的同时更是凸显出自主品牌的弱势地位，通过“模仿”成功车型的外观设计显然不能使企业获得自身的品牌价值。奔驰公司在 2010 年 9 月宣布降低其 Smart Fortwo 全线车型在中国的售价，而此举进一步压缩了“小贵族”的市场空间。

设计的知识产权风险，不仅表现为不受专利权保护的设计成果会被窃取、本应属于自身的市场份额被蚕食，还表现为侵犯他人的知识产权，会使企业创新成果的价值大打折扣，不仅无法提升自身品牌价值，甚至会引起知识产权纠纷而给自身品牌或行业声誉带来巨大的负面影响。

(案例来源：邓俊.产品创新中的设计风险研究.武汉：武汉理工大学，2012)

第五节 设计法规管理

一、知识产权

(一) 知识产权的概念

英文中有两个概念：一个是 Intellectual Property (IP，智慧财产)；另一个是 Intellectual Property Right(IPR，智慧财产权)，这两个概念翻译过来，就是我们所称的知识产权。根据中国《民法通则》的规定，知识产权是智力劳动产生成果的所有权，它是依照各国法律赋予符合条件的著作者以及发明者或成果拥有者在一定期限内享有的独占权利。知识产权有两类：一类是著作权；另一类是工业产权。

著作权也称为版权、文学产权，是指作者及其他权利人对文学、艺术和科学作品享有的人身权和财产权的总称。任何人要复制、翻译、改编或演出等均需要得到版权所有人的许可，否则就是对他人权利的侵权行为。

工业产权又称"工业所有权"，是发明专利、实用新型、外观设计、商标的所有权的统称。有些国家的法律和国际条约还将服务标记、厂商名称、产地标记和原产地名称以及制止不正当竞争(最常见的是以专利为依据的专利权)的权利包括在内。此权利不仅适用于工业本身，也适用于商业、农业、矿业、采掘业以及一切制成品或天然品，如酒类、谷物、烟叶、水果等。工业产权具有严格的地域性和时间性，即根据一国法律取得的权利，只能于一定期限内在该国境内有效，如要在别国境内得到承认和保护，则必须通过该国的法律程序才能实现。

《保护工业产权巴黎公约》规定的工业产权的保护对象是专利、实用新型、工业品外观设计、商标、服务标记、厂商名称、产地标记或原产地名称及制止不正当竞争的权利。狭义的工业产权，是指传统意义上的工业产权，一般包括专利权、商标权及制止不正当竞争的权利。

（二）设计创新与知识产权

在知识产权体系完善、规范的市场中，知识产权制度具有激励竞争、保护垄断的本质特征，客观上起到了强烈地鼓励创新的作用。因为企业的任何一项创新活动，从项目开始的概念调研阶段一直到最后批量生产、推向市场的过程中，无疑都耗费了大量的资源，申请专利、注册商标，是企业投入获得应有的市场回报的一种保障。知识产权不仅仅维护单个项目的收益，同时，它也为设计提供规划性的发展空间，更为企业的整体竞争力提供保证。

设计本身就是一项创新活动，设计的知识产权的建立，是保护企业产品创新成果的必要手段。邓俊在《产品创新中的设计风险研究》中分析道：设计的知识产权广义上的理解，是指通过设计手段所形成的诸如图案、标识、造型、结构、新概念/原理、新材料的运用等，通过商标注册及申报发明专利、实用新型专利、外观设计专利等形式依法获得其占有、使用、处分和收益的权利；狭义地理解设计的知识产权，多指产品的外观设计专利。

产品设计多涉及产品的外观造型、色彩搭配、材料选择、功能选取等内容，而这些内容通常因不具有高技术性而极易被模仿，缺乏专利保护的设计成果不能为企业带来可靠的价值。

国外企业非常注重对设计的知识产权的保护，往往在设计战略和目标阶段就通过律师事务所或法律顾问，了解现有市场中涉及该产品创新项目的知识产权因素，规避设计工作中会引起知识产权纠纷的部分；对已有的产品创新成果的保护，更是不遗余力，除在企业所在地申请专利之外，更在产品的目标市场取得专利权从而保障产品在该市场获得可靠收益。

以美国的苹果公司为例，苹果的外观设计被众多厂商模仿已经成为不争的事实，为了防止旗下 iPhone 4 手机在中国市场被模仿，2010 年 10 月 17 日苹果在中国申请了 iPhone 4 的 11 项外观设计保护，于 2011 年 3 月 18 日正式公告授权。

从获批的专利文件中可以看出，为了应对不法厂商通过略微调整外观造型而避开专利权，这 11 项外观专利的差别很小。但是除了描述出 iPhone 4 的前后外观设计，还特别强调了 iPhone 4 的氮化不锈钢圈。此举是为了进一步确立该产品的特征，并保障下一代产品仍然能在法律保护下延续这一特征。无论从独立权利要求还是从属权利要求来看，既保证了该设计具有较大的保护范围，又在被他人提出无效申请时具有很好的防御性和稳定性。iPhone 4 的接口设计与按键设计专利如图 4-35 所示。

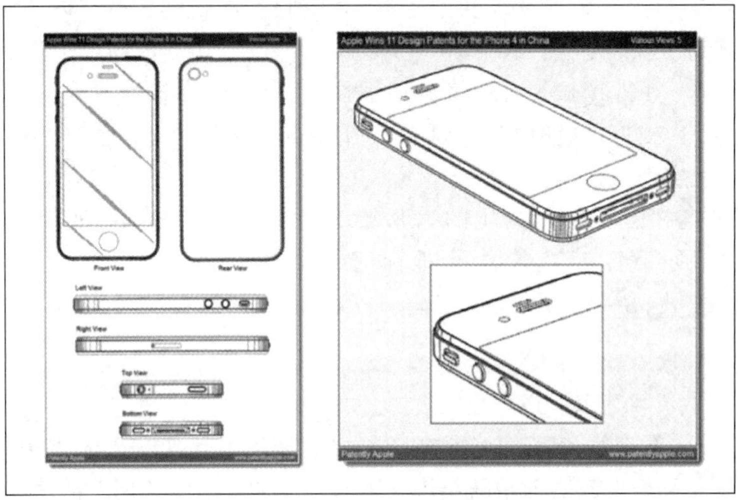

图 4-35 iPhone 4 的接口设计与按键设计专利

（图片来源：http://www.pcpop.com/doc/0/643/643712.shtml）

中国对设计领域知识产权的保护与国外相比，还存在巨大的差距。这种差距不在于法律法规的制定，也不在于国内知识产权执法力度，最大的差距在于意识，在于对知识产权保护认识的广度和深度两个方面。一方面，东西部的经济发展不平衡带来工业设计发展的不平衡，从而进一步表现在经济、文化发达的地区，知识产权保护的意识比较强，而经济、文化欠发达地区，人们普遍没有这样的意识。譬如，国内的大量专利申请是来自广东、福建、浙江、山东等经济比较发达的地区，在外观设计领域，这种不平衡性尤其明显。另一方面的差距主要体现在掌握和运用知识产权的能力上，从企业专利状况的分析可以看出企业专利制度运用的一些特点。

国内企业仅有很少部分拥有专利申请，在 805.7 万家工商登记企业中只有 11 万余家企业曾经申请过专利，占总企业数的 1.4%。申请专利的企业中，有 42%的企业只有 1 件申请，拥有 50 件以上专利申请的只有 1.7%。全国企业专利申请的应用率达到 86%，其中 96%为自己实施。也就是说，专利申请主要是为了保护自己而实施，而作为技术储备，或者以给竞争对手设置技术壁垒为目的的专利申请非常少，说明中国企业将专利作为竞争工具或者资源加以运用的能力比较弱。

除了保护自身设计成果知识产权的意识弱之外，近年来，在媒体报道中更是时常能看到中国厂商侵犯知识产权，陷入诉讼纠纷的案例。对大多数的企业来讲，通过走设计创新来获得市场收益这条路漫长而艰辛，所以它们宁愿抄近路，采取模仿大品牌的产品设计、模仿引进国外企业的管理模式以及打国外品牌的擦边球（山寨品牌）来换得短期的生存。于是，在中国企业中形成了一个怪圈，一方面，它们担心自己的创新投入所可能得到的市场收益被侵权行为所吞噬；另一方面自身又加入侵权者的行列，从而更加加大了知识产权侵害的风险。

美国经济学家曼柯·奥尔逊将这种"免费搭车"或"坐享其成"，一个人或组织从公共产品中获益，却既不提供公共产品也不分担集体供给公共产品的成本，从而免费从其他人或组织的努力中受益的现象称为"搭便车"。设计的"搭便车"现象势必带来不公平的市场竞争。进行设计创新的企业面对众多竞争者"搭便车"的模仿，其市场份额与利润都将减少，而模仿者由于成本低、入门快、研发投入小，在产品价格上占据优势，还能在产品周期上加速，行业的定价规则也将被打乱。这种现象导致的结果就是大家都不愿意再冒风险进行设计创新，因为率先的创新行为可能导致负效益，原创也意味着更多的风险和侵害。

现在，整个中国企业都面临着产业升级的需要，产业的升级也带来创新战略的升级。过去，企业从模仿中获益颇多，但持久的模仿会带来一种牢固的行业判断和基于知识产权层面的风险承担。这种行业判断会把缺乏创新性、模仿、低设计能力等标准叠加到企业的市场和消费者认同上，印象一旦形成，改观将非常困难。所以从模仿中创造将是未来一段时期内企业创新的通用战略，避免因为模仿带来的企业利益惯性而丧失创新和转型的良机，要以模仿为切入点，在模仿中融入对创造的逐渐应用。

（三）设计的专利权

1. 什么是专利权

专利权简称专利，即国家依法在一定时期内授予发明创造者或者其权利继受者独占使用其发明创造的权利。侵犯专利权是一种侵犯财产权的行为，不少国家对此都规定给予民事赔偿和刑事处罚，也有的国家仅规定民事赔偿。

2. 专利的种类

专利的种类在不同的国家有不同规定，在我国专利法中规定有发明专利、实用新型专利和外观设计专利 3 种。

（1）发明专利

发明是指对产品、方法或者其改进所提出的新的技术方案，主要体现新颖性、创造性和实用性。取得专利的发明又分为产品发明（如机器、仪器设备、用具）和方法发明（制造方法）两大类。

我国《专利法》第二条第二款对发明的定义是："发明是指对产品、方法或者其改进所提出的新的技术方案。"所谓产品是指工业上能够制造的各种新制品，包括有一定形状和结构的固体、液体、气体之类的物品。所谓方法是指对原料进行加工，制成各种产品的方法。

发明专利并不要求其是经过实践证明可以直接应用于工业生产的技术成果，它可以是一项解决技术问题的方案或是一种构思，具有在工业上应用的可能性，但这也不能将这种技术方案或构思与单纯地提出课题、设想相混同，因为单纯的课题、设想不具备工业上应用的可能性。

（2）实用新型专利

我国《专利法》第二条第三款对实用新型的定义是："实用新型是指对产品的形状、构造或者其结合所提出的适于实用的新的技术方案。”同发明一样，实用新型保护的也是一个技术方案。但实用新型专利保护的范围较窄，它只保护有一定形状或结构的新产品，不保护方法以及没有固定形状的物质。实用新型的技术方案更注重实用性，其技术水平较发明而言，要低一些，多数国家实用新型专利保护的都是比较简单的、改进性的技术发明，可以称为“小发明”。

实用新型专利是指对产品的形状、构造或者其结合所提出的适于实用的新的技术方案。授予实用新型专利不需经过实质审查，手续比较简便，费用较低，因此，关于日用品、机械、电器等方面的有形产品的小发明，比较适于申请实用新型专利。

(3) 外观设计专利

外观设计是指对产品的形状、图案或者其结合以及色彩与形状、图案的结合所作出的富有美感并适于工业应用的新设计。能够对工业品外观设计提供有效保护的是专利法。自1985年专利法实施之日起，工业品外观设计就与发明、实用新型一起在专利法的框架下得到保护。

在用专利法保护外观设计的国家，工业品外观设计这种知识产权被称为“外观设计专利”。外观设计专利的保护对象，是产品的装饰性或艺术性外观设计，这种设计可以是平面图案，也可以是立体造型，更常见的是这二者的结合，授予外观设计专利的主要条件是新颖性。

《中华人民共和国专利法》第二条第四款对外观设计的定义是：“外观设计是指对产品的形状、图案或其结合以及色彩与形状、图案的结合所作出的富有美感并适于工业应用的新设计。”并在《专利法》第二十三条对其授权条件进行了规定，“授予专利权的外观设计，应当不属于现有设计；也没有任何单位或者个人就同样的外观设计在申请日以前向国务院专利行政部门提出过申请，并记载在申请日以后公告的专利文件中”，相对于以前的专利法，最新修改的专利法对外观设计的要求提高了。

3. 专利作为一种战略

随着美国、日本、英国、俄罗斯等发达国家相继将知识产权纳入国家战略体系，专利战略已成为发达国家发展战略的一项核心内容，成为其争夺全球市场、形成竞争优势的核心战略之一。专利战略指的是运用专利作为武器，在技术竞争与市场竞争中保持优势，谋求最佳利益的谋略。实施专利战略，实则是利用专利预先分割市场，占据产业链条的高端，以获得最大的经济利益。

谁掌握了核心专利技术，谁就掌握了产业竞争的主动权。例如，通信行业就是一个存在“专利灌丛”的领域，高通、微软、IBM、诺基亚等行业巨头，甚至一些不参与产品生产而只承担渠道功能的运营商，都申请且拥有了众多专利，专利的背后是巨大的经济利益和综合竞争优势。苹果公司的成功，也是专利权拥有者的成功，其在技术与设计方面申请的众多专利不仅增强了用户的体验感，还防止了竞争对手的模仿，或者可以通过授权，实现其专利巨大的外部收入效应。

二、设计合同

市场经济既是法制经济，也是信用经济。在市场经济条件下，商品的交换过程是通过缔结和履行合同的方式来进行的。合同是当事人之间为实现一定的目的，明确相互权利、义务关系的协议，合同一旦依法成立就具有法律约束力，因此合同关系是市场经济社会里最基本的法律关系。

设计合同指的是设计人进行设计、项目发包人支付价款的合同。由于一个设计项目的开展需要多方的参与与合作，因此，以合同的形式约束各个参与方的行为，对于保证设计进度、减少设计纠纷、提高设计质量、保护设计知识产权有着巨大的作用。

1. 设计合同的内容

设计合同的内容因具体项目的不同而不同，一般来说，基本包括以下内容：委托设计的项目名称、委托的设计内容与时间期限、作业方式、双方的权利与义务、合同费用及支付方式、保密守则、评估设计的方法和合同中止时的处理、设计版权的归属与发表问题、违约责任、争议的解决及相关附件与附则。

其中合同费用一般包括咨询、策略、服务、创意、设计、打印输出等相关费用，必须由第三方制作所发生的费用一般不包括在合同费用中，如影视、广播音带等广告制作费、模特费用、歌曲版权费用、各项公关、促销实施费（含记者编辑费、招待费等）、广告发布费、调研礼品费、调研人工费、印刷费等。

设计费用的支付一般依据委托方与设计方双方合作的内容与形式的不同，表现为以下几种方式。

以时间计酬：按照实际的设计工作时间，以小时为单位计算费用。

长期合作方式：委托方长期聘请设计师或者设计团队进行设计合作，一般以一年为时间单位，对此时间期限内设计方提供的设计咨询与服务付费。

设计权使用费方式：这是设计方案被采用，在其生产或使用期间以设计使用费来支付报酬的方式，一般在设计完成时支付实际的设计花费，以后每年根据使用情况支付酬劳。

固定费用方式：委托方与设计方先确定设计费用，然后再取得设计制作与实施权。

2. 设计市场中合同存在的问题

就设计市场对合同的运用与管理而言，的确存在着一些问题。统计数据表明，有接近半数的合同为口头合同方式，这样在事后的费用与支付方法、设计的评价与设计权的所有问题上极易产生纠纷，责任也不易分清。

此处是由于设计市场僧多粥少，竞争非常激烈，有时委托方提出很多不规范的条款，而设计方作为承诺人，为了自身的利益和生存发展，不得不采取违心做法，以保证在市场中占有一席之地。这样在合同签订初期，给对方承诺得非常满意，而实际运行起来违反承诺的事屡见不鲜，使合同的法律权威性受到损害。同时，双方为了各自利益，大部分违约都采用协商的办法解决，以避开法律的干预和保护。

为了有效地规避上述问题，各个设计行业协会都会颁布相对应的设计项目的合同范本，供行业相关的供求双方参考。例如，上海市 2011 年就在 2005 版的室内设计合同的基础上，修改升级推出了新的《上海市室内设计合同》，旨在对整个装修行业做出更细致的规范，保障双方的利益。

3. 设计合同范例

上海市室内设计合同

（2011 版）

甲方（委托方）：

代理人： 联系方式：

乙方（受托方）：

设计师： 职业资格证书：

联系方式：

根据《中华人民共和国合同法》以及其他有关法律、法规的规定，经甲、乙双方友好协商，达成如下协议。

第一条 设计项目概况

1. 甲方委托设计项目地点：

区（县）____路____弄____室，近____路口，小区名称____。

2. 房屋建筑物类别：□ 别墅 □ 公寓 □ 花园洋房 □ 办公室 □ 商铺 □ 会所 □ 酒店。

3. 房型：____。

4. 建筑面积：____平方米，使用面积：____平方米。

5. 预计装饰造价（人民币）____元。

第二条 设计程序及要求

1. 室内装饰的设计程序：

（1）设计准备阶段为____个工作日，自____年____月____日____至____年____月____日。乙方至现场进行勘测，并与甲方充分沟通。

（2）方案设计阶段为____个工作日，自____年____月____日至____年____月____日。乙方分析各空间的相互功能关系，提供平面设计，显示出功能单元位置、功能单元关系及家具安排布局，并提供____个主要空间视角的效果图。乙方介绍并说明设计方案，进行方案调整，并由甲方签字确认。

（3）施工图绘制阶段为____个工作日，自____年____月____日至____年____月____日。乙方按甲方确认的设计方案，进行全套装饰施工图的设计与绘制。乙方根据甲方的修改意见，设计并绘制成完整的施工图。

（4）工程施工阶段，自工程开工之日起到装饰工程施工完成止。乙方要进行施工前的设计交底，参加现场协调，进行必要的现场指导；竣工时，协助做好总体验收工作。

2. 设计图纸资料基本要求：

（1）提供的设计图应符合__________的规定，一式____份，并交甲方____份。

（2）设计图具体要求：

A. 每页设计图须由制图、校对、审核三者签字。

B. 每页设计图须由甲方签字认可。

C. 设计图如需修改或变更，必须由甲、乙双方签字认可。

3. 提供设计图文资料内容：

(1) 图纸封面、封底、设计图纸、图列表。

(2) 设计图纸目录和设计与施工说明。

(3) 原始建筑平面测量图(含所有墙体内部尺寸、门窗洞尺寸、房梁、上下水、燃气、地漏、污水管、空调洞、排风口、配电箱、弱电箱、多媒体箱等标注)。

(4) 墙体改动图(拆建承重结构由甲方向物业或有关部门申请书面批准)。

(5) 设计平面布置图。

(6) 设计顶面布置图。

(7) 设计地面布置图。

(8) 强、弱电及多媒体、智能化插座定位分布图。

(9) 开关控制线路示意图。

(10) 冷、热水管排放走向示意图。

(11) 厨、卫墙面设施布置图。

(12) 主要部位立面、剖面、节点详图。

(13) 局部透视图。

(14) 主要装潢(饰)材料用材表。

(15) 其他____。

第三条　设计费用

本项目设计费用：使用面积____平方米，单价____元，总计____元，人民币(大写) 元。

第四条　支付方式

1. 乙方设计师上门勘测前____日内，甲方向乙方支付设计费总额的____%作为预付款，计人民币____元，乙方出具收款凭证。

2. 甲方确认平面设计图纸____日后，甲方向乙方支付设计费用的总额____%，计人民币____元。

3. 余款支付____。

第五条　双方权利和义务

1. 甲方应根据设计需要，提供物业管理部门或者相关单位的联系人，该项目的建筑、结构、设备、管道等竣工图，以及装修规定。

2. 甲方应填写完整的《设计任务书》。

3. 甲方对已确认的设计图进行修改，重新设计的部分，费用由双方另行协商确定。

4. 乙方设计时不得擅自改变建筑物的承重结构。

5. 乙方应根据甲方所填写的《设计任务书》及装饰要求进行设计工作。

6. 施工过程中，乙方指派设计师现场进行施工交底，设计师到现场指导施工及整体竣工验收应不少于三次。

7. 乙方在中途需更换所指派的设计师，应事先征得甲方同意。

8. 乙方必须将整套图纸交给甲方，并办理确认手续。

第六条　违约责任

1. 甲方逾期支付设计费用的，每逾期一天，应按未支付部分设计费用的____%向乙方支付违约金。逾期超过____天的，乙方有权解除本合同。

2. 乙方延期完成设计图的，每延期一天，应按设计费用总额的____%向甲方支付违约金。延期超过____天的，甲方有权解除本合同。

3. 乙方对设计文件出现的遗漏或错误负责修改和补充。由于乙方设计错误造成工程质量事故或甲方损失的，乙方除负责采取补救措施外，应免收损失部分的设计费，并根据损失程度向甲方偿付赔偿金。

4. 双方订立设计合同后，任何一方不再履行本合同的，应赔偿守约方相应的损失。

第七条　争议解决方式

双方发生争议的，可协商解决，也可向有关部门申请调解，也可选择以下第____种方式解决。

1. 向上海仲裁委员会申请仲裁。

2. 依法向人民法院提起诉讼。

第八条　附则

1. 本合同未尽事宜，双方可签订补充协议，补充协议与本合同具有同等的法律效力。

2. 本合同经双方签字或盖章之日起生效。

3. 本合同一式两份，双方各执一份。

4. 本合同附件及补充协议。

附件一：《上海市室内设计流程签证单》

附件二：《上海市室内设计修改或变更签证单》

附件三：《补充协议(附页)》

附件四：《设计任务书》

甲方(委托方)：
身份证号码：
委托代理人：
住所：
邮编：
电话/传真：
签订日期：　　年　月　日

乙方(受托方)：
地址：
法定代表人：
委托代表人：
邮编：
电话/传真：
签订日期：　　年　月　日

思考与课堂讨论

(1) 讨论内部设计团队与外部设计团队的优劣势。

(2) 请思考项目简报、设计简报与创意简报间的区别与联系，并结合案例讨论。

(3) 请撰写一份设计简报(具体结合项目背景)。

(4) 请结合实际操作的项目，编写进度控制表，并将某种时间管理的方法运用到个人的日常时间管理上。

(5) 结合身边的案例，讨论设计知识产权被侵犯的危害及保护的必要性。

第五章

设计管理实务

【学习要点及目标】

1. 掌握如何撰写设计简报。
2. 掌握设计项目调研与分析的方法。
3. 了解如何组织与管理设计项目会议。
4. 了解如何培育与管理客户关系。
5. 了解设计沟通的特点。
6. 掌握提案陈述的技巧。
7. 了解专利申请的原则与步骤。

本章导读

设计管理在项目层面上的应用，体现在每一天的工作与每一个细节之中。从项目初建立开始，初步寻找、确立设计概念，紧接着进行细节的推敲，随之执行设计方案，到最后验收与评估设计效果，在整个设计过程中，设计管理的思想与理念体现在其中的每一个环节上。

由于这部分工作看得见摸得着，又与每一个设计师的工作任务息息相关，所以一般将设计项目管理中涉及的一系列操作性的事务称为设计管理事务。初入行的设计师由于刚开始并不能接触到设计政策与策略等更高的层面，故应尤其关注这部分内容，本章将从 7 个方面一一介绍。

第一节　如何编制设计简报

设计简报是创意过程的核心，一个设计项目的成败与项目成员对简报的理解程度直接相关。通常不同的设计项目所针对的设计任务不同，涉及的客户与部门也各有特点，这些差异使得设计简报千差万别。但是不同的设计简报间却也有相似之处，它们有着共同的用于勾勒项目轮廓的格式与条款。我们将从编制设计简报前的准备工作、制作简报的过程与格式以及简报后的工作内容 3 部分来谈谈如何编制设计简报。

一、编制设计简报前

设计简报是客户与设计机构就设计项目的意图、目标、要求、经费预算等方面进行讨论与沟通的产物，所以在编制设计简报前，对一些基本的信息，譬如委托的内容、客户的目的、谁是设计的目标对象等，都需要进行搜集。获取这些基本信息的简单方法就是“4 个 W”理论，即谁(Who)、什么事(What)、为什么(Why)与何处(Where)。加文·安布罗斯总结如下。

谁——了解目标受众是谁，了解他们的年龄、性别、收入与文化背景，设计所针对的对象是谁，谁是目标消费者。

什么事——确定设计对象是何种产品、服务或组织，确定采取何种传播策略。

为什么——了解客户采取设计与传播策略的动机与原因。他们为什么需要设计，他们需要达到何种效果。

何处——指围绕设计结果，客户会通过哪些途径与设计机构尽享沟通，客户与设计师是否会就设计过程的各个阶段达成一致的观点。

除此之外，尽早地介绍设计师给整个项目组，让他们互相熟悉，并让设计师参与信息的收集与调研，对设计简报的准确度与设计项目的成功大有好处。

二、编制设计简报中

设计简报奠定了设计项目的基础，一份清晰详细的简报会让设计稳妥顺利地开展，相反，如果设计简报含混不清，那么设计的结果也极有可能不尽如人意。

一份合格的简报通常会包括如下 8 方面的要素。

（一）委托方介绍

委托方包括企业或个人两种，在这一部分中，需用简洁的语言描述出为了创作出量身定制的解决方案，设计师所必须了解的所有有关委托方的资料。

例如：一种拥有品牌的产品，承诺能通过使用独家活性成分防止皮肤由于尼古丁而变薄，从而抵消吸烟对皮肤造成的损害，该产品通过药房销售，价格定位处于中高档，它们主要通过专业人士推荐，没有大量的广告宣传。

（二）受众描述

描述产品或服务的受众是谁，他们的国籍、文化背景、生活习惯、消费态度以及他们所期待的成果。在这一部分描述中，尽可能地用生动的语言描述出产品或服务被使用的生活场景，这比枯燥的数字与市场调查报表更能激发设计师的灵感。如果需要，还可以在简报后附上消费者调查报告。

例如：想要戒烟但无法做到的女子，通常是关注自己外表、注意健康的成年人，她们通常对于自己吸烟感到愧疚，因为她们知道吸烟有害，会毁了她们的健康，这对她们来说是一个真正的问题，就像“我的脑袋要某样东西，但我的身体却不听使唤”，她们和我的品牌无关，她们只是在等待“援助之手”。

（三）商业/行销目标

商业/行销目标也是指通过设计所期望达到的效果，但它更多的是指整个设计项目对企业/个人所带来的整体收益。它可能通过市场份额目标、品牌知名度、美誉度等指标来体现。

例如前文中所提到的白兰氏鸡精设计简报的例子中，维持品牌高知名度与消费者的品牌认知，增加消费者使用频率、试用率及再购率就是该项目的商业目标。

（四）设计目标

设计目标是指希望通过设计所达到的效果，也可以描述为设计传达给消费者的信息。设计目标为整个设计方案定下了基调，它通常表现为所希望呈现的独特卖点，想要吸引的目标群体等，这个信息必须简洁单纯、实事求是，不要过度承诺。如白兰氏鸡精设计简报的设计目标是凸显品牌资产、强化鸡精特色，以及完整配方概念。“××淡啤酒”的设计目标是表现喝了不会有“啤酒肚”的啤酒。

（五）支持点

支持点又可称为独特卖点，是实现设计目标的关键。支持点通常是指产品/服务的优势与吸引力，它们能使产品区别于竞争者，是能够说服目标受众的具有逻辑性的解释。支持点一般集中在成本、质量、信誉、服务、原材料与功能等要素上。如白兰氏鸡精设计简报中关于白兰氏“健康一锭”的技术描述就是该设计项目的支持点。

（六）品牌个性

品牌个性是指客户期望通过品牌传达的核心信息，简而言之，将品牌视为一个有自己个性的、活生生的人物。因为了解“客户”的个性对于完成量身定制的工作来说至关重要，所以客户与设计团队双方都应该充分理解品牌个性。

白兰氏的品牌个性描述为：专业而友善，善解人意，积极关怀，在人生的每一阶段，照顾人们身心的健康需求，成为所有人一辈子的健康伙伴。

（七）投放与执行

有些设计项目中，需要列出设计方案的媒介投放计划，有一些制作与执行的相关注意事项也包括在这一部分内容中。

（八）设计实务

设计实务这部分内容包括以下 4 点。

（1）设计成果的内容、规范、格式。

（2）设计执行要求、对包装与运输上的要求。

（3）涉及法律、安全以及公司社会责任的注意事项。

(4) 交付时间与预算。

在设计简报制作完成后，建议根据以下的清单检查是否有遗漏的部分，一份有效的简报需要回答以下问题。

(1) 我们为什么要做这个项目？

(2) 为什么现在做？

(3) 什么样的市场竞争环境？

(4) 我们期望从这个设计项目中获得什么？(商业和设计目标)

(5) 我们为谁设计？(详尽生动的对目标消费者的描述)

(6) 谁是关键的相关利益人？

(7) 设计项目各阶段如何简要划分？

(8) 每个阶段要花费多少时间？

(9) 每个阶段要花费多少成本？

(10) 谁会评价最终的设计方案？

(11) 什么样的评价标准将会应用在评估中？

(12) 设计方案如何被执行？

(13) 最后的设计成果如何被衡量？

三、编制设计简报后

设计简报制作完成后，就进入了设计项目的实际操作阶段。在设计过程中，设计团队和客户都可以通过回顾与查阅设计简报来保证设计的正确方向，也有可能在项目进行过程中，与设计师沟通后，出现设计简报被修改、调整甚至重写的情况。重要的是设计师能认真对待设计简报，清楚每一项要求，及时发现问题与沟通。设计项目经理在简报后扮演着监督与沟通的重要角色。

小贴士

☺ DO

(1) 花时间写好简报。

(2) 每个项目都应该有简报，除去制作工作和一些简单的修改要求外。

(3) 一份好的简报给你更大的创作自由。

(4) 尽可能详细地了解你的消费者和市场。

(5) 清楚设计评价标准。

(6) 给设计过程足够的时间。

☹ DON'T

(1) 用设计代替简报。

(2) 口头简报，不书面记录。

(3) 期望设计师能一步到位，直接设计出符合目标的方案。

(4) 客户提供自己的方案，告诉设计师如何设计。

(5) 项目组以外的人发表意见。

第二节　如何进行设计项目的调研与分析

小贴士

我看过太多的例子了，许多公司主管仅仅因为不喜欢某种色彩、外形、材料和字体，不喜欢设计看上去的样子，或者行为的方式，便丝毫不顾那些有助于得出正确结论的过程与研究，放弃了设计的策略与研究。

——薛·博兰，纽约五角设计联盟

设计项目的调研与分析贯穿了设计策略的研究与制定的过程，它主要分为两部分，前期的调查是在设计简报的制定过程中，由客户方与设计项目经理来主导，主要包括消费者调研、行业状况调研、竞争者调研、客户需求调研等。后期的关于设计策略的制定则全体设计人员都会参与进来，在设计的初始阶段，研究设计问题的历史，研究终端用户与竞争对手的策略等。所有这些调研与分析一般统称为设计项目的市场研究。

市场研究的目标是清晰地了解设计对象、客户自身的情况、客户的历史与品牌信息、行业状况以及竞争者与目标消费群体的概况，获取有效的信息。所有这些信息都会在设计概念生成阶段反馈到设计创作过程中，帮助生成能够满足客户需求的设计。

一、开展项目调研

当面对客户的委托时，设计师的第一要务就是尽可能掌握全面的信息，准确而快速地发现设计问题，这部分工作就是项目的调研与分析，项目往往也就是从以下这些问题开始的。

(1) 商业和组织背景是什么？

(2) 什么是亟待解决的问题？

(3) 需要达到什么目标？

(4) 谁是目标消费者？

(5) 需要通过设计传达什么？

(6) 设计师拥有什么样的工具和资源？

(7) 怎样确保策略的执行？

(8) 设计的投资回报(ROI)如何被衡量？

为了找到答案，可能需要考察客户背景、他身处的行业、他的竞争者、设计项目所涉及的设计分支、目标消费群体等。上述的这些信息可以从两种途径而来，我们一般将之称为基本调研(一手资料研究)与次级调研(二手资料研究)。

基本调研(一手资料研究)是指之前进行项目时得到的经验与反馈，或指通过调查问卷一类的方法，直接得到的一手材料。潜在的基本调研范围有问卷调查、消费者访谈、客户店铺访问、竞争者店铺访问、各种设计分析等。

次级调研是指从二手资料中获取的信息，包括消费者研究报告、市场研究报告、行业统计数据或其他信息，它们能提供给设计者既定细分市场的人口数据与历史表现，帮助设计者清楚地了解市场的一个基本架构。潜在的次级调研范围有各类网站、杂志、期刊、书籍、行业市场报告等。

在收集与整理分析这些资料时，要注意的一点是材料或多或少都存在误差与偏见，无法概括事件的全貌，并可能引起错误的解释。所以，运用市场研究的结果时不能武断，应从正反两个角度去看，展示事物的两面性可谓是指导搜集与分析资料的基本指南。

二、研究方法的类型

研究可以是定量的，也可以是定性的。定量研究侧重于用数字来描述与阐述以及揭示事件、现象与问题，比如对于目标用户群体的规模与构成相关的数据进行确凿的统计。而定性研究侧重于用语言文字来描述与阐述以及探索事件、现象与问题，比如与几个人面谈的小组深度访问。换言之，定量研究致力于拓展广度，而定性研究则试图发掘深度。在设计项目的市场研究中，这两种研究方法都会涉及，有的时候还会结合起来使用。

（一）定量研究

定量研究主要分为调查研究与实验研究两种类型。调查研究是通过对事物和现象的考察、了解与分析来认识其本质和规律，实验研究则是研究者按照研究目的，合理地控制或设定一定的条件，人为地影响研究对象，从而验证假设，探索其因果关系。

定量研究的流程一般分为以下 6 个步骤。

（1）明确研究目标。

（2）确定研究内容。

（3）通过概率抽样的方式选择样本。

（4）使用工具或程序采集数据。

（5）数据分析、建立不同变量之间的关系。

（6）检验研究者自己的理论假设。

通常为设计项目去开展大范围的定量研究的情况很少，调查问卷和小规模的实验研究是在设计项目中用得较多的定量研究方法。表 5-1 所列为定量研究与定性研究的对比。

表 5-1　定量研究与定性研究的对比

比较维度	定量研究	定性研究
特征	遵守形式、强调严谨、数学工具	采用洞察力或直觉
使用场合	能够收集到合适的数据 存在用科学方法商讨的问题 用于研究的时间充足	科学的方法不能产生所需的数据 常规的模型无用 时间压力不允许做定量研究
问题类型	有限探索型	探索型
样本规模	大	小
回答者提供的信息	多样化	多
管理	对专门技巧要求较少	访问者需要有专门的技巧
分析类型	统计的、概括的	主观的、解释性的
研究者的知识	统计学、决策模型、决策支持系统、营销学、计算机编程	心理学、社会学、社会心理学、消费者行为学、营销学

1. 调查问卷设计步骤

（1）明确研究目的，建立问卷的结构。

（2）准备问卷内容的详细纲要，包括细目、每一部分题目的形式与数目。

（3）草拟问卷。

（4）试测、讨论修改。

2. 调查问卷的设计

调查问卷不仅仅是定量研究的方法，也可用于定性研究中。一般调查内容可分为对被访者状态、意向性与行为 3 方面的调查，问题也围绕着这 3 方面设计。题目的形式可分为开放式与封闭式。对于开放式问题，受访者可根据自己的想法自由作答；封闭式问题的答案事先加以限制，要求受访者从答案中选择一个。

问卷的格式包括前言、指导语、问题与编码 4 部分。前言主要介绍调查主办方的身份、调查的目的、承诺对涉及个人内容的调查结果的保密、对被调查者的合作与支持表示感谢以及明确报酬。指导语是指用于指导被调查者填写问卷的说明事项，有时还附有样例。

关于问题的设计以及进行问卷调查的相关注意事项，可以参考以下技巧。

（1）调查问卷应尽可能的简短，人们不会愿意花费时间填写长长的表格。

（2）设计问卷时应小心谨慎，应把重心放在需要知道的信息上，并确定你提出的问题不会冒犯他人，或使人感到不舒服。

（3）问卷中一个题目只包含一个问题。

（4）尽量使问题简短、清晰、不含糊。

（5）除少数几个提供背景或同级信息的问题外，其余的都需与研究的内容相关。

（6）收集定量信息时，要求给出明确的信息而不是平均数。

（7）尽量避免导向性或有暗示性的提问，因为这会引导被调研者以某种方式回答，从而导致结果出现误差。

（8）采用开放式和封闭式问题相结合的方式。封闭式问题更有利于收集定量信息，而开放式问题则有助于获得更多的定性信息，为详细回答问题提供机会，让那些有意愿的人详尽地回答问题。

（9）只有选好市场调研的样本，才能产生有效的信息，应当选择一组能够代表核心目标人群的样本。

（10）预先设定被调研者的标准，以便当发现不是合适人选时，能够及时停止或重新设定调研的方向。为了使调研有意义，得知道需要多少被调研者来支撑案例。

（二）定性研究

定性研究与定量研究最大的区别就是不用统计模型，不做回归分析，它是多种方法的集合，涉及各种经验资料的收集与应用。定性研究方法由访问、观察、案例研究等多种方法组成，研究资料根据来源可分为野外调查与开放式访谈。野外调查包括参与观察、案例研究、自由交谈等，开放式访谈包括小组访谈、投射技法等。

定性研究方法由下列类别组成，如表 5-2 所列。

表 5-2 定性研究方法

人种学	种族方法论
参与观察	心理分析
文化人类学	问卷调查
文件、经书、符号与叙述分析	现象学
案例研究	结构解剖
档案分析	行动研究
内容分析	访问研究
符号的相互作用分析	后实证主义研究

下面介绍其中几种经常用于设计项目的定性研究方法。

1. 人种学研究方法

人种学的研究重视第一手资料，虽然也会涉及定量的程序，但它被认为是定性研究的一部分。人种学研究收集资料的方法主要有观察法与访谈法，其中访谈的形式又分为结构式、非结构式以及两者的结合。非结构式访谈中，研究者脑中已有一个访谈的议程，但是交谈的对方并不知道，例如深度访谈。而结构式访谈中，研究者事先就准备好访谈的题目，被访者的回答内容和形式都是自由的，不多做限制。

(1) 深度访谈(In-Depth Interview)：是一种无结构的、直接的、一对一的访问形式。访问过程中，由掌握高级访谈技巧的调查员对调查对象进行深入的访问，用以揭示受访者对某一问题的潜在动机、态度和情感。这种方法最常应用于探测性调查，应用的范围包括：详细了解复杂行为、敏感话题或对企业高层、专家、政府官员进行访问。

(2) 投射技法(PTM)：旨在通过一种无结构的、非直接的询问方式，激励被访者将他们所关心的潜在动机、态度和情感反映给研究员。投射法尽量避免直接询问研究主题，而以一种间接的方法来取得资料，例如：布偶游戏、图画解说、泼墨法或填写未完成的句子等。统计专家与心理学家已将 PTM 调查发展为以下 4 种解决方案。

联想技法：在被调查者面前设置某一刺激物，然后了解其最初联想事物，最常用的为词语联想法。

完成技法：给出一种不完全的刺激场景，由被调查者来完成，常用的有句子完成法和故事完成法。

结构技法：最常用的是主题幻觉法(The Matic Apperception Test)，让被访者看一些内容模糊、意义模棱两可的图画，然后要求其根据图画编一段故事并加以解释，通过被访者的解释，了解其性格和态度及潜在需求。

表现技法：给被访者提供一种文字或形象化的情景，请他们将其他人的态度和情感与该情景联系起来，具体方法有角色扮演法和第三者技法。

(3) 小组座谈会(Focus Group)：是近年来新发展的、用来进行定性研究的重要手段。相对前面几种方法，小组访谈具有更多的结构性，研究者扮演着主动的角色，促进访谈的深入。做法是选取一组(8～12 人)具有代表性的消费者和客户，在一个装有单向镜或录音录像设备的房间里，在主持人的组织下，就某个专题进行讨论，从而获得消费者的消费需求、心理和行为等重要特征，为进一步的定量调查奠定基础。应用范围包括：消费者使用态度测试、产品测试、概念测试、媒体研究等。

(4) 专家意见法(也称德尔菲法)：是采用函询或现场深度访问的方式，反复征求专家意见，经过客观分析和多次征询，逐步使各种不同意见趋于一致。一般要通过几轮征询，才能达到目的。

2. 现象学研究方法

现象学研究方法是指观察当前经验，并尽可能不带偏见或不加解释地予以描述，有些现象学方法的研究介于质的分析与量的研究之间，人种学研究方法本质上是现象学的方法。

3. 案例研究

设计项目中的案例研究法主要是结合实际，以典型案例为素材，并通过具体分析、解剖，促使人们进入特定的情景和过程，建立真实的感受以及寻求解决问题的方案。

Benbasat 认为案例研究要注意以下几点内容。

(1) 确立研究的主题与目的。研究的问题是什么？研究者的主张是什么？

(2) 设计分析单位。分析单位可以是个人，或是事件或一个实体，如非正式组织、企业、班组等。有时候可以有主要的分析单位和嵌入的分析单位之分。

(3) 选择研究对象。案例选择的标准与研究对象和研究要回答的问题有关，它确定了什么样的属性能为案例研究带来有意义的数据。案例研究可以使用一个案例或包含多个案例。前者是把每一个案例看成独立的整体进行全面的分析，后者是在前者的基础上对所有的案例进行统一的抽象和归纳，进而得出更精辟的描述和更有力的解释。

(4) 收集资料。不同的资料收集方法会产生不同的结果，所以案例研究法可以是定性的，也可以是定量的。案例研究的数据来源包括文件、档案记录、访谈、直接观察、参与观察、问卷调查、口述报告等。

(5) 分析资料。资料分析包含检视、分类、列表，或是用其他方法重组证据，以探寻研究初始的命题。

上述几种调查方法的总结与优缺点比较，如表 5-3 所列，可以根据具体的项目背景情况灵活选用。

表 5-3　研究方法优缺点对比

研究方法	特　征	使用范围	优　势	不　足
参与观察法	在自然情境下考察研究对象	搜集较完整且具有深度的资料，通常用于探索性研究，如消费者行为调查	资料客观、全面、准确，能获取其他方法无法获得的资料	样本量小、概括性差、对观察者素质要求高、调查设计要求高
访谈法	口头交谈、深入了解、相互作用	搜集较完整且具有深度的资料，用于不宜使用问卷的场合	深入、灵活、可靠、使用范围广，适于各种人群	受访谈者素质影响、费时费力、数据难处理、样本量小、概括性差

续表

研究方法	特征	使用范围	优势	不足
投射技术	对暧昧资料自由反映	广告策划	获取真实想法、很少受社会期望和研究者意图影响	对结果的解释较主观、信度低
开放式问卷	提供问题	获得较丰富的资料(如动机、形象等)、为量表问卷收集问题	样本量较大、省时省力、短时间内收集大量资料、回答不受限制、较真实	指导性低、深入性不够、结果不能进行量化分析
案例分析法	深入分析	主要用于对客户背景和竞争者状况的研究	全面、深入、可进行纵向研究	针对个别或少数案例、理论概括性差

第三节　如何管理设计项目会议

小贴士

会谈是一次不同记忆、不同习惯造就的不同意见的碰撞。这碰撞不仅仅是在交流事实，它们也改变事实，以某种形式再现事实，从中提炼出不同的意义，并以一种新的思路重新思考。它们不仅仅是重新洗牌，而是发新的牌。会谈可以改变我们看待世界的方法，甚至能改变这个世界。

——西奥多·泽尔丁

会议可谓设计项目前进的推进器，灵感在会议中碰撞，决定在会议中生成，每一阶段的成果在会议中被推翻，在会议中被认可。会议对一个设计项目来说不可缺少并至关重要。

通过项目会议，项目经理解决问题，安排工作，制订计划和决策，获得反馈消息；通过项目会议，项目团队成员了解项目共同目标以及自己的工作与他人的关系；通过项目会议，被人们所忽视的问题有可能被发现，进而认真地加以研究和解决。

项目会议可以充分表现与会者在项目组织中的身份、地位和影响，使会议中的信息交流能在人们的心理上产生影响；项目会议可以使与会者产生一种共同的见解、价值观和行动指南，密切相互之间的关系；项目会议可以帮助澄清误会，处理各种冲突并利用他人的知识和技巧来解决问题；会议交流的正式性也可以使每一位与会者产生责任感和约束力，会议还可以帮助营造民主气氛，给与会者提供共同参与和共同讨论的机会，最终做出良好的决策。

项目会议能否成功依赖于各种不同因素。包括会议类型（严肃的还是自由的）、会议形式（正式的还是非正式的）、提前计划的程度和主持人表现的水平。恰当地利用这些因素，有效的会议管理一般发生在会议之前、会议期间和会议之后，下面就如何有效管理会议提供一些实用性指南。

一、会议前

(1) 准备议程。

(2) 为会议讨论设定基本规则。

(3) 确定会议目标，一般要把项目进展或状态评审会议与问题解决会议分开举行。

(4) 仅邀请必要出席的人。

(5) 确保出席者了解会议的目的。

(6) 事先分发议程以及其他相关文件。

(7) 列出要在会上涉及的事项，并预演会上的发言。

(8) 应获悉所有缺席人员的缘由。

二、会议中

(1) 制定具体时间限制，并坚持这一时限。

(2) 会议一开始，就要明确会议的具体目标。

(3) 会议主持指导完成会议议程上的每一个环节。

(4) 每个环节需经公开讨论、达成共识并落实为行动。

(5) 使会议按日程进行，防止与会者“跑题”；偏题时，主持人应作引导或阻止讨论。

(6) 不论达成一致意见或仍然存在分歧，定时总结讨论结果。

(7) 当工作需要进一步完成时，将工作分配给团队成员。

(8) 会议应以能迅速解决的事项开头，营造节奏感与成就感。

(9) 应委任一名书记员。

三、会议后

(1) 将会议记录整理成文，记录需简洁、清楚和具体。会议记录一般包括以下内容。

① 这次会议的时间和地点，与会者名单及其在项目中担任的角色。

② 讨论的会议事项。

③ 已达成一致的决定和需要进一步研究的问题。

④ 活动事项和负责跟踪及在下一次会议上向团队汇报的人员。

⑤ 下次会议的时间、地点和说明。

(2) 跟踪团队成员所分配的工作并分发准确的会议记录。

(3) 在下次会议上使用会议记录并检查工作结果。

(4) 保留会议记录，特别是项目计划、组织和评估会议的记录。

第四节　如何管理客户关系

小贴士

如果我们想了解什么是商业，我们必须从它的目的出发。这个目的必定不是商业本身。事实上，它一定存在于社会有机体当中，因为企业是社会的有机组成部分。而说到商业的目的，有一句言之有理的说法：为了创造出顾客。顾客是一切商业的基础，并是它存在的依据。

——彼得·德鲁克

如果将设计放在商业社会中来考量，它也是一门生意。依照德鲁克的观点，“顾客是一切商业的基础”，客户对设计的影响就不言而喻了。事实也是如此，设计项目的诞生来源于客户的需求，同时客户的视野、阅历、审美的素质无不影响着最终设计项目的质量。如何管理好客户应是每个设计公司与设计师需要深入思考的问题。

一、谁是好客户

那么，我的客户是谁呢？对设计机构来说，客户对应的部门(产品/市场/品牌/……)为设计策略和方案买单，他们即为客户。而对企业内部的设计资源(In House Designgr)来说，客户的范围扩大了，他们是与设计相关的众多利益相关人，其中包括企业内部的市场、营销、制造、财务等部门与企业外部的消费者、供应商、合作伙伴、媒体、公共组织等。

设计师眼中对好客户定义的标准主要围绕客户对待设计与设计师的态度与行为来制定，可以简要的概括为以下这些要点。

(1) 认为与设计者是利益合作者的关系。

(2) 对设计的要求和参与能激发设计师。

(3) 要求合理、设计师通过努力可以达到。

(4) 尊重设计师的成果、工作方式与进度。

(5) 懂设计语言、给予设计师大的创作空间。

(6) 支付合理的设计费。

(7) 乐于投入资金与时间以实现设计。

二、中国设计市场客户剖析

人无完人，完美的客户在实际情况中几乎不存在，特别是中国的设计市场，有着这样那样种种的问题，好客户更是稀少。对中国设计市场客户的特点可以表述为以下特征。

(1) 设计师是单纯的工具。

(2) 从自身喜好的角度评价、干预设计，设计师空间有限。

(3) 把客户内部自身的问题当成设计问题。

(4) 对以往共同认可的进度和成果有较大的随意改动。

(5) 设计师的劳动成果廉价。

(6) 拖欠支付设计费。

(7) 采用比稿的方式遴选设计方。

三、培育与管理客户关系

为了将现在不那么理想的客户,变成能建立长期伙伴关系、共同成长的好客户,离不开设计方对双方关系的培育与管理,以及坚持不懈的努力。

(一) 从增进与客户间的了解开始

(1) 在客户的眼中,设计产业可能就是一个不成体系的所在,他们可能不知道从内部的设计团队或者外部的设计咨询公司可以得到什么,因此设计方需要和客户随时保持联系,传递最新的动态。在设计项目的运行过程中,也要随时就重要事项与变化进行沟通。

(2) 设计师同样对客户的情况也十分迷惑,所以需要事先了解客户的生意如何运作,不能抱有假设与预想。企业的报告、网站或其他的相关文档是初步了解一个企业的最好的资源。

(3) 在设计团队中,任命一名面向客户的联系人是建立清晰的沟通管道、预防混乱与误解的关键点。

(4) 经常召开的团队例会是让客户与设计方彼此了解、探讨问题、共同决议的平台。

(5) 除了为客户提供最好的服务外,客户的消费者、股东以及其他相关利益人也要纳入考虑与了解的范畴。

(二) 引导设计决策

(1) 为了能引导客户做出正确合理的设计决策,必须找到存在于客户关系与决策制定过程中的障碍(如:客户对设计有过高的期待),并将其清除。对设计的期望值也需要管理,以杜绝对设计能力的误解。

(2) 通过隐性与正常的程序安排,建立相互间的信任。众多的正规的安排,如记录例会报告、项目计划、通报信息与账目等,可以协助增进客户与设计团队之间的信任度。

(3) 花时间向客户灌输设计理念,增进其对设计的理解,让客户清楚设计怎么才能帮助企业实现目标。推动企业对设计角色的探讨,进而促进企业内部对设计的运用,同时与企业内重要的决策制定者进行有效的沟通。

(4) 告知客户最新的设计思路、产业走向以及对手的设计活动。

(5) 洞悉客户的动机与雄心,发展那些高效并乐于创新的客户。

(三) 塑造良好的工作关系

(1) 人们都乐意与自己喜欢的人共事,所以需要与客户融洽相处、分享兴趣、寻找双方受益的共同点,互相接受对方的价值观与工作方式。前面提到了好客户的标准,在客户的眼中,设计师也同样有优秀与平庸之分。

拉尔夫·阿迪尔曾说道:“客户想要理解、忠诚、承诺、信赖、尊重、正直、热情、合作以及伙伴关系。这些是良好关系的特性，并日益成为客户'雇用还是解聘'设计师的决定因素。"

(2) 培养适当的人际交流技巧，产生更自然顺畅的沟通。

(3) 设计师可以试着建立自己的人际网络，通过人脉关系获得合作与学习的机会。

(4) 对客户工作流程深入了解，清楚其每个岗位扮演的角色与职责，可以帮助培养与客户间深厚、有效的联系。

(5) 设计经理应培养并具备在项目不同阶段扮演不同角色的能力。

第五节　如何进行设计沟通

人生活在一个社会群体中，人际关系是人和社会交往的一个纽带。人际关系并不是凭空建立起来的，沟通在其中起着非常重要的作用。美国石油大王洛克菲勒说："假如人际沟通能力也是同糖或咖啡一样的商品，我愿意付出比太阳底下任何东西都珍贵的价格购买这种能力。"由此可见沟通的重要性。据统计，一个人一生有多达85%的工作时间是花在与人沟通上的。

美国人奈斯比特也指出：未来竞争是管理的竞争，竞争的焦点在于每个社会组织内部成员之间及其与外部组织的有效沟通上。设计沟通也适用于这一观点。由于设计是一种多学科多专业交叉的创造性活动，组织成员的专业知识背景也各不相同，设计管理者如何保证信息在组织成员之间正确传递、协调好各成员间的关系、使设计活动顺利开展，设计沟通起着重要的作用。

一、设计沟通的形式

沟通包括组织内的沟通与多个组织之间的沟通，这两种沟通在设计组织中都存在，但是以内部沟通为主。

（一）内部管理沟通

内部管理沟通包括设计团队自身的沟通和设计团队与企业其他部门之间的沟通。设计团队自身的沟通是指发生在设计部、客服部与管理部门之间的沟通。同时在设计过程中，除了设计人员的参与外，也会涉及其他相关人员，特别是企业内部设计团队的设计活动，势必要与人事、计划、技术、制造、经营、销售发生联系，这是设计团队与企业其他部门之间的沟通。

（二）外部沟通

设计过程离不开设计团队与外部各类人员或组织的协调与共同努力，特别表现在两方面。一是设计公司与客户的沟通，与客户之间建立良好的沟通，有利于保持并拥有良好的伙伴关系，也有助于提供优质的设计方案。二是内部设计团队与外部设计团队的沟通。在进行市场目标定位、设计评估、试制生产等多个阶段都可能会有外部的设计顾问或技术支援参与进来，这些人员之间充分协调与沟通，才能顺利地完成设计任务。

二、设计沟通的特点

基于设计组织的规模大小、结构层次、任务性质等因素的不同，设计沟通表现出的特征也不尽相同。总的来说，多样性和灵活性是设计沟通的基本特征，具体表现如下。

(1) 各学科群体合作。

(2) 视觉化的形式占主导。

(3) 反复沟通、跨度时间长、往返沟通次数多。

(4) 正式沟通与非正式沟通相结合。

三、设计沟通的途径

(一) 口头沟通

口头沟通是几种沟通形式中最常见与最常用的，日常的谈话、会议、电话、谈判、讨论、提案等都属于口头沟通。在设计组织中，以口头语言为媒介沟通的方式几乎占据了设计师大部分的日常沟通，设计师需要用口语的形式与其他团队成员、设计管理者甚至客户就设计理念、方案进行讨论与解释，设计管理者也经常运用这一形式来了解设计进程与控制设计品质。

(二) 书面沟通

书面文字也是一种重要的沟通媒介，在设计活动中，设计简报、创意简报、设计计划书、设计评估报告、往来邮件等，这些写下来的信息非常有利于人们达成一致或作存档之用。这是一种相对正式的沟通方式，作为设计师，商业信件与报告的书写也是不可或缺的一种能力。

丽斯·丽迪艾德说道："用纸和笔来清晰地表达思想和交流信息的能力，对设计师这个职业是至关重要的。客户做出审美方面的选择也许能显露出对设计的把握能力是否够格，但同时，他们的决定其实很有可能是受到了设计师所书写的报告文字质量的影响。"

(三) 可视化沟通

设计与其他学科的区别与优势在可视化沟通上表现得淋漓尽致，不论是思维方式还是独具的绘图能力，都可以帮助设计师运用可视化手段表达创意、筛选信息，并获得那些稍纵即逝的想法与灵感。懂得如何运用可视化手段表达创意是设计团队与客户沟通的关键技巧，也是项目成功的关键。视听演示有很多种形式，包括创意草图、设计方案图稿、3D概念表现图以及最常用的幻灯演示等。

为了能够达到可视化沟通良好的效果，训练以下几方面的能力很有必要。

1. 全脑思维

人的大脑存在两种截然不同的意识形态——左脑是随性的、富于创造力的、缺乏组织的，而右脑负责全盘的分析问题，是理性的、控制的。无论左脑、右脑，都起着重要的作用，然而一般人在左右脑的使用上都会有一个偏好。管理者经常使用右脑，从而给人刻板的印象；设计师往往随性懒散，则被贴上左脑发达的标签。

学会从设计师与客户两个角度来看待事情，对沟通的顺畅大有益处，而接入不同的思考模式，也能提高做决策的能力，同时也是促进全脑思维的过程。日常设计师可以通过练习锻炼左右脑，并学会在遇到问题时，使用全脑思维。

练习一：随性涂鸦。在一张纸上，用两只手同时写字，上下左右，随意涂写。

练习二：左右手同时在纸上画画，左手画三角形，右手画正方形。

2. 绘图能力

绘图能力对设计师来讲是至关重要的，设计师通过绘图表达想法，同时也通过绘图来记录信息并用于与客户进行信息沟通。绘图不仅仅可表达一个概念或表现一件事物是什么样子，它同时也是一种视觉思维的形式；一种搜寻、分析和测试创意的手段；一种在设计过程中做决策的方法。在设计过程中，绘图能力的关键体现不在画得多好，而是速度，能快速地将迸发出的灵感画下来以便保存。速度的保证就是能很好地观察事物、了解事物、一眼抓住本质与特征。通过练习可以将眼睛与头脑从惯常的观察方式中跳脱出来，从而增强绘图能力。

练习一：观察身边的一样东西，用眼睛把它分解成三角、圆圈、矩形、直线、曲线或圆点。

练习二：反手绘图，摆脱通常的绘画与观察方式，体验全然不同的观察角度。

第六节　如何进行提案陈述

没有设计师能够逃避提案陈述（也称为设计演示）这一场合，从学生时代一直到职业生涯，设计师们已经习惯了站在客户/听众面前，讲述自己的设计方案。大多数设计师不会在这上面投入过多的精力，认为一切由作品说话，而实际上陈述质量的好坏对设计方案的评审与结果的影响远远超出了他们的想象。好在，这一切有规律可循，哪怕你是一名新人，在一大群人前做演示，心中紧张不已，但如果事先能做好充分的准备，你依然可以让整个过程顺利进行，从而为你的设计加分。

一、事前的准备工作

总的来说，一个成功的提案陈述并不需要天赋或某项特殊的才能，掌握好以下 4 个方面便已足够。

（一）了解你的听众

问问自己听众是谁，他们期望通过你的陈述得到什么。不同的人从不同的角度对设计方案有不同水平的要求，试着站在他们的角度思考，着重权衡他们的期望值，把重点放在听众真正需要的信息上。

（二）好的素材和准备

在规划演示结构之前，先收集好需要的演示材料。在陈述中，使用一些可视化工具可以帮助听众集中注意力。一旦注意力被吸引过来，接下来的演示工作就容易多了，可以按照计划一步步呈现。如果担心紧张忘词，可以把重点记在提示卡上，在演示过程中，使用提示卡比拿着材料朗读好得多。如果是一个团队来做提案陈述，则需要选出一名代表，在陈述的开始介绍整个陈述内容、团队成员以及每个成员负责的部分。

（三）控制

确保整个陈述的时段一切尽在控制之中，如果是在客户方或者不熟悉的地点进行陈述，则应当事先确认场地与设备情况，也可根据自己的需要对场地规划做一些调整。陈述过程中，应当确认是在不被打扰的情况下进行，并且站在讲台上，能与每一位观众通过眼神沟通。

（四）演练

对陈述的练习不应仅停留在脑海中，而应当模拟真实的环境，进行多次练习，确保能在规定的时间内（应稍有富余）完成陈述。可以邀请同学/同事站在听众的角度提出问题与建议，团队陈述还应注意成员之间的衔接问题。

二、内容的设计

在内容的规划设计上，需要注意两点。一点是力争做到资料翔实，主题鲜明、重点突出。在整个陈述过程中至少 3 次把重点告诉听众，分别是开头的提示、结尾的总结以及陈述中的分部分讲述，它类似于文章的总分总结构。另外一点是考虑怎样能讲得生动和吸引人，可以多穿插故事和案例，并且时刻保持讲述的内容与听众的切实利益攸关。

具体的内容结构可以参考如下格式。

(1) 开场：自我介绍、陈述时长、是否有休息时间、提问时间安排。

(2) 目标：陈述的目的。

(3) 进程：你计划和将要进行的步骤。

(4) 陈述。

(5) 总结和结论。

(6) 结束：致谢、下一步安排。

如果使用幻灯片或投影，则应确保字体大小合适，适合阅读。内容除引用外，不宜出现整句话或段落，尽可能地用短语列出重点（Bullet Points）。多使用更直观的图表和图片。

如果在陈述中涉及设计方案展示，那么先不要展示你的方案。应该重新简单陈述设计简报和项目目标，并解释你的理解与创意策略，以及设计方案如何解决设计简报中提及的设计问题。接着先用口头描述你将要展示的方案，然后再展示你的方案。

对应方案，再一次描述人们看到的格式、图片、文字等，解释创意步骤和决定，以及设计方案如何解决设计简报中提及的设计问题。讲述完成后，分发设计方案传阅，给听众预留一段阅读与思考的时间。最后不要忘了，在结束提案陈述前，总结一下为什么你确信这个设计提案能满足简报中所设立的设计目标，如果可能，涉及一下设计可能带来的价值。

三、技巧

有一系列的技巧可以帮助你的提案陈述更为成功。

（一）控制一切

（1）提前核对时间、地点、设备。

（2）提前安排布局和人来适应你。

（3）确保能看见每一个听众。

（4）谢绝打扰和分散注意力的行为。

（二）身体语言

（1）你的走动和手势有强调和吸引注意的作用。

（2）投入并沉浸在其中。

（三）声音

（1）音量足够让每一位听众清晰地听到。

（2）适中的语速。

（3）善用沉默（沉默能起到强调的作用，并且能把飘忽的思绪拉回到陈述现场）。

（四）眼神

（1）与每一位听众保持眼神接触，不要只顾及一部分区域。

（2）不宜一直对着材料朗读，如果使用提纲或提示卡，也应该一直保持抬头对着听众讲述。

（3）从眼神中读懂你的听众，是赞同还是有疑问，可以通过节奏调整使陈述效果更好。

第七节　如何进行设计专利的申请与保护

在学习和熟悉专利法及其实施细则后，申请人就可以着手准备申请专利。申请人应当注意保密，不要以任何方式将内容公开，以免丧失新颖性。在申请前，还应当检索最新的专利文献，避免重复。申请人可以自己申请（将申请文件递交专利局或地方代办处，并缴纳相关费用），也可以委托专利代理机构申请专利。委托代理机构办理申请的，需签署专利代理委托书，并提供必需的资料。

一、受理机关

国家知识产权局是我国唯一有权接受专利申请的机关。国家知识产权局在全国 28 个城市设有代办处，受理专利申请文件，代收各种专利费用。

二、专利的申请原则

（一）形式法定原则

申请专利的各种手续，都应当以书面形式或者国家知识产权局专利局规定的其他形式办理。以口头、电话、实物等非书面形式办理的各种手续，或者以电报、电传、传真、胶片等直接或间接产生印刷、打字或手写文件的通信手段办理的各种手续均视为未提出，不产生法律效力。

（二）单一性原则

一件专利申请只能限于一项发明创造，但是属于一个总的发明构思的两项以上的发明或者实用新型，可以作为一件申请提出。用于同一类别并且成套出售或者使用的产品的两项以上的外观设计，可以作为一件申请提出。

（三）先申请原则

两个或者两个以上的申请人分别就同样的发明创造申请专利的，专利权授给最先申请的人。

三、申请流程

依据《专利法》，发明专利申请的审批程序包括：受理、初步审查阶段、公布、实质审查以及授权5个阶段，实用新型和外观设计申请不进行早期公布和实质审查，只有3个阶段。

（一）受理阶段

专利局收到专利申请后进行审查，如果符合受理条件，专利局将确定申请日，给予申请号，并且核实过文件清单后，发出受理通知书，通知申请人。

（二）初步审查阶段

经受理后的专利申请按照规定缴纳申请费的，自动进入初审阶段。初审前发明专利申请首先要进行保密审查，需要保密的，按保密程序处理。在初审时要对申请是否存在明显缺陷进行审查，主要包括审查内容是否属于《专利法》中不授予专利权的范围，是否明显缺乏技术内容不能构成技术方案，是否缺乏单一性，申请文件是否齐备及格式是否符合要求。对实用新型和外观设计专利申请，除进行上述审查外，还要审查是否明显与已有专利相同。不是一个新的技术方案或者新的设计，经初审未发现驳回理由的，将直接进入授权秩序。

（三）公布阶段

发明专利申请从发出初审合格通知书起进入公布阶段，如果申请人没有提出提前公开的请求，要等到申请日起满15个月才进入公开准备程序。申请公布以后，申请人就获得了临时保护的权利。

（四）实质审查阶段

发明专利申请公布以后，如果申请人已经提出实质审查请求并已生效的，申请人进入实审程序。如果发明专利申请自申请日起满三年还未提出实审请求，或者实审请求未生效的，该申请即被视为撤回。在实审期间将对专利申请是否具有新颖性、创造性、实用性以及专利法规定的其他实质性条件进行全面审查。

（五）授权阶段

实用新型和外观设计专利申请经初步审查以及发明专利申请经实质审查未发现驳回理由的，由审查员作出授权通知，申请进入授权登记准备。经对授权文本的法律效力和完整性进行复核，对专利申请的著录项目进行校对、修改后，专利局发出授权通知书和办理登记手续通知书。

申请人接到通知书后应当在 2 个月之内按照通知的要求办理登记手续并缴纳规定的费用。按期办理登记手续的，专利局将授予专利权，颁发专利证书，在专利登记簿上记录，并在 2 个月后于专利公报上公告。

专利审批流程如图 5-1 所示。

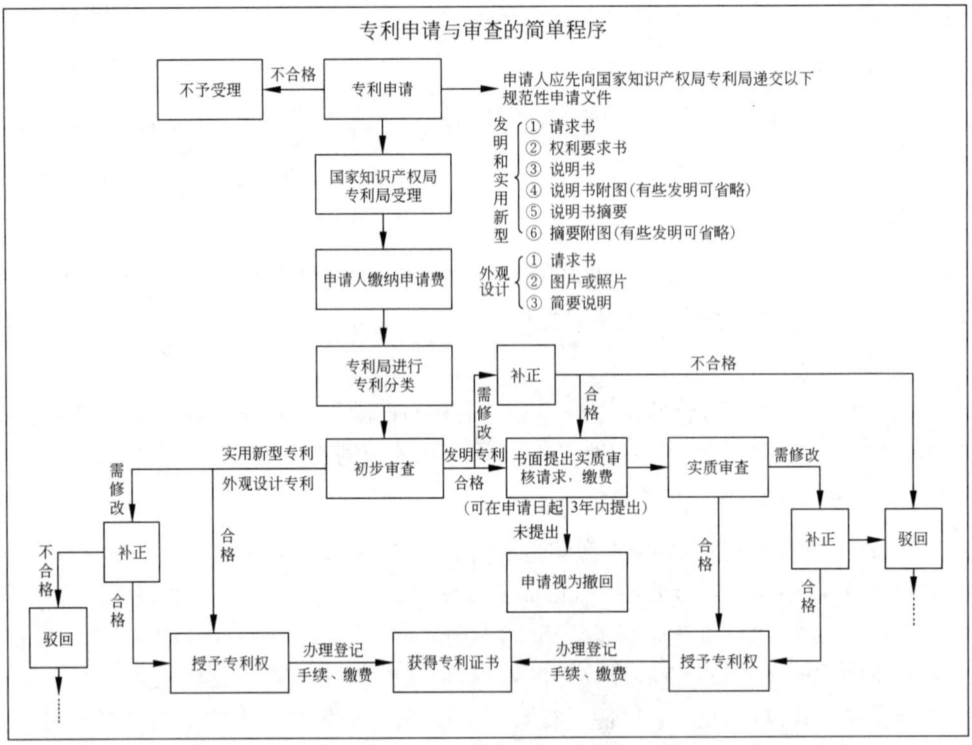

图 5-1 专利审批流程

(图片来源：http://www.sipo.gov.cn/zsjz/zhzs/201310/t20131024_843479.html)

四、申请应提供的资料

申请专利时提交的法律文件必须采用书面形式，并按照规定的统一格式填写。申请不同类型的专利，需要准备不同的文件。

(1) 申请发明专利的，申请文件应当包括：发明专利请求书、说明书(必要时应当有说明书附图)、权利要求书、摘要及其附图(具有说明书附图时须提供)各一式一份。

(2) 申请实用新型专利的，申请文件应当包括：实用新型专利请求书、说明书、说明书附图、权利要求书、摘要及其附图各一式一份。

(3) 申请外观设计专利的，申请文件应当包括：外观设计专利请求书、图片或者照片，各一式一份。要求保护色彩的，还应当提交彩色和黑白的图片或者照片各一份。图片和照片应包括主视图、俯视图、仰视图、左视图、右视图、后视图和立体图(使用状态参考图)。图的尺寸不小于 3cm×3cm,不大于 19cm×27cm。如对图片或照片需要说明的,应当提交外观设计简要说明一式一份。

(4) 公司申请专利的,申请文件应当包括:企业法人营业执照和组织机构代码证复印件(加盖公章),各一式一份。还应当提交发明人身份证复印件,一式一份,申请地址、邮编、电话等通讯方式。个人申请专利的,申请文件应当包括:申请人和发明人的身份证复印件,各一式一份,还应当提交申请地址、邮编、电话等通信方式。

五、专利保护时限

发明专利权的期限为 20 年,自申请日起计算。实用新型和外观设计专利权的期限为 10 年,自申请日起计算。

思考与课堂讨论

(1) 请依照本章中列出的调研方法与资料来源,结合项目课题,完成一个小组项目的前期调研。

(2) 针对消费者对某产品的消费行为与态度,编写一个调查问卷(具体结合项目背景)。

(3) 制订项目会议计划与流程(具体结合项目背景)。

(4) 结合项目情况,编写用于陈述的文件,以 PPT 或者电子书的形式呈现。

附录

设计管理术语表

全生命周期设计

全生命周期设计(Life Cycle Design)又称生态设计(Eco-Design)。它是从产品性能、环境保护、经济可行性的角度,考虑产品开发的整个周期。一个产品的生命周期包括:市场需求分析、设计开发、生产制造、销售、使用及淘汰废弃后的回收处理。

附加值

在所预期之外,增加的或额外的价值。例如,真实的和已经认识到的价值、市场价值、称心处、优点或用途。

目标对象群

企业或商家提供产品、服务的对象,某一产品或服务的最终购买者和使用者。

定位

企业及产品确定在目标市场上所处的位置,形成与众不同的、给人印象深刻、鲜明的个性或形象。

柔性生产

依靠有高度柔性的以计算机数控机床为主的制造设备来实现多品种、小批量的生产方式。其优点是增强制造企业的灵活性和应变能力,缩短产品生产周期,提高设备利用率和员工劳动生产率,改善产品质量。

分类人群统计

通过客户所居住的地区来划分他们的类别,而这种分类是建立在假设这些类别的人群有着一致的态度、信仰和采购习惯的基础上。

竞争优势

为了与对手区分开并得到客户的青睐,一个团体、一种产品或服务所采用的恰当状况或条件。

投资利润率

指项目的年利润总额与总投资的比率。

市场占有率

又称市场份额,它在很大程度上反映了企业的竞争地位和盈利能力。

并行设计

是充分利用现代计算机技术、现代通信技术和现代管理技术来辅助产品设计的一种现代产品开发模式。它站在产品设计、制造全过程的高度,打破传统的部门分割、封闭的组织模式,强调多功能团队的协同工作,重视产品开发过程的重组和优化。

进度计划

在确保合同工期和主要里程碑时间的前提下，对设计、采办和施工的各项作业进行时间和逻辑上的合理安排，以达到合理利用资源、降低费用支出和减少干扰的目的。

提案

将可能实现计划的机会和供参考的途径一并详细阐述的方案或计划书。

专利灌丛

技术与产业的发展受控于过多分散的、独立的专利权，专利权明晰而支离破碎，互相遏制，为了达到某种目的，每个当事人都有权阻止其他人使用该资源或相互设置使用障碍，最终导致了资源的闲置和使用不足或者花费大量的交易费用与谈判成本。

三明治课程

此类课程由学习时间和与课程相关的实习时间两部分构成，通常课程持续四年而不是三年。工作实习可以是一次完成，一年时间，或两次六个月的实习，合计一年。

品牌价值

是指品牌在需求者心目中的综合形象——包括其属性、品质、档次（品位）、文化、个性等，代表着该品牌可以为消费者带来的价值。

消费者利益点

消费者在购买、使用商品和接受服务时所获得的实际好处和有利条件。

移情作用

亦称“感情移人”，把自己的情感移到外物身上，觉得外物也有同样的情感。

驻厂设计师

或称企业设计师，是指在工厂、企业内专门从事产品设计、视觉设计和环境设计等工作的专业设计师。

大规模定制

根据客户的个性化需求，以大批量生产的低成本、高质量和高效率提供定制产品与服务的生产方式。

利益相关人

在企业或商业项目中拥有利益或权利的个体或团体，这些权利往往与金融、社会、文化、政治或个人利益有关。

定量指标

可以准确数量定义、精确衡量并能设定绩效目标的考核指标。在定量评价指标体系中，各指标的评价基准值是衡量该项指标是否符合基本要求的评价基准。

定性指标

无法直接通过数据计算分析评价内容，需对评价对象进行客观描述和分析来反映评价结果的指标。

目标管理

以目标为导向，以人为中心，以成果为标准，而使组织和个人取得最佳业绩的现代管理方法。目标管理亦称“成果管理”，俗称责任制。

议程

需要关注的商业问题或事项的列表。

设计回顾

在设计过程中定期或在关键阶段进行的团体评价，设计作品会就主要方面及其他性能测试数据被严格讨论、论证及评价。此举的目的是使设计在下一阶段有所进展、重新设计或者是将项目放弃。

目标成本

在一定时期内为保证目标利润实现，并作为奋斗目标而设定的一种预计成本，它是成本预测与目标管理方法相结合的产物。

参考文献

[1] 孙建.海尔的管理模式[M].北京：企业管理出版社，2002.

[2] 刘瑞芬.设计程序与设计管理[M].北京：清华大学出版社，2006.

[3] 刘国余.设计管理[M].上海：上海交通大学出版社，2007.

[4] 汤姆·凯利.创新的10个面孔[M].刘金海，译.北京：水利水电出版社，2007.

[5] 玛格丽特·布鲁斯，约翰·贝萨特.用设计再造企业[M].北京：中国市场出版社，2007.

[6] [美]凯瑟琳·贝斯特.美国设计管理高级教程[M].上海：上海人民美术出版社，2008.

[7] 李艳.设计管理与设计创新[M].北京：化学工业出版社，2009.

[8] 熊嫕.设计管理[M].南京：东南大学出版社，2009.

[9] 徐人平.设计管理[M].北京：化学工业出版社，2009.

[10] Griff Boyle.设计项目管理[M].北京：清华大学出版社，2009.

[11] 叶芳.中国中小型企业设计风险研究[D].北京：中央美术学院，2009.

[12] 褚冬竹.开始设计[M].北京：机械工业出版社，2010.

[13] [英]加文·安布罗斯，等.国际平面设计基础教程：版式设计[M].詹凯，张匡匡，译.北京：中国青年出版社，2006.

[14] [美]丽莎·格雷厄姆.平面设计基础教程——版式设计与文字编排[M].周姗，译.上海：上海人民美术出版社，2011.

[15] [美]贾森·特塞勒提斯.新字体设计基础[M].杨茂林，译.北京：中国青年出版社，2012.

[16] [英]保罗·罗杰斯，亚里斯·弥尔顿.好设计！打动人心征服世界[M].杨久颖，译.新北：缪思出版，2012.

[17] 张立巍.日本设计管理教育方法探究及启示[M].装饰，2012.2.

[18] 邓俊.设计风险研究[M].武汉：武汉大学出版社，2012.

[19] 加文·安布罗斯，保罗·哈里斯.创造品牌的包装设计[M].北京：中国青年出版社，2012.

[20] 海军.设计管理——体验的机会[M].北京：中信出版社，2013.

[21] [美]金伯利·伊拉姆.网格系统与版式设计[M].王昊，译.上海：上海人民美术出版社，2013.

[22] 段传敏，徐军.尚品宅配凭什么？[M].杭州：浙江大学出版社，2013.

[23] 约翰·赫斯科特.设计，无处不在[M].丁珏，译.南京：译林出版社，2013.

[24] [韩]崔京远.顶尖设计——世界500强企业设计力制胜案例[M].戚先治，译.北京：北京联合出版公司，2013.

推荐网站：

[1] 国际工业设计联合会.http://www.icsid.org.

[2] 设计管理协会官方网站.http://www.dmi.org.

[3] 美国工业设计师协会.http://www.idsa.org.

[4] 国际室内设计师协会.http://www.iida.org.

[5] 英国设计委员会.http://www.designcouncil.org.uk.

[6] 艺术中国网. http://www. vartcn. com/.
[7] 意大利设计. http://www. italdesign. it.
[8] 项目管理资源论坛. http://www. leadge. com/yc/140. html.
[9] 美编之家. http://www. aehome. cn/portal. php.
[10] 台湾室内设计协会. http://www. csid. org.
[11] 中国设计在线. http://www. oado. com/.
[12] 瑞士设计中心. http://www. designnet. ch.
[13] 世界顶级设计团队的设计策略. 百度文库. http://wenku. baidu. com/.
[14] 小米公司. http://www. xiaomi. com.
[15] 法国设计. http://www. designfrance. tm. fr.